中学英语智慧课堂教育

理论与应用

吕丰莲◎著

线装書局

图书在版编目（ＣＩＰ）数据

中学英语智慧课堂教育理论与应用 / 吕丰莲著. --
北京：线装书局, 2023.9
ISBN 978-7-5120-5584-1

I. ①中… II. ①吕… III. ①英语课－课堂教学－教
学研究－中学 IV. ①G633.412

中国国家版本馆CIP数据核字(2023)第143298号

中学英语智慧课堂教育理论与应用
ZHONGXUE YINGYU ZHIHUI KETANG JIAOYU LILUN YU YINGYONG

作　　者：吕丰莲
责任编辑：白　晨
出版发行：线装書局
　　　　　地　　址：北京市丰台区方庄日月天地大厦 B 座 17 层（100078）
　　　　　电　　话：010-58077126（发行部）010-58076938（总编室）
　　　　　网　　址：www.zgxzsj.com
经　　销：新华书店
印　　制：三河市腾飞印务有限公司
开　　本：787mm×1092mm　　　　1/16
印　　张：12
字　　数：280 千字
印　　次：2024 年 7 月第 1 版第 1 次印刷

线装书局官方微信

定　　价：68.00 元

前　言

　　智慧课堂是新课改实施以来教育领域常常提到的观点，所谓的智慧教学系统，事实上是将现代信息技术巧妙引入到课堂教学的全过程中，改变传统课堂的低效现状。在新时期，很多一线科研及教学人员都在致力于研究如何更好地解决教育公平问题，如何均衡教学资源，如何提升师生积极性，如何加强师生互动，如何减轻师生教和学的负担等等问题。随着现代教育技术的发展，新的技术不断与教育领域相融合，为解决上述问题提供了全新的思路。

　　就中学英语智慧课堂来说，其是指在信息化技术的基础上，利用大数据、云计算等信息新技术，结合相关的数字资源，构建网络英语教学环境和备课环境，有效融合信息技术与中学英语教学，从而打造一种高效化、智能化的新型课堂。该课堂具有以下几个特点：一是基于数据，通过利用现代化的信息技术，有效采集英语教学全过程数据，并对数据进行挖掘、分析和决策，从而有效掌握学生的英语水平，进而实现精准教学与学习；二是高效互动，借助智能化的网络软件和平台，能够更好地实现师生、学生之间的沟通交流，从而提高英语学习的效果；三是可实现合作，可采用合作小组的方式进行合作学习，帮助学生在英语学习过程中，形成良好的学习气氛，激发学生对英语的学习兴趣，最终达到英语水平提高的目的；四是个性化教学，可通过预习课小测验、学生个性化英语学习能力评价的分析与评价等，制定针对性强的英语教学大纲和辅导策略，从而实现"一对一"的个性化教学。

　　本书共分为八章。第一章是智慧课堂概述，介绍了智慧课堂发展动力和内涵；第二章是智慧课堂教学资源与平台建设，主要讨论概述、核心问题以及关键技术等；第三章是智慧课堂的特征及教学模式，介绍了智慧课堂教学模式的建构优势等；第四章智慧课堂教学设计与策略，介绍了智慧课堂教学模型设计、基本策略以及教学案例设计；第五章到第八章分别介绍了智慧课堂在中学英语词汇教学、阅读教学、写作教学和听说课教学中应用。

　　在撰写过程中，参考、借鉴了大量著作与部分学者的理论研究成果，在此一一表示感谢。由于作者精力有限，加之行文仓促，书中难免存在疏漏与不足之处，望各位专家学者与广大读者批评指正，以使本书更加完善。

内容简介

　　本书从智慧课堂的发展谈起，通过对智慧课堂的内涵、智慧课堂的教学资源与平台建设、智慧课堂的特征及教学模式、智慧课堂的课堂教学设计与策略等阐述，说明了智慧课堂能够借助智慧教学终端设备，建立起课前、课中及课后一体化智慧教学体系，大大提升课堂教学的智能性及交互性，相较于传统课堂有着巨大的优势。特别是在中学英语教学中，以"建构主义"理论为基本依据，利用"互联网+"的思维方式和物联网、大数据、云计算、人工智能等新一代信息技术，来构建一个智能、高效的新型课堂，实现数据化的教学决策、即时化的评价反馈、立体化的交流互动、智能化的资源推送、可视化的教学呈现和数字化的实验展示，创设有利于协作交流、富有智慧的学习环境，更有利于激发学生学习英语的兴趣，提高学生学习英语的能力，实现全体学生的智慧发展。最后，将理论与实践相结合，围绕智慧课堂在实践中的应用，分别阐述了智慧课堂在中学英语词汇教学中应用、智慧课堂在中学英语阅读教学中应用、智慧课堂在中学英语写作教学中应用、智慧课堂在中学英语听说课教学中应用，通过教学实践及时发现问题、解决问题，以螺旋上升的形式不断优化其带来的教学效益，更好的帮助读者认识智慧课堂对中学英语教学的正向作用，推动智慧课堂的有效实施，以期为学生提高更好的英语教育。

目 录

第一章　智慧课堂概述

第一节　智慧课堂的发展及动力

随着社会的不断演进，科学技术为教育教学的发展提供了新机遇，课堂作为育人的重要渠道，在时代的推动下不断升级发展。传统课堂教学中教学环境、教学互动、教学手段、教学方式、教学评价等方面都存在着局限性，学习内容和学习手段都已无法满足学生的个性化需求。在教育信息化的背景下，不论是翻转课堂、慕课、混合式课堂，还是智慧课堂，都显示出勃勃生机。智慧课堂的诞生绝非偶然，能够从事物的起源来理解事物，相当于从事物的本质来理解事物，因此，在解读"智慧"的基础上，对智慧课堂追根溯源，从本质上对智慧课堂进行理解，了解智慧课堂的发展历程，探讨智慧课堂诞生的内外驱力和提出契机。

一、智慧课堂的历史源流

新兴事物的出现从来都不是一蹴而就的，智慧课堂作为信息技术与课堂教学深度融合的新尝试，在实际的发展应用过程中，经历了三个重要的阶段，在经历了科学技术的不断铺垫发展，教育技术理论的不断更迭影响，教育技术实践的不断尝试创新后，智慧课堂作为一项新兴事物才得以诞生。

（一）第一阶段：技术铺垫阶段

18-19世纪照相术、电影放映机、幻灯等科技发明的出现，成为了新型的教学媒体。随后电台教育节目、学校广播、教育播音等技术的运用，使得视听教育开始流行。20世纪60年代，传播学和系统理论的汇合，促使视听教育转为视听传播，促使媒体应用转为系统设计，促使媒体技术阶段过渡到系统技术阶段。随后，研究者们开始讨论教育传播和教育技术的定义,"教育技术"已逐渐形成为独立的科学概念和专业术语。20世纪70年代,美国视听教育协会更名为教育传播与技术协会,该协会将教育传播和教育技术两个概念结合起来,并将其实践领域界定为教育技术,给出了较为权威的教育技术定义。进入20世纪80年代后,加涅主编的《教育技术学基础》推动着教育技术学理论体系的形成,同时其研究领域也扩展到多媒体技术应用、人机交互作用等方向。

教育技术的发展为智慧课堂的出现打下了坚实的基础,在技术的铺垫下智慧课堂雏形初显。美国1963年出台《职业教育法》为学校教育技术的使用提供了资助,学生可以学习简单的编程语言,个人电脑逐步走进教室。同时,教师在课堂上使用计算机进行教学时,采取了两种教学方法:一是教会学生基本的编程技能,通过创建以学生为中心的学习活动,促使学生亲身实践;二是教师使用教育技术软件来训练学生,学生通过学习来回答问题,完成计算机上分配的任务。这两种教学方法使得技术与教学开始衔接,技术在课堂中既是一种工具也是一种方法,技术整合教学稍微具有一点雏形,从某种意义上来说算是智慧课堂教学的历史实践。英国的开放大学于1988年开设了一门课程,除了使用传统的印刷文本、电视节目和录像带外,还采用了在线讨论组件,使得学生和教师之间能够通过计算机网络相互交流。在20世纪80年代初期,我国开始采购计算机,并自主研发计算机辅助教学系统和管理系统,从硬件和软件上为国家电化教育打下基础。到了90年代后,计算机作为一种工具被应用于教育技术参与到教育中来,并且全国逐渐开设信息技术课程,技术改变着教育。2000年之后,国家颁布信息基础设施建设和教育资源建设等方面的文件,大力支持教育信息化的发展。从城市学校不断增加的计算机、多媒体教室、校园网、电子阅览室、网络课程等,到农村小学的教学光盘播放、卫星收视教学、远程教学点、宽带接通等可以看出,教育在很长一段时间内接纳、采用和适应了技术,技术也引起了教育适应性的改变。这种技术上的尝试,突显了技术对教育的影响,教育逐渐变得技术化。教育在技术的介入下逐渐优化,从技术辅助教学到技术整合教学,再到技术与教学融合,不论是教育环境迈向智能化,还是教学和学习手段技术化发展,都为智慧课堂的出现提供了技术铺垫。

(二)第二阶段:理念引进阶段

我国在信息化教育起步阶段将建构主义学习理论和加涅学习理论当作指导思想和理论依据,以此来思考在教学中如何使用信息技术。在当时引进了国外课程整合的概念,倡导将信息技术通过工具的形式融合进课程教学体系中,将其作为教学工具、教学媒体、教材形态。于是,信息技术与教育教学双向整合的理念开始传播，信息技术、教育教学互相成为手段，通过信息技术来改造创新教育教学，而教育教学也使得信息技术不断开发利用。这种整合的观点一直延续到了21世纪。2008年，在对外关系委员会上，IBM通过"智慧地球：下一代领导人议程"的演讲报告正式提出了"智慧地球"的概念，提议政府应该投资建设适合新时代的智能基础设施，通过IT技术实现生产生活管理的精准动态，从而实现"智慧"状态。在2009年论坛上，IBM为中国提出了智慧地球的相关计划，详细介绍了智慧中国的创新概念，旨在为中国提供服务，建立了涵盖智慧电力、智慧医疗等六大智慧解决方案。在"智慧地球"的有力指导下，智慧教育应运而生。IBM介绍到智慧教育就是将智慧地球的理念、技术、方法迁移应用到教育领域，还提出了智慧教育的五个路标，涵盖了技术沉浸、学习路径、知识技能、全球一体化和教育关键作用。智慧教育以智慧学习环境、新型教学模式和现代教育体系为基本点，融合了信息技术与学科教育教学，以此来传递教育智慧、启发学生智慧、培育人类智慧，如今已经成为教育信息化创新发展的重要推手。至此，信息技术与教育教学融合一体的观点深入人心，倡导从信息化教育转为教育信息化，使两者特点合二为一，更多关注教育与信息技术之间双向互动所产生的颠覆性变革。于是，在智慧教育理念的助推下课堂开始接受信息技术的融合，课堂进行重塑，技术层面和教育层面都要求课堂革新，伴随着课堂改革实践的探索，智慧教育呼唤出了智慧课堂。

（三）第三阶段：明确确立阶段

智慧课堂的诞生决不是偶然，是信息化发展时期的教育产物，经历了教育技术发展的铺垫，到智慧地球理念引导下智慧教育的发展，智慧课堂迎来了明确确立阶段。智慧课堂作为新生事物，起步晚，探索少。2010年起，电子书包项目开始在全国范围内进行试点推广，这使得很多人认为有信息技术参与的课堂，就是一个智慧的课堂。在之后的研究成果中，智慧课堂和电子书包绑定出现，从形式上将电子书包等同于智慧课堂，开始逐渐有研究者对电子书包"智慧课堂"进行研究。到了2014年初期，随着智慧课堂应用的广泛增加，智慧课堂的提出不仅仅局限于电子书包，还包括全国各地开展的"一对一数字化学习"、"智能学习终端"等实验，这些实验都是以课堂为中心，都是无处不在的学习场域，都是广泛存在的"智慧课堂"。2014年的下半年有研究者基于信息技术环境探讨智慧课堂，正式从理论层面提出了智慧课堂的构建方法。也有研究者借着翻转课堂的浪潮和智慧教育理念，将智慧课堂看作是翻转课堂的发展延伸。在当时的信息技术蓬勃发展的背景下，出现了很多教育教学融合信息技术的新尝试，例如微课、翻转课堂、智慧学习空间、创客教育等，这也使得智慧课堂被更多的研究者关注到，研究热度一年比一年高。然而，即使智慧课堂进入了明确确立阶段，对智慧课堂到底是什么，仍然是众说纷纭，没有一个统一的定义。每个研究者都从不同的研究角度出发，各抒己见，探讨智慧课堂的内涵和特征。

二、智慧课堂的发展驱力

事出必有因，事物产生的缘由、动机、动力或者说前提，都会对事物的起源产生影响，是不可被忽视的。内因在事物的发展过程中起着决定性作用，因此，研究起源问题需从事物的内因着手，研究智慧课堂的起源当然也离不开对其出现发展的动力原因进行分析，探索智慧课堂逐渐发展起来的内外部驱力。

（一）单层内部驱力

教师和学生每天都在学校课堂中学习生活，课堂是教师指导学生发展的场所，是学生探索知识的场所，是展现教师教育智慧的场所，是师生互动的舞台，于是课堂成为了学校最基本、最重要的组成部分。我们常见到的课堂有着单一固定的课桌椅排列，教师在讲台上讲解着教材中的固定内容，学生端端正正地听课，偶尔教师会根据需要进行提问，学生在教师示意后被动举手回答问题。这样的课堂显现出班级授课制中传授知识系统、各科教学内容和进度安排合理、突出的教师主导作用等优点，但是也表现出了教学结构模式化，教学内容教条化，教学组织形式单一化，教学互动形式化等缺点。提高教育质量、发展学生能力、满足学生个性化学习需求成了需要思考的问题。

随着课堂教学改革的推进，课堂教学理论的构建，课堂教学课题研究的展开，全国课程改革实验区的引领，课堂教学开始关注学生参与，开始探索新的组织形式，开始创新教学模式，开始用动态生成的观点塑造课堂。然而，固化的教学理念和学习观念，一成不变的课堂教学环境，沉重的教学任务等，都使得教师学生很难跳出传统课堂教学模式的大框架，都很难使课堂焕发出新的活力。因此，智慧课堂诞生的根本动力来源于课堂本身，来源于课堂变革的内部需求，传统课堂中的问题弊端随着时代发展逐步显露，课堂问题不能就此放任不管，课堂发展不能就此止步不前，课堂教学必须创新发展，立足现实，面向未来。课堂自身的变革呼唤着智慧课堂的出现，智慧课堂依托新一代信息技术改造原有的课堂学习环境，变革课堂教学形态，能在一定程度上解决传统课堂教学过程中存在且无法解决的问题，缓解学校规模化教学与学生个性化需求之间的矛盾，转变学生被动接受的学习方式，改变教师机械的教学行为，扭转静态浅层的师生互动，通过智慧教学来锻炼学生的能力，实现学生个性、全面的智慧发展，改变学校生活，增强学校活力，是迈向未来高质量教育的一种新尝试。

（二）多重外部驱力

智慧课堂实现发展既取决于课堂自身改革的内生需求，也取决于多重复杂的外部推力。从技术环境来看，新一代信息技术的更迭发展使其影响范围增大，逐渐扩大到整个教育领域，从软硬件上为智慧课堂的发展营造了智能化的技术环境。从法制环境来看，我国以法律的形式来明确教育公平和均衡发展，更是在新的时代背景下探寻实现教育公平的新路径，从国家法治要求上为智慧课堂的发展营造了良好的法制环境。从教育环境来看，教育信息化推行实施在经历四个重要阶段后，已经取得了丰硕的成果，从阶段发展中为智慧课堂的发展营造了信息化的教育环境。从社会环境来看，人才培养目标随着社会需求的转变而产生变化，人才培养目标的转变对现行教育系统变革提出了要求，从新的培养要求上为智慧课堂的发展营造了发展的社会环境。

1.新一代信息技术的发展及在教育领域的应用

新一代信息技术是一种以物联网、云计算、大数据和人工智能为代表的新兴技术，伴随着信息技术的纵向升级和水平代际变化而出现。第四次工业革命的高潮在新一代信息技术的突破和广泛应用下产生，于是新一代信息技术成为未来工业革命的重点技术，整个制造业的发展要素、生产体系和商业模式被重塑，而社会生产力整个极大提升。社会生产力的提升引领着经济、科技、社会和教育领域的转型升级，促使着它们发生日新月异的变化。新一代信息技术正在以不可阻挡的趋势融入教育领域中，彻底改变教育环境、手段、理念、模式、样态等，促使教育领域的发展步入智能化阶段。

第一，物联网在教育领域的应用。物联网即万物互联的网络，包括全面感知、可靠传输和智能处理三个基本特征。在环境方面，利用物联网技术在教育教学环境中可打造全面感知的课堂环境，通过传感器感知教室的噪音、光线、温度和湿度等，为教师和学生提供最适宜的环境。在课堂互动方面，可通过实时教学测评和可穿戴智能设备使得课堂互动更加高效便捷，教师通过可视化、自动化的统计数据了解每个学生的具体学习情况，合理调节教学进度。学生借助课堂互动反馈工具，提高课堂参与度和注意力，使得师生互动更加高频便利。这样的教学更加个性化、定制化，突显了教学过程的针对性。在管理方面，不论是仪器设备管理、学校安全管理，还是智慧校园管理、区域教育信息化管理，物联网技术都可以发挥至关重要的作用。例如，通过RFID技术对实验人员进出管理，有效防止仪器设备的丢失，还可以对学生上下学以及校内的行踪进行监管。在重大突发卫生公共事件的背景下，物联网可以提供学生健康服务，即当学生体温异常时，腕带式温度传感器标签会及时发出警报，以便相关人员进行实时健康管理与处置。在智慧校园的构建中，物联网可应用于校园卡管理、图书借阅归还管理、师生出勤情况管理等。在学习方式方面，课外研究性学习、泛在学习和移动学习等学习方式都离不开物联网技术的支持，从技术上服务人与环境的交互协作，使得教育教学过程中得到更多的物质信息资源，使得学习方式更加开放创新。

第二，云计算在教育领域的应用。云计算是在并行计算、分布式计算和网格计算的基础上提出的一种新计算模型。"云"指的是大量超级计算机群，IT服务商们，例如谷歌、微软等，利用"云"对信息资源进行整合和分布处理，为用户提供安全可靠、高效快捷的数据存储和网络服务。这样一来，在任何时间地方，用户只需通过任何终端设备（计算机、移动电话、IPAD等）访问Internet，即可获得所需的信息服务。云计算的特点包括多种技术的集合、安全的数据存储、便捷的云服务、无限可能、动态可扩展、按需服务、低成本等。云计算技术推动了学校教育信息化的进程，并且其特点更易在教育领域进行应用推广。在教育资源上，云计算可以通过互联网在云端服务器集群中上传和存储本地单独的教育资源，并且由云端服务商进行统一管理，节省了使用者的时间和精力。并且使用者只需在设备上进行关键词搜索，就可以方便快捷地获得想要的教育资源，同时也可以上传自制的教育资源与他人分享，修改和补充已有的教育资源，推动教育资源的开发、共享和完善。在学习方式上，云计算影响了学习理念的形成发展，更适合个性学习和主动学习，学习者既可按需主观选择学习资源，还能享受到快捷的数据检索、智能的数据处理技术、人性化的服务。在此基础上，学习者可灵活切换学习方式，将协作学习、移动学习和网络学习联系在一起，提高学习效率和学习生产力，达到良好的学习效果。在平台开发上，利用云计算的优势可创建教育领域应用的网络平台，不论是整合教育资源的共建共用共享的教学平台，还是服务学习者的开放灵活的学习平台，云计算都为教师和学生提供了优质的资源、服务和环境，更好地促进了教学方式、内容的革新发展。在教育形式上，云计算促使远程教育发展更加多样化，出现远程教育云。远程教育云是云计算技术在远程教育领域的移植，通过虚拟化将资源传给远程的教育机构和学生。从这个角度看，云计算促进了教育形式的创新发展，为新教育形式的创生提供了技术上的支持，催生出新时代下的新教育和新技术，使得教育更具多样性和多元化。

第三，大数据在教育领域的应用。最开始咨询公司麦肯锡从"数据集"的大体量入手主观定义大数据，国内从三个层面来定义大数据：一是海量数据，涵盖不同来源和类型的数据集；二是新的数据处理和分析技术；三是利于数据分析来形成价值。大数据的特点可以简单概括为大容量、快速度、多样化、高价值。随着大数据技术的发展，大数据已经逐步深入到包括教育在内的诸多领域，于是产生了一个新的概念，即教育大数据。所谓教育大数据，即根据教育需要搜集在整个教育活动中所产生的数据，在教育发展中应用将会创造巨大的价值。教育大数据的独特性使得其在教育领域被形式多样的应用，从国家层面来看，在制定、调整教育政策时都可借助直观变化和翔实可靠的数据来做决策，使得教育决策更为全面、客观、科学。同时，对一些教育现实进行数据处理和自动分析后，能够帮助决策者更为清晰地掌握细小问题的现状，得到的信息更为全面有价值。因此，大数据能够推进教育决策的科学性和前瞻性。从学校层面来看，最重要的是学校管理，在大数据的帮助下从人工管理转向智能管理。大到学校资产管理，小到办公自动化管理，上到教务科研管理，下到学生学籍、单位人员管理，大数据通过对数据的采集、汇总、挖掘与分析，在此基础上进行监控和管理，需要时进行可视化处理。不仅仅是这些，大数据时代的学校管理变革在于：大大增强了学校管理的数据概念，扩大了学校管理内容，创新了学校管理方法，重塑了学校管理职能。从个人层面来看，大数据中的学习分析对个体帮助极大。一方面它能够对学习行为跟踪，以此产生数据来了解学习者的实际学习状况，调查学习者的学习体验，并根据学习行为的分析数据为学习者推荐更具针对性的学习资源，灵活把握学习者的需求变化，提供科学的学习策略建议。精细化的数据记录和个性化的服务推送，使得共性学习走向个性化学习，清楚自身的学习状况，能够做出适切且顺从自己心意的决定，更好地开展自适应学习。另一方面是对教师而言，教师的整个教学过程都被详细记录，利用数据分析掌握教师的教学特点和优缺点，促进教师改进自己的教学方法，优化教学效果。而通过智能化的教学平台，教师可以清楚直观地了解学生的学习变化、学习偏好、学习兴趣点、学习进度等，从而调整教学安排，实施更有针对性的教学。与此同时，教师作为课程资源的开发者，可以通过挖掘学生对课程资源进行的一系列操作数据，优化现有的课程资源，寻找隐藏的课程资源，从而对课程资源的结构和内容进行完善更新，进而建立属于自己的课程资源库，生成大批优质课程资源，实现课程资源的分享、交流和学习。在这个过程中，教师从传授内容的人变为了指导方式的人，指导学生进行个性化学习、协作学习等，指导学生在大数据的背景下学会智慧学习，实现因材施教。此外，大数据还影响着教师的专业发展，一些学者提出，学习分析在专业发展和网络教学方面可以提高教师的学习效率和教学效率，在领导管理和研究探索方面可以提高教师的管理效率和研究绩效。大数据的出现要求教师改变他们的专业思维，增强他们的专业知识，提高自身的专业能力，用自己较硬的专业素养去面对新挑战，用实力去驾驭教育大数据，使大数据更好地为自己的教学服务。

第四，人工智能在教育领域的应用。人工智能最早于1956年提出，是指用计算机来模拟人的智能。随着时代的发展，人工智能迎来了2.0时代，人工智能的定义也进行了更新，指通过机器学习、大规模数据库、复杂传感器和巧妙算法完成分散的任务。从形式上看，人工智能在教育领域的应用已经通过"人工智能+教育"和教育人工智能（EAI）等多种形式出现，但它们都强调了对教育与人工智能深度整合的促进，通过人工智能技术来支持智能学习、智能教学等。从技术上看，将人工智能应用于教育的关键技术是：知识表示、机器学习、自然语言处理、手写识别、智能挖掘等，这些技术作为支撑使得人工智能参与教育，为教育改革带来了新机遇，为教育创新发展提供了新方向，促使教育信息化迈向了新阶段。从应用上看，技术的丰富带来了应用的广泛，人工智能的应用是建立在解决教育问题的基础上，从教师和学生的需求着手。为了减轻教师的批改作业负担，及时反馈给学生，使得评价更为高效客观，自动化测评技术的应用诞生了很多智能测评系统，例如讯飞启明智能评卷这一类可以对多科目多题型进行评阅的智能评卷系统，以及流利说APP这一类可以为学习者的英语口语进行打分的自动化口语测评系统。为了辅助教师进行智能化个性化的教学，利用专家系统技术研发了智能导师系统（ITS），学习者的学习行为、认知风格、能力水平和情感状态都被智能导师了解得一清二楚，以此推荐合适的学习资源和方法，为学习者规划学习计划，更别提记录、分析、反馈、评估学习结果和学习特点了，智能导师能够从全方位满足学习者的个人学习需求。教育机器人的诞生更是证明了人工智能已在教育中得到广泛应用，从陪同儿童玩耍学习的陪伴类机器人，到课堂上辅助教师教学的教师型机器人，再到帮助特殊儿童的服务型机器人，教育机器人的出现越来越普遍，它们所提供的教育服务也逐渐多样化。与此同时，机器人教育进入了我们的视野。学生通过设计、组装、编程和运行机器人，锻炼批判性思维和计算思维，培养动手操作能力和实践探索能力，在团队合作中锻炼交流合作能力。智能机器人应用于教育教学中，使得教学更加多学科化，更具技术性，更有利于发展集科学、技术、工程、数学于一体的STEM教育。在STEM教学方面，机器人可以帮助教师将工程技术概念转化为真实的应用，将科学和数学概念具体到现实世界中，从而消除科学和数学的抽象。总的来说，人工智能促使学习方式发生了变革，个性化教育和终身学习不断得到支持，刺激了跨学科发展，引导了教师角色发生转变，提升了学习者的学习效率和学习兴趣等。然而随着技术的升级，不止满足于以上的改变，人工智能技术将为教育行业带来更多未知的机遇和挑战。

新一代信息技术正迅速而有力的融入教育领域，它们推动教育领域的变革，引领教育技术掀起新浪潮，促进物联网和互联网协同发展，构建智能个性化学习环境正是在这样的背景下，课堂受到了直接的影响，智慧课堂在信息技术的支撑下诞生。新一代信息技术对教育而言已被证实是非常重要的，充满技术的智能化的课堂更是孕育学生智慧的摇篮，课堂互动参与的增强，课堂教学模式的改变，使学生可以更深入地参与协作，获得丰富生动的学习体验。因此，智慧课堂的发展是新一代信息技术发展的必然，也是信息技术对于人类教育之重要价值的突出体现。

2.追求教育公平的结果

"教育公平"是举国上下关注的热点话题，在教育现代化的背景下，新时代的教育公平就是优质教育公平。2018年，国家社会科学基金重大课题"信息化促进新时代基础教育公平的研究"将新时期基础教育公平的需求分为三个层次：消除弱势需求、提供优质需求、发展个体需求，而智慧课堂的出现正好满足了这三个层次的需求。首先，消除薄弱需求是针对贫困地区、薄弱学校以及特殊群体提出的，在于解决起点公平的问题，实现义务教育均衡发展，人人享有平等的受教育机会。国家投入大量人力物力财力进行教育信息化工程建设，势必要提高薄弱地区基础设施水平，例如"三通两平台"、"校校通"、"班班通"等基础设施全覆盖。在此基础上，数字化教育资源实现全覆盖和全融通，进一步消除数字鸿沟，缓解薄弱地区师资不足、课程单一等问题。借助智慧课堂的智能化教学平台，薄弱地区的教师和学生不仅能够开发、利用和享受在线教育资源，开展在线课堂，还能够解决单纯在线课堂所带来的师生互动不足的问题。智慧课堂通过移动设备解决中心学校教师与众多教学点学生之间的双向互动，解决了整个教学过程中诸如课堂提问和课堂练习之类的数据收集和分析。而对于特殊群体来说，智慧课堂所使用的"云-台-端"智能化服务平台能为聋哑儿童提供新的交流途径，他们可以使用手里的智能终端与健全孩子进行无障碍的沟通交流，创新融合教育的形式，使得师生合作互动学习更加便利，更加多元化。其次，提供优质需求是针对教育质量提出的，从以往追求有效率的教育转变为现在追求有质量的教育，所强调的是教育质量的公平。传统的课堂教学是教师以班级为单位对学生进行一致化授课，教师按照统一的课程标准进行授课，并根据自己的经验进行教学预设，在升学率的压力下，往往很难兼顾到教学效率和教学质量，学生处于被动的地位，不是每个学生都能享受到有质量的教育，教育公平难以得到保障。而智慧课堂从教学方式、内容、目标等方面为教育质量公平提供了新机遇。智慧课堂教学使得传统课堂教学模式发生蜕变，从以教师为中心向以学生为中心蜕变，从单一的知识传授向复杂的智慧生成蜕变，从只有教师掌控多媒体教学向师生共同参与全场景教学蜕变，从先教后学向先学后教和以学定教蜕变。教学资源变得智能化、富媒体化、碎片化、具象化、开放化，同时基于动态学习数据分析和智能化服务平台，能够实现个性化学习资源按需推送，海量优质资源随取随用，师生互动资源实时同步。教师也能凭借学习行为数据去掌握学生学习情况，实现精准教学，并采用多样化的教学方式，例如：导学式、游戏式、交互协作式等。根据不同的智慧课堂类型，发展出多样化的教学模式，例如：以三个教学阶段和十个教学步骤为主的"三段十步"；涵盖教师"教"和学生"学"的"8+8流程"等。这些教学模式因学科、教学环境不同而各具特点，但都围绕课前、课中、课后三个阶段来设计，将教师和学生作为其中的重要主体，利用数据智慧引导升华师生的智慧。因此，通过教学模式、内容、形式等方面的多样化设计使学生主体意识和主动学习能力增强，课堂决策分析和互动交流增强，课堂教学质量和效率提升，以此实现教育质量公平。最后，发展个性需求是教育公平更高层次的追求，关注每个人的个体差异进而实现充分而全面的发展。在诞生初期，智慧课堂的教学目标就提到了使全体学生实现个性化的智慧发展，后来的发展升级更加突出促进学生核心素养发展的宗旨，更加重视学生的个性化学习，精准把握学生的个性特征和个性化学习需求。课前，根据学情调查和预习测评知晓学生预习的情况和方法；课中，根据实时随堂检测关注学生的新知掌握情况，根据数据的科学客观决策和自身的教学经验，多角度对学生个性化学习能力展开评估，从而获得每个学生全面清晰的学习画像；课后，根据学生的情况、能力和需求，针对性制定学习方案和辅导策略，为学生精准推送适切的个性化学习资料和分层作业，并且可以根据学生的需求特点制作专属微课，进行个别化的批改、评价和辅导。在课前、课中、课后的智慧课堂教学实践中，充分发挥"云-台-端"智能化服务平台的服务优势，从资源管理到全过程教学活动，从数据挖掘分析到多端互动，智慧课堂的出现使教师能够根据学生的能力和个性来教学，智慧教与智慧学的深度整合使每个学习者都能沿着符合个人特征的道路成长，并实现有效和全面的发展。

3.教育信息化的阶段性成果

其实早在20世纪80年代，我国就已经迈开了教育信息化的脚步，开始了相关的实践试点，但并没有系统规范的称之为教育信息化。伴随1996年《从电化教学管窥未来高教的趋势》以"教育信息化"为关键词，再加上兴建了信息高速公路，教育信息化正式进入大众视野。经过20多年的发展，我国教育信息化已经取得了初步的进展，不管是颁布的政策文件，还是全国教育信息化工作会议，都显出国家对教育信息化建设的大力支持。在教育信息化发展的第一个阶段国家大力推进硬件基础设施的建设，不论是农村中小学现代远程教育工程，还是教学点宽带接入，再或是"三通两平台"工程，在不断的项目推动下，我国信息化硬件设施到达了广覆盖、深通达、重服务的局势，在后续发展中以网络建设为重心，逐渐重视公共服务平台、信息化支撑平台。在教育信息化发展的第二个阶段国家开始重视教育信息化的应用，关注硬件设备与教学、管理和课程的结合，注重教育信息化的实践落地，为教育教学服务。杜占元副部长也提到教育信息化的本质是要把信息技术与教育教学实践紧密结合，在应用中与教育实践相结合，关注到丰富教学内容、培养学生的创新精神、提高教学质量、改善教育管理服务等问题。在此基础上，教师信息技术素养的培养受到关注，教师需要运用自身的信息技术能力积极探索信息技术与学科教学的融合之道。于是，全国各地涌现出了很多运用信息技术推进教学改革的优秀案例，教育部还举行了"一师一优课、一课一名师"活动，力争让每个班级有一位教师可以使用信息技术教学，让每一位教师至少用信息技术教一堂课。在教育信息化发展的第三个阶段，国家在"十三五"期间重新部署了教育信息化工作，使得我国教育信息化的发展进入了一个全新快速发展的阶段。深化应用和融合创新被提上了日程，促使教育信息化在提升教育质量、促进教育公平、推动教育变革、培养创新人才中发挥重要作用。在教育信息化发展的第四个阶段，我国教育信息化道路开始了转型升级，从关注数量变化到关注质量变化，从专注于应用驱动和集成开发到专注于创新引领和生态变革。在基础设施方面更加重视数字校园、"互联网+教育"大平台的建设，在观念上更加强调育人为本，在行动上更加强调攻坚优化、引领发展等行动。经于此，发展指标翻了一番的教育信息化在应用模式中取得了创新突破，在新冠疫情防控期间发挥了举足轻重的作用，在决战决胜脱贫攻坚中贡献了独一无二的力量。教育信息化发展的四个阶段，以及这二十年来所带来的斐然成绩，都让我们看到教育信息化已经影响到教育的方方面面，强有力地推动着教育发生革命性的变化。

而智慧课堂正是出现在教育信息化推行实施的阶段，顺应教育信息化的发展趋势，将课堂作为信息技术应用的前沿地，通过信息技术来改变传统课堂的教学结构、教学模式等，促进教师角色转变、学生主动探究、教学结构变革。电子书包的试点、智慧教室的创建、智能学习终端的应用都是信息化建设计划的重要部分，同时也是对智慧课堂的逐步探索，为智慧课堂的出现奠定了基础。智慧课堂1.0出现于2014年，建立在大数据学习分析、移动学习终端运用和"云-网-端"信息化平台的基础上，强调全面改变课堂教学的内容和结构，以此来建立大数据时代的信息化课堂教学模式。在教育信息化快速发展的时期，智慧课堂在智慧校园应用、智慧教育建设的推动下也发展迅速，出现了很多研究者从信息化视角对智慧课堂进行界定和理解，站在信息化的视角丰富智慧课堂的内涵。2016年，刘邦奇教授的团队在已有定义的基础上进行补充修订，突出智慧课堂的内涵特点，使得智慧课堂的定义更突显智慧特性，更易被大众接受。在教育信息化进入2.0的阶段，智慧课堂也随之进行了转型升级，迎来了智慧课堂2.0。智慧课堂2.0的关注重点从技术转移到教与学，从不区分学科转移到突出学科特色，从智慧高效的教与学转移到精准化教与个性化学，从构建信息化课堂教学模式转移到构建智慧课堂常态化应用教学模式。自2019年教育信息化加速发展开始，智慧课堂在智能化时代下迎来了3.0。新一代智慧课堂3.0的定义得到了改进、功能得到了升级，在服务宗旨、技术策略、系统架构、应用场景和实践模式等方面都具有智能时代的新特点。由此可以看出，智慧课堂紧紧跟随着教育信息化的发展步伐，在教育信息化快速发展时期，智慧课堂同样也不甘示弱地进行了升级更新，因此不论是 1.0 版本还是 3.0 版本，智慧课堂都是教育信息化发展路上的阶段性成果。从智慧课堂的发展轨迹中依稀可以探寻出教育信息化的发展轨迹，两者的发展轨迹十分吻合，且相辅相成，教育信息化的发展离不开智慧课堂的助推，智慧课堂的发展更是离不开教育信息化的辅助。

4.新时代人才培养目标的转变

教育首要面临的问题是培养什么样的人，培养目标会随着时代发展、社会变化而有所不同。在社会主义建设的早期阶段，教育是要培养社会主义新人，使之充分发展，致力于使受教育的人成为有社会主义觉悟的有教养的劳动人民。到了 20 世纪 80 年代以后，根据建设中国特色社会主义事业发展的需要，人才培养的目标已成为培养有理想、有道德、有文化、有纪律的"四有"新人。随着不断丰富"四有"新人培养目标的内涵，国家以法律形式确立了新的培养目标，要求培养德智体全面发展的社会主义事业建设者和接班人。到了 2004 年，我国已经形成了以人的全面发展学说为基础的人才培养目标体系，为了使培养目标服务于政治经济，各级各类学校都力图使学生朝着德、智、体等方面全面发展，成为有理想、有道德、有文化、有纪律的社会主义事业的建设者和接班人，为社会主义建设服务，为人民服务。到 2014 年，在《教育部关于全面深化课程改革落实立德树人根本任务的意见》中，教育部将学生适应终身发展和社会发展所必备的素质和关键能力按阶段划分为核心素养体系。核心素养体系的提出使得新时代人才培养目标更有针对性、科学性，能够更精准细化地涵盖到各学段、各学科的表现特点和水平，将学生所具备的素养变得更系统、更连贯，深入细化地回答了"培养什么样的人"这一问题，同时也勾勒出了"全面发展的人"的基础轮廓。2018 年，经济合作与发展组织（OECD）发布了《OECD 学习框架 2030》，在学习框架 2030 中提到了帮助学习者成为合作机构需要个性化的学习环境以及基于读写和算术的坚实基础。在数字化转型时代，随着大数据的出现，数字文化和数据素养越来越重要，成为大数据时代学生必备的基本素养。社会对人才的需求取向促使了人才培养目标的转型，从以前所追求的掌握学科知识的知识型人才转变为掌握多样化能力的应用型创新人才，从以前所追求的背诵理论知识为主的接受型人才转变为主动思考的创造型人才。

人才培养目标的转变对现行教育系统变革提出了要求，智慧课堂正是在这样的变革中诞生，期望通过智慧课堂中的教与学，促进学生的智慧发展，培养学生的核心素养，使得他们在面对未来的挑战和机遇时能好准备，能够主动担负起时代和环境所赋予的使命。从学习环境来看，智慧课堂有着灵活的物理教室环境，能够扩大了学习时间和空间的边界，不论是个人自学还是小组呈现都能够满足。

更重要的是，智慧课堂有着完备的技术基础设施，能够实现技术支持学习。研究表明，当技术与丰富的学习内容、健全合理的学习原则、高质量的教学、协调一致的评价体系和标准、学生的个性需求、优质的学习体验无缝结合时，学生能获得最大化的学习收益。从培养目标来看，不仅仅是知识和技能的学习，更强调的是能力、智慧的培养，学生能够主动调动自己的知识、技能、经验来参与世界，满足复杂的需求，包括处理大量信息、媒体和技术的需求，能以一个饱满的姿态迎接未来的各种挑战。从主体性建构来看，智慧课堂更突出了学生的能动性，通过项目学习、小组合作、个性化学习等方式，引导学生在学习过程中占据主导地位，培养学生个人追求意识，能正确对个人身份进行建构。在教师和学生的多维互动中，教师可以帮助学生确立自己的内在信念，使其成为学习或改变的对象，并使他们更乐于学习和改变。同时引导学生对未来进行正确规划定位，从而能够以正确的方式将需求和愿望转化成为能力。智慧课堂所提倡的学生主体性培养理念与新时代人才培养目标不谋而合，都希望学生能够通过课堂学习发展成为具有个性和智慧的主体，并积极参与学习过程以实现自己的理解和认同，在发展过程中，主体性培养和学习是周期性的互补的增进关系。

第二节　智慧课堂的内涵

在科技发展迅速、社会变化繁复的今天，"信息爆炸"已成为人类面临的新问题。适应今后的社会生活，必定要处理大量的信息，有更强大而持续的学习能力。然而，课堂教学的时间总是有限的。因此，在有限的教学时间里，提高效率，激发学生的潜能，成了如今课堂里面临的新问题。

在《国家中长期教育改革和发展规划纲要（2010-2020年）》中指出，要"发展每一个学生的优势潜能"。"玉不琢，不成器"，正是匠人们发掘了玉石的潜能；"人不学，不知义"，学生的潜能就需要教师通过教育教学来充分发掘。而对于教师和学生而言，教育教学都离不开课堂这个主要载体。智慧课堂，顾名思义，用智慧指导课堂，使课堂充满智慧，让学生的潜能得到激发。教师的教学智慧固然重要，结合当下的电子信息技术，研发智慧课堂系统亦是智慧课堂之智慧所在。同时，智慧课堂一定是立足于激发学生潜能这样一个基点，从多条途径，发现和发展每一个学生的优势潜能。

1.什么是潜能

依据《现代汉语词典》（2002年增补本）的释义，潜能应当理解为"存在于事物内部不容易发现或发觉的能力"。

2."你的能力超乎你的想象"

借用一句广告词你的能量超乎你的想象。"超乎想象，平日里不曾发挥的能力，就是潜在的能力，等待被激发。生命的潜能无限，已经有很多人用实际行动印证了这句广告词。它也在告诉世人，潜能需要被激发。

杭州最美妈妈吴菊萍就用双手接住了坠楼的孩子，在危急时刻，潜能被激发。同样在日本也发生过类似的事情。1993年，日本札幌的一个4岁小男孩，从八楼掉了下来。男孩的妈妈小山美真子当时正在楼下晾晒衣服，看到这一情景，立即飞奔过去，赶在小男孩落地之前，把孩子抱在了怀里。这一消息刊出之后，引起日本盛冈俱乐部的法籍田径教练布雷默的质疑。因为根据报上刊出的示意图，要接到从25.6米高的地方落下的孩子，这位站在20米外的妈妈，必须跑出每秒9.65米的速度。而这一速度，在当时的日本，就是成绩最好的田径运动员都难以达到。

在我身边最近也发生了一件激发学生潜能的事情。我的一名大学同学在替学生录入运动会网上报名时，一时操作失误，把原本报了短跑项目的同学点击成了参加跳高项目。发现时已不能更改。而不巧的是，这个学生是班里个子最矮的。学生很是为难："老师，我这么矮，你还让我跳高？"我这个同学为了鼓励学生，打趣道："蛤蟆也不高，但跳得可高呢！跳高比的是弹跳力，不是个子嘛！"于是亲自示范、教学，还请了孩子的家长和孩子一起练习。结果，没想到，这名矮个子学生竟然拿下了区里跳高比赛的第一名，站在领奖台的"1"上，他竟还不及站在"2"上的同学高。跳高的潜能就这么被激发了！我相信，这个学生一定因为这次经历更自信了，绝不会因为自己的矮而自卑。

千里马的潜力也是靠伯乐发掘和激发的呀！不管是"误打误撞"还是"慧眼识英雄"，总之，他们都证明了"你的能力超乎你的想象"，潜能一旦被激发，带给人的除了出乎意料的能力还有自信，还有很多很多。

3.智慧课堂如何激发学生的潜能

智慧课堂中，"以生为本"是毋庸置疑的前提。因而，教学应当基于学情。教师精心设计的问题通过智慧课堂终端的发布，给每个学生提前预习的机会。学生再通过终端将自己对该问题的理解反馈给教师，教师就能提前摸清学生对于这一课知识点的了解情况。基于调查所得的学情，教师能"量体裁衣"，及时调整自己的教学设计，以适合不同班级不同学生的需求。

在这个过程中，直接受益的除了教师之外，还有学生。除了因为教师的"量体裁衣"，而获得了更适合自己的教学，这样的间接受益外，在完成学情调查的同时，学生更有直接的受益。

完成调查作业，大多需要基于对新课的提前了解。如果教师的问题学生无法作答，那么学生为了完成学情调查中的问题，便会带着问题认真预习新课的内容，甚至是完成了初步的自学。原本不知道的知识便在课前掌握了，学习起点基本拉齐了。长此以往，学生一次次带着问题预习新课，便会在一次次预习中，学会提问，学会思考。学会提问正是国内学生十分欠缺的能力。而学情调查，恰恰智慧地、潜移默化地影响了学生的提问能力，锻炼了学生的思维能力，激发了学生的提问潜能。

（1）小组协作，激发合作潜能

小组协作，即是合作学习。而合作，不仅是一种学习能力，更是一种社交能力，是学生走上社会后不可或缺的一种能力。合作学习也正是课程与教学改革中的一大热点。从更宏观的角度来说，随着科技的发展，人类将面临更为复杂的问题，没有合作是无法解决的。因此，世界各国都把合作能力作为培养的重点。也就是说，合作能力也是今后人才的必备能力之一。

而传统课堂长期的"单打独斗"使得学生的合作能力得不到充分的激发。因此，小组协作、合作学习是智慧课堂绕不开的要素。在智慧课堂上，教师积极地创设合作交流的平台，让学生学习如何与人合作、如何与人交流、如何与人分享、如何展示自我。

同时，在个人学习的方式中，成功破解答案的往往总是那几个少数的"优秀同学"，而大多数却品尝不到成功的滋味。而智慧课堂采用异质小组合作的学习方式，使得成功成为了团队的"战利品"，也大大增加了品尝成功果实的学生数，带给学生更多的自信。显然，在合作之下获得的成功会比一个人得来的更美妙。合作学习中，学生还能体会到一种愉悦感，来自合作的愉悦感。当然，合作中必然少不了困难，少不了摩擦，这些更是智慧课堂中的合作学习带给学生的财富。在一次次的合作中，在教师的有效指引下，学生们的合作潜能会不断地被激发，从而知道如何有效合作，如何在合作中有效分工，遇到困难如何合作克服，如何减少合作中的摩擦。在小组内外进行展示、讲解时，学生对于学习概念的掌握远胜于自己埋头学习得到的。一次次地讲解和展示，使学习内容得到深化和巩固。而且，学生之间的讲解有时比师生间的讲解更为有效。

当然，在合作学习开展的初期，每次合作后，进行适当的总结和指导是非常有必要的。比如，一开始学生们会说，遇到意见不同的情况，应当"谦让"。但几次合作下来发现，有时"谦让"并不是最有效的解决方法，错误的"谦让"反而让小组的行动走了弯路。于是，他们会提出"少数服从多数"，有了民主的意识。但继而他们也会发现，有时候"真理掌握在少数人手中"。那么，下回他们将"以理服人""据理力争"，也会从中慢慢学会"对事不对人"。

（2）多维监评，激发品质潜能

智慧课堂改变了以往传统单一的评价制度，开发了《学习效能监评表》。监评包括五个维度："自主""合作""展评""检测""规范"，各项总分为10分，共计

50分。自主是指学生对待课前学情调查了解起点、主动学习努力拉齐起点的态度情况；合作是指是否愿意帮助其他同学，乐于承担组内分工，和睦互助，无蓄意欺侮、歧视、伤害同学的行为，为小组积极贡献力量，并能为小组展示提出有用的建议、冷静面对组员给自己提出的意见，并能积极改正，也能客观指出组员的缺点，态度真诚，语言委婉；展评是指课堂教学中学生小组或个人的展示和对他人的评价；监评是指课堂学习效果的当堂检测与分析；规范是指学生的课堂纪律情况。

现在的学生们大多来自独生子女家庭，独特的家庭环境使得他们当中相当一部分人养成了自私、骄横、孤僻、以自我为中心的性格，听不进意见，受不得批评。媒体频频曝出学生跳楼自杀、恶意伤害他人等这样骇人听闻的消息，和学生自身的心理素质不无关系。心理素质的培养是班主任德育工作内容，但专门的教育总也需要"润物细无声"的协助。而智慧课堂的多维监评，恰恰能起到这样的作用。

在多维监评下，除了传统课堂关注的主动学习积极思考的品质外，学生多方面的能力和品质都得到了激发，性格更开朗、更自信，人格也更健全了。自私的行为少了，真诚的态度多了；需要的督促少了，自主的努力多了；恶劣的事件少了，和睦的交流多了。

通过多维监评的尝试，实验学校的学生在这些方面都有了长足的进步，精神面貌大有改观。学生们不仅行为品质良好了，人也更自信、更开朗、更会与人交流了。而这些情绪智力的激发，也会作用于学习潜能的激发。

智慧课堂提高了教学效率，减少了因为学业带来的冲突和压力，使师生都有了更为良好的心态，更为健康的心理状况。而稳定的人格、健康的心态，正是激发学生潜能的前提。在这样的大前提下，学生人格发展的潜能以及其他方面的潜能才有了更为广阔的空间。

著名教育家夸美纽斯，在其撰写的被称作西方教育圣经的《大教学论》扉页上，写下了他的教育理想："找出一种教学方法，使教师因此可以少教，但是学生可以多学；使学校因此可以少些喧嚣、厌恶和无益的劳苦，独具闲暇、快乐和坚实的进步。"智慧课堂正是怀着这样的教育理想进行着教育实践。

（3）因材施教，激发学习潜能

《国家中长期教育改革和发展规划纲要（2010-2020年）》中明确指出："注重因材施教。关注学生不同特点和个性差异，发展每一个学生的优势潜能。"

激发学生的潜能，更主要的是指激发学生的学习潜能。学习潜能的激发应当以尊重学生学习能力的差异为前提。而智慧课堂的"智慧"很大一部分就在于此。每个学生的学习潜能是有差异的，要激发他们各自的潜能，帮助他们向不同的方向发展，就必须发现差异，直面差异。而智慧课堂，通过与电子信息技术的整合使用，使得教师更为方便地了解学生的课前学情。正如美国教育学家奥斯博尔曾提出的那样："影响学生学习最重要的因素是学生头脑中已有的知识，教师应根据学生已有的知识进行教学。"通过智慧终端系统，提前了解学生的学习起点，不仅让学生动手又动脑，在预习时发挥潜能，而且在一定程度上拉齐了学生的学习起点，便于课堂内容的教学，利于学生学习潜能的激发。同时，学生在预习时暴露出的问题，也促使了教师进一步思考既定的目标问题和其他相关教学内容是否合适，以便尊重差异，因材施教。

在课堂上，教师更是能够根据学生的智能终端所反馈的学能监测情况以及系统的精准分析，及时进行教学的调整，达到高效的教学。一方面，哪道题的正确率高，可以不集体讲评，节省教学时间，对于这道题做错的同学，可以采用课后单独讲解的方法，也可以通过系统的针对性推送进行反复练习，来填补这些同学的空白。反之，哪道题正确率低，立即对全班进行精细的讲解和有效的巩固练习，及时填补教学的漏洞。另一方面，对学生个人来说，哪些学生对于知识点的整体掌握良好，哪些学生整体掌握情况欠缺，同样通过系统，能够一目了然。对于课后组织学生之间一对一的帮扶，有了更准确的依据，进行更精准的安排。这样的智慧课堂，不仅提高了课堂时间的使用效率，同时也不会有学生的知识点遗漏，而且使得教师对整个课堂和学生的整体情况有了更好的认知和掌控。

学习能力强的学生吃不饱，学习能力弱的学生跟不上。这两端的学生，无论是哪一端，都有潜在的学习能力，等待或是说急需被激发。传统的课堂教学要想做到发掘不同学生的学习潜能，单凭教师的人力，实在捉襟见肘。而智慧课堂，结合了现代信息技术，教师大量的单一重复的劳动可以由智能终端解决，大大减轻了教师的教学精力的耗费。于是，教师就可以把其余的精力，放在挖掘不同学习能力层次的学生的学习潜能，真正地实现因材施教，使得每个学生都能健康发展，让不同的生命绽放出不同的光彩。

（4）创设情境，激发创新潜能

电子信息技术的使用激发着学生对于新技术的向往，从而在潜意识里根植创新的胚芽。当学生们触摸着智慧课堂的学生终端时，他们满怀探索欲、求知欲。智慧课堂终端的使用、电子白板的加入，都让学生眼前一亮，这本身就激发着学生的创新欲望。

电子信息技术的使用，不仅方便了教师对于课堂情境的创设，也使得课堂情境能创设得更有声色，更让学生如临其境。比如，在教学《秋天的雨》这一课时，安排仿写"你看，它把（ ）（颜色）给了（ ）"时，利用智慧课堂的电子信息技术，创设情境，带学生听听秋雨的声音、赏赏秋的美景，能激发出学生的创作潜能。语文教材中时常会安排这样的季节性课文，描写春夏秋冬的景色，或是和季节相关。但由于课时的安排，总不能恰好合上时节，所以利用智慧课堂上的电子信息技术创设生动的情境，把学生带入其中，则能对课文内容有更深刻的感受，能更好地理解和再创造。再比如教学《富饶的西沙群岛》一课时，创设海底美丽的情境，带学生欣赏，然后请学生描述海底情景时，就降低了难度，学生也更有可能创编得有声色、有新意。

其他课程中的情境创设，同样是激发学生创新能力的有效途径。比如，美术课要学生设计新奇的字体，教师可以给出不同的部件，比如花、草、爱心等有趣的图案，让学生随意拖动，随意组合，这样更能激发出学生的创作欲望和创新潜能。数学几何教学时，智能终端可创设七巧板的模拟情境，能给学生充分的动手机会，也能激发创新能力，拼出不同的组合。物理电路教学时，模拟电路实验，通过模拟实验，更深入地理解和掌握串联、并联，进一步设计相关物品，比如红绿灯，激发学生的创新能力。

（5）实时统计，激发主动潜能

爱因斯坦说："如果把学生的热情激发出来，那么学校所规定的功课就会被当作一种礼物来领受。"传统课堂的模式总是很难关注到每一个学生，更不要说真正激发每一个学生的学习主动性，以提高课堂学习效率。而智慧课堂在信息技术的融合下，能通过终端关注到每个学生的学习情况。同时，在练习中，系统能够实时统计每个学生的提交情况、正确率，并能整体呈现，做出总体情况的统计分析。

在这样的学习环境下，每个学生的学习情况都能被有效地监测。学生为了能在实时统计中展现更好的自己，不至于过于尴尬，自然会更专心地听课，更积极地思考，深入有效地参与课堂，从而更好地掌握知识点。也就是说，智慧课堂的环境迫使了每个学生高效率地学习，自主地参与，课堂效率大大提高。这不正是传统课堂一直以来困惑的难题？

当然，出于对学生隐私和自尊心的保护，我们将系统中学生姓名的呈现隐去，以学号替代。给学生以尊重，亦是智慧课堂所追求的目标。给学生以尊重，才更能有效激发学生的学习热情，激发学生的主动潜能。

国家督学成尚荣教授指出："课堂教学改革就是要超越知识教育，从知识走向智慧，从培养'知识人'转为培养'智慧者'，用教育哲学指导和提升教育改革，就是要引领教师和学生爱智慧、追求智慧。"

智慧课堂，因为智慧，迸发出潜能的火花！

第二章　智慧课堂教学资源与平台建设

第一节　概述

一、教育资源的概念及重要地位

教育资源及平台建设是一项基础性工作，是智慧校园得以运行的物质基础和保障。离开教育资源，智慧校园甚至整个教育信息化的发展都将沦为无本之木、无源之水。早在《国家教育事业发展第十二个五年规划》中，就明确指出"推动优质资源的开发、集成与共享"，"加快数字教育资源开发，启动建设国家优质教育资源中心。支持、引导、激励各级各类学校和社会机构开发优质教育资源，建立覆盖各级各类教育所有课程的教育资源库和公共服务平台"。《国家中长期教育改革和发展规划纲要（2010-2020年）》也旗帜鲜明地将教育信息化单独列出，且将"加强优质教育资源开发与应用"作为教育信息化建设的重要内容，明确指出"建立开放灵活的教育资源公共服务平台，促进优质教育资源普及共享"。可见，教育资源及平台建设已被提升至关系教育长期发展的战略地位。

随着教育理念、实践及技术的发展，教育资源的基础性地位和作用也日益突出。教育资源的内涵也在不断更新和发展。广义的教育资源是指为教育服务，促进教育发展的一切要素。包括环境资源、人力资源和信息资源。环境资源指构成教育教学系统的各种硬件设备，如计算机设备、网络设备、通信设备等，以及维持教育教学系统正常运行的各类系统软件、应用软件、工具软件、教学软件等。人力资源包括教育教学机构人员、任课教师、教辅人员、行政管理者，以及能通过互联网等现代通信工具联系到的各个领域的专家、学者。信息资源通常指信息技术环境下的信息资源，主要指以文字、图形、图像、声音、动画和视频等形式储存在一定的载体上并可供利用的信息。包括数字视频、多媒体教学软件、教育网站、电子邮件、在线学习管理系统、计算机模拟、在线讨论、数据文件、数据库等。狭义的教育资源一般指教育信息资源。

二、教育信息资源及平台的发展

在我国教育信息化发展的进程中，以各个时期资源建设的主要内容和资源库的表现形式作为划分标志，有学者将我国教育信息资源的建设与发展概括为3个典型阶段：早期（2003年前）以教学素材库和学科资源库为主的建设阶段；中期（2008年前）以学科教与学资源网站、研究性学习和专题学习网站为主的建设阶段；再到近几年（2008年后）以网络教学课程（如魔灯Moodle课程）、教育视频库和教育教学博客、微博为主的建设阶段。随着教育实践的发展、理念的转变及技术的进步，教育信息资源的建设也在发生着清晰而深刻的转变。首先，资源建设理念开始从"助教资源"转向"助学资源"；其次，资源结构开始从封闭状态转向半封闭半开放状态；第三，资源的生成模式开始从"各自作战，静态生成"转向"合作共建，动态生成"；第四，资源的表现形式开始从"离散型教学素材"转向"结构化的主题式教学资源"；最后，资源的技术模式开始从"演播式"转向"交互式"。

教育资源的存储、共享和应用，离不开资源平台建设。科学合理的教育资源平台的规划与建设，还是缓解优质资源匮乏，优化资源配置，促进教育公平的重要手段。随着云计算、人工智能、内容图像检索（CBIR）等技术的发展，教育资源平台建设的技术模式进入了一个崭新阶段，建设理念也正在发生根本性的转变。资源平台的发展趋势主要体现在：第一，资源平台的建设理念正在从产品层次上升至服务层次，资源平台建设的中心任务正在从技术平台的搭建转向服务体系的构建；第二，平台功能正在从单纯的资源存储与管理转变为融知识获取、存储、共享、应用与创新于一体的知识管理平台；第三，在运作机制上，Web2.0时代的以用户为中心的理念正在逐步体现。各种有效的社会化驱动和信息聚合机制正在逐步引入，资源平台的建设和应用绩效也在逐步提升；第四，在技术模式上，正在从传统的数字化向智能化方向转变。

三、智慧教育平台需求分析与发展策略

（一）智慧教育平台需求分析

对现有智慧教育平台的现状分析和问题研究能够发现，一个完善的智慧教育平台需要实现以下几个方面。

　　智慧学习、教学方面，需要为学生提供多样化的在线学习方式和即时的交互功能，以信息技术开展知识的建构，从而有针对性地实现个性化学习。需要汇聚教育领域优秀的师资力量，建立庞大的网络教学团队，实现教师及时的在线指导和资源共享，让教师成为学生平台学习、平台活动的设计者、组织者和指导者。

　　智慧管理方面，平台的教学管理需要更有效、更快捷、更方便的技术环境支撑。平台运作的可视化和自动化，实时监控平台的教育教学状况，并实现全面的远程指导。平台各系统的实时沟通协作，实现无缝的信息交换和业务协同。通过对用户学习、教学的情景感知，向用户推送相应的教学信息、教学资源和平台服务。

　　智慧科研、评价方面，平台的科研和评价需要依靠大数据技术，从经验为主转变为数据为主，将平台教学过程中的各类数据进行更加多样化、智能化的分析和评价。同时，应用云存储技术将归类整理后的数据永久存储在云端，从而对用户的发展进行定期的评估，提出更具针对性的发展建议。

　　智慧服务方面，平台需要为学生建立完善的个人学习空间，以学生的需求为准则，提供一体化、智能化、个性化的学习服务支持，满足学生全天候、多形式的在线学习。同时，建立满足教师在线教学、教研和交流的教师空间，让教师实现在线的教学教研、课程管理、学生查询等多方面的教学服务。

（二）智慧教育平台发展策略

　　从智慧教育平台的需求分析中可以发现，当前的智慧教育平台在平台建设与发展、智慧教学、智慧学习、智慧管理、智慧科研、智慧评价、智慧服务等方面还存在许多的不足之处。所以，针对智慧教育平台今后的发展需求，应实现以下几个方面。

　　1.政府和教育部门对智慧教育平台整体化、具体化的发展主导

　　智慧教育平台的建设和发展要展现智慧教育的教育理念，实现智慧教育的教育需求。首先，就是国家政府必须对智慧教育平台的建设和发展制定出具体的理论指导、整体性规划、统一的行业建设标准和运作规范，使智慧教育平台在建设、发展、运作的过程当中具有明确的发展方向、发展目标，统一的建设规划、行业标准和合理的平台组织分类及体制保障。从而保障智慧教育平台的基础设施建设和系统应用开发，推进智慧教育平台的大规模推广和全面的应用，以及健全动态监测与监管机制，根本上促进和保证智慧教育平台的建设和发展，避免因体制混乱而出现的各类问题。

　　2.制定标准化、综合性的智慧教育平台建设及运作方案

　　综合性智慧教育平台在初期的平台建设当中，就要制定相应的平台内部全面

化、标准化建设及运作方案。从教学课程种类的分类和整理，到课程资源的认证和审查；从教师（讲师）的技术能力和资格水平的认证，到学校（教育机构）的实证考察；从教育教学形式的综合（视频播放、在线直播、现实课堂辅助等），到智慧化的教学过程（互动课堂、虚拟实践等）；从多样化的教学交流、讨论方式，到合理化、人性化的平台服务设置；从规范化、简洁化的平台管理机制，到科学化、实证化的科研数据分析和评价等，都必须制定包含范围全面，能够不断引申发展，具备科学理论依据的平台建设和运作标准。

同时，各智慧教育平台与互联网和各智慧教育平台之间的数据链接或资源共享等方面，也要制定统一的行业运作准则。当各类智慧教育平台在平台建设和平台运作中都依照共同制定的行业标准，就能够对互联网范围内所有的教育资源和教育技术实现整合与共享，同时也让政府教育部门对智慧教育平台的管理更加便捷。互联网内的教育资源是极为丰富的，所以对资源的搜索和共享首先需要有合理化、标准化的网络教育资源互联整合方案，然后再依靠相应的网络技术来实现全球范围内的教育资源显现在各个智慧教育平台的整合与共享。不仅如此，无论是智慧教育平台在内部建设和运作的标准化还是在整体互联网中的各智慧教育平台互联方案和准则，都能够最大程度的将各平台中的教育教学、教育管理和教育评价等方面的教育数据进行挖掘和整理，让数据分析的过程更加高效，更具说服力。

3.建立服务于用户的智慧教育平台

智慧教育平台要真正融入到当前人们的学习生活中，成为各类用户在教育学习过程中的必备工具和首要方式。首先要提升在智慧教育平台学习中各类用户（包括学生、教师、学校等）的信息技术素养，让平台内的各类用户做到无障碍学习和交流；同时，依照各类用户的教育教学需求，平台要制定出完善的在线课程学习体系。

在智慧教育平台的教学环境中，学生（学习者）的学习需求和学习效果是教师（讲师）和学校（教育机构）所关心的重点，更是智慧教育平台推广和发展的中心问题。所以，平台应该建立一套完整的在线智慧教育课程学习体系，从学生（学习者）的课程选择到在线课程体验，从教师（讲师）的课程资源准备到课程的完结考试，从课程智能化水平的提升到用户互动交流方式的多样化，都要有详细的技术和管理指导。智慧教育平台只有以用户的需求为中心，通过用户的体验来不断的补充、改进和更新服务用户的技术和环境，才能实现平台持久的良性发展。

4.强化智慧教育平台管理体系

智慧教育平台的建设和运作需要全面化、规范化、强制性的平台管理体系。智慧教育平台管理的全面化，首先就是平台要针对各类用户的不同需求和不同行为，制定出能够涵盖平台运作各方面的管理制度。然后，智慧教育平台的管理制度要有符合用户的实际体验需要和相关的平台发展规范。最后，平台的管理体系要强制性的实施到平台运作发展的每一个方面。只有强化智慧教育平台的管理体系，才能有效地规范、控制和提升教师（讲师）和学校（教育机构）的平台课程制作和平台教学实践，为学生（学习者）营造出更加安全，更加合理，更加科学化的智慧教育平台学习环境。

5.健全智慧教育平台评价与分析体系

智慧教育平台的评价体系包含了对学习者课程学习的章节作业、实训练习、课程考试、电子阅卷等这种针对课程学习效果的评价机制。健全智慧教育平台评价体系，是了解学生课程学习情况，了解在线课程的授课情况的最便捷、有效的评价形式。同时，全面的平台评价体系也能为智慧教育平台的数据分析提供更加丰富的数据支持。智慧教育平台的大数据来自各个平台环境中的各类数据（例如：学习者的学习效果、学习能力、学习心理；教师的教学过程、交流过程；学校的课程制定等）。通过大数据对平台数据的挖掘和搜集，并利用云计算技术进行相关的数据分析，依靠数据分析的结果得出相应的平台发展现状，制定出更完善的平台发展规划来促进平台教学质量的提升。

6.多种形式的智慧教育平台推广和发展

现阶段，智慧教育平台的建设和运作都还有许多缺陷。而任何的需求分析和发展措施都需要依靠用户的使用和参与来实现预期的效果。所以，要对智慧教育平台做更多、更广泛的平台推广，无论是自上而下的政府推动还是自下而上的用户发展模式，都要使用并且制定相关的智慧教育平台推广方案，以此增加平台的用户数量和使用范围。

在现今的智慧教育平台发展过程中，与其他互联网技术平台的研发相似，有两种发展路线：分别是加法路线和减法路线。加法路线是指先初步建立，后逐步增加。例如，在智慧教育平台的课程学习方面，开始只有教学视频学习的单一功能。通过教学平台的不断使用和在大数据的分析下对在线学习需求的了解，逐步加入了在线直播教学以及在线直播互动等多种功能，以此不断完善平台的教学功能。而减法路线则是类似于谷歌、微软等大型互联网科技公司的智慧教育发展模式，从开始就不计成本的建设智慧教育平台，把当前技术下所有的功能全部加入进来，然后再慢慢通过技术的更新来削减成本，实现逐渐量产的平台建设模式。

总的来说，无论是平台的推广还是平台的建设路线，都是为智慧教育平台能更加全面、更加广泛的服务于社会各类人群，更加快速和科学的推动信息时代智慧教育的不断发展。

第二节 核心问题

一、资源及资源平台建设面临的主要问题

近年来，国家和地方政府投入了大量人力、物力、财力进行教育信息资源内容建设和平台建设，取得了巨大成效。为缓解我国，特别是部分偏远地区教育信息资源匮乏，提升教育质量与效益，促进教育公平，推进教育现代化进程等起到了至关重要的作用。但从总体来看，资源建设只有量的改变而没有质的突破。教育信息资源特别是基础教育信息资源建设依然面临较大压力，问题重重。纵观多年来我国教育资源建设与发展，总结发现当前我国教育信息资源及平台建设的共性问题主要集中在以下几个方面。

（一）资源规模与质量问题

经过多年持续建设，我国已基本建成覆盖各学段的教育信息资源体系。已形成国家、区域（省市）、校本资源三级资源服务体系。从一定程度上缓解了教育信息资源匮乏的历史问题。但相对于日趋成熟的教育信息化硬件基础建设，"有锅无米"的现象依然存在，教育资源的供需矛盾依然突出。与资源规模相比，更为突出的是资源的质量问题。由于缺乏统一的规划和有效的技术模式，导致大规模的低水平重复建设现象依然严重，资源质量难以满足要求，优质资源不足，特色教育资源匮乏。

（二）资源均衡配置问题

近年来，国家和各级地方政府通过多方努力，大力推进城乡教育均衡发展，通过"班班通"、"校校通"、"农远工程"等为教育资源共享、资源优化配置奠定了良好的硬件基础。但由于历史原因和人为因素，教育资源配置的地区差异仍然显著，教育均衡发展的问题仍然突出。

（三）信息孤岛与资源共享问题

由于在当前教育信息资源建设过程中，缺乏统一规划，各自为政的现象依然存在。资源建设技术与标准不统一，数据异构，资源共享困难，资源整合成本过高。另外，由于缺乏资源共建、共享的长效机制，各资源建设的主体往往忽视或不愿进行资源共享。导致各资源平台各自独立，形成信息孤岛，大大降低了资源的使用效益，造成了极大地浪费。

（四）资源建设的标准化问题

在教育信息建设的进程中，不少教育信息化的管理者、研究者，信息化系统及资源的建设者，对标准的认知不足，对遵从标准的重要意义认识不到位。在一项关于我国教育信息化标准调研分析的研究报告中，有关数据显示，只有38.71%的调查对象在教育信息化的建设和应用中使用了教育信息化标准，41.94%的调查对象表明他们没有使用教育信息化标准的原因是不知道存在该标准规范。在关于学习资源建设的标准化调研中，大约51.61%的调查对象使用了《基础教育教学资源元数据应用规范 CELTS-42》，51.61%的调查对象使用了《教育资源建设规范 CELTS-41》。此外，我国教育信息资源及资源平台建设标准基本上套用 LOM 标准和 SCORM 标准，国家制订的几个标准也只是将其作适当修改后加以利用，没有真正意义上的标准。资源建设没有遵从统一标准，给资源的检索、整合、共享和应用都带来极大地困难。

（五）资源结构问题

现有的教育信息资源中，应用比较普遍的还是基于传统概念上的各自独立的、离散的媒体素材，且集中于文本和图像素材。资源结构单一、封闭。独立、离散的文本及图片素材很难承载完整的教学理念和教学设计，对促进教学，特别是教师专业成长及学生的自主学习没有实质意义。当前，我们需要开发基于主题的，整合各类媒体素材、完整承载教学理念与教学设计的，互动性、生成性教育资源，且资源结构应该是开放的，以便于优化、完善与整合。

（六）资源平台的运作机制问题

目前，各级各类资源库的建设机制基本上都是政府主导，联合相关企业进行平台建设。各级教育行政部门负责统筹、管理和维护，并组织一线教师以行政指派、立项建设、资源评比等形式进行资源内容建设。或联合相关企业开发或直接购买。这种模式在初始阶段政府需要较大投入，可在短期内汇集大量教育信息资源。但这种机制是自上而下的，与 Web2.0 时代的开放、共享，以用户为中心的核心理念是相违背的。由于缺乏长效机制，无法有效吸引用户的广泛参与，资源平台的运营难以长期保持活力。与此同时，知识类网站、社会化网站、电子商务网站等社会化平台异常活跃，对人们的学习、工作和生活方式产生了重要影响。这类社会平台所提供的服务、内容、用户与教育资源平台在很大程度上存在一致性。我们可以大胆、合理地借鉴社会化平台的运作机制来优化教育资源平台的运营，构建教育资源平台的长效运营机制。

（七）资源平台的用户体验问题

首先，现有资源库系统的资源分类不规范。相当一部分的资源库系统仍然按照传统的媒体类型进行分类，虽然部分资源库按照学科年级进行资源分类，但分类粒度过大，再加上资源的元数据不合规范，导致难以进行资源的精确检索；其次，由于资源组织结构松散，难以进行资源汇聚与深度检索，资源检索效率低下；再次，系统缺乏对用户使用风格的学习与分析，难以进行有效的资源及服务推送；最后，缺乏资源订阅、个人信息、界面、服务整合及定制等个性化服务。

（八）注重"库"的建设，忽视"平台"理念的植入

在教育信息化发展的进程中，有很长一段时间，甚至时至今日，资源的匮乏一直是制约教育信息化进程的重要"瓶颈"。提供海量的资源一直是教育信息资源建设所要解决的首要问题。因此，资源"库"的概念已深入人心。"库"的概念强调的是资源的汇集、存储，还停留在技术和产品层次，已无法适应当前的教育需求。而"平台"的理念不再将资源库系统仅仅作为一个资源存储与检索的工具。它将"社区"的理念，"服务"的理念整合进来，更加关注用户体验，更加突出分享协作，更加强调用户的主体性，共同参与系统的建设与完善。从而将资源平台打造成为能自我循环，长效运营的"资源生态系统"。

（九）资源平台与其他教育信息化系统相隔离

教育是一个复杂的系统，各业务间有着紧密联系。然而由于建设理念滞后于技术的发展，现有的绝大部分资源平台是独立建设的，在规划和设计之初并没有考虑与其他信息化系统特别是教学系统和备课系统有效整合与对接。这样就会产生两个突出问题。首先是使用不便。用户往往要将相关资源先行下载，再到其他系统（如备课系统）中进行二次编辑、整合，才能应用。其次是系统封闭。由于资源平台独立设计、开发，与其他系统隔离，各系统间缺乏信息流通渠道。一方面造成了资源难以实时更新，动态生成，对教学过程中动态生成的信息无法及时捕获、入库。另一方面，难以满足课堂教学对资源的实时需求，难以支持动态、灵活、开放的课堂教学。资源平台并没有成为教学过程中的必要元素，其应用效益和生命力将大打折扣。

（十）资源应用效益问题

教育信息资源的根本目的和本质属性是为教育教学服务。然而，由于上述种种原因，这些花费巨大、耗时费力建成的数量庞大、种类繁多的教学资源（库）在实际教学中的应用情况却不太乐观。很大一部分教育管理者、教师对教育信息资源及资源平台的认知和理解还停留在较浅的层次，资源的使用还处于较低水平。

大量教育信息资源主要被用作备课素材使用。基于资源的教师专业发展、协同创新，基于资源的学生协作、探究的自主学习等深层次应用还远未形成。

二、资源平台建设的设计理念与核心需求

（一）设计理念

为缓解资源平台建设的上述问题，提出以下设计理念。

1.基于知识管理理念构建"社区式"的教育资源平台

知识管理可通俗的解读为，实现信息向知识转化，促进显性知识和隐性知识相互转化，优化知识创新与应用的理论与实践。知识管理涉及知识获取、创造、分享、应用与创新等完整流程。在资源平台的设计中，可引入知识管理理念，在资源平台中整合知识管理工具，构建一个集知识获取、创造、分享、应用与创新于一体的支撑平台，打造教师、学生、家长间交流、协作、分享的学习社区，促进隐性资源的转化与积累。

2.合理借鉴电子商务网站的相关理念优化教育资源平台的运作

近年来，电子商务网站的成功有目共睹。教育资源平台和电子商务网站一样，同样有商品（资源）的提供者和购买者（下载者），建设资源平台的目的也是和电子商务网站一样，希望以便捷的方式让更多的人来购买（下载）以产生效益（社会效益）。虽然教育资源平台在其本质目的、社会环境、建设模式等方面都与电子商务网站有很大的不同，但电子商务网站中极致的用户体验、商品推荐、信誉等级、评价机制、激励机制、个性化服务等方面均值得我们借鉴。

3.引入知识类网站、社会化网站的相关机制，强化用户体验

社会化网站（SNS）全称 Social Networking Services，即社会性网络服务，旨在帮助人们建立社会性网络的互联网应用服务。SNS 是以人际关系链为基础构建网站系统的服务体系，Facebook 是其典型代表。知识类网站是以知识链为基础，兼具社会化网站的协同、互动特征，以提供知识、经验、见解等知识性内容为主要服务的互联网应用服务。其代表性产品有：如国外的 Quora、Aardvark 等，国内的知乎、百度文库等。知识类网站正在改变着用户对知识、资源、信息的获取、存储、管理、共享的习惯和方式。知识类网站与社会性网站在提供的服务、内容、用户等方面与教育资源平台具有高度的一致性。其开放的内容共建模式、高度结构化的知识链条、有效的资源评价及质量保证机制、便捷的知识共享途径、长效的运作管理机制、个性化的资源推介及良好的用户体验，对教育资源平台的构建均具有重要的借鉴意义。

4.提出"信息"即"资源"的崭新资源观

传统意义上的教育信息资源是静态的，有形的。但事实上，很多在教育教学过程中所形成的生成性信息、动态信息，如学生的课堂反映、课堂练习反馈、教师突发的教学灵感、教师在课堂上对教学材料所进行的实时更改、补充、批注等都是宝贵的生成性资源，蕴含了丰富的教育内涵。教育资源平台应提供相应的手段，对此类信息进行捕获、收集。

5.一体化的解决方案，与其他教育信息化子系统无缝集成

资源平台的规划设计应与其他子系统统筹考虑，统一数据规范，统一技术模式，提供开放的接口标准。从而实现系统的动态扩展，提供各子系统间的数据流通渠道。便于从其他子系统中捕获相关信息资源，实现资源动态扩容。同时能为各子系统提供资源支撑，方便用户使用，提高资源平台的应用效益。

6.基于SOA构建教育资源平台，实现界面、数据和服务的整合

整个智慧校园系统是基于SOA架构体系进行构建，各子系统进行单点登录，实现了用户界面、数据和服务的整合。根据不同的用户角色分类，将各类用户的常用功能在同一页面上集中呈现，简化用户操作流程，并且用户可根据自己的需求对各子系统的功能、服务进行定制。

（二）核心需求

通过广泛的需求调研和深入的文献分析，笔者认为智慧校园的教育资源平台应着重满足以下几个方面的需求。

1.提供海量优质教育学资源，满足日常教学需求

教育资源特别是优质资源短缺仍然是一个突出问题。提供海量优质资源仍然是教育资源平台的基本功能。为此，要与相关企业联合，进行合作开发，并在政府的主导下，联合一线教师进行资源共建。提供包括备课素材、课堂实录、习题库、试题库在内的海量优质教学资源。

2.与备课系统无缝整合，实现资源智能汇聚，提高资源检索与利用效率

本项目中的教育资源平台与备课系统无缝整合。将备课系统嵌入到资源平台，教师可在线启动备课软件，在检索资源的同时，即可完成备课。同时资源平台将资源细化到知识点，实现了基于知识点的智能资源汇聚，并可进行资源在线编辑。极大地提高了资源的检索与利用效率。

3.与讲课系统无缝整合，支持动态、灵活、开放的课堂教学

教育资源平台同时实现了与讲课系统的无缝整合。教师在讲课时可通过讲课软件直接进入资源平台，进行资源检索，实时扩展授课内容，调整教学进度。实现了课堂教学的动态化、灵活性和开放性。

4.实时捕获各类教学信息，实现资源的动态生成、扩容与更新

教师可将在课堂上对教学课件、资源所做的更改实时存入资源库。同时，也可将学生所完成的小组作业、课堂练习、评测结果等过程性信息存入资源平台，实现了资源库的动态扩容和实时更新，也为后续的综合测评、学生学习情况分析提供了数据支持。

5.实现各类教学信息的分类存储、统计与分析

资源平台为全面收集教学过程信息，汇集成果材料，以档案袋的形式对老师和学生的各类学习过程信息及成果材料，加以分类存储，并能进行统计、汇总、分析，为学生的综合测评，教师的考核、评优、晋升提供数据支持。

6.支持学生基于资源的协作、探究的自主学习模式

传统的以"助教"为主的零散的静态素材资源已经很难适应教与学方式的转变。为此，一方面要提供以"助学"为主的主题式、结构化的学习资源；另一方面还要在资源平台中整合交流、协作、互动、答疑的工具，支持学生开展基于资源的协作、探究的自主学习，从而有效转变资源应用模式，提高资源的应用效益。

7.支持教师基于资源的校本研修及教师专业发展

资源平台不能仅仅作为教师的备课素材库，还应该成为教师之间进行教学观摩、经验交流、教学反思的专业成长社区。为此，资源平台一方面要提供大量的视频课例、教学反思、教学设计等"研修"资源；另一方面还要构建促进教师分享、交流、反思的机制；再一方面是要提供辅助教师进行分享、交流、反思的工具。这样，教育资源的应用才能上升到新的层次，教育资源的价值才能真正得以发挥。反过来，教师交流、反思的结果又会成为新的宝贵教育资源的一部分。

三、智慧教育的功能性与非功能性分析

（一）功能性分析

1.系统整体功能

智慧教育云服务平台整体上分为云用户访问端和云服务提供端两个部分。云用户访问端是服务实体被访问的入口，也是数据访问的触发点，不同的平台使用者对服务的需求不同，服务差别也很大，所以云用户访问端为了满足不同使用者的需求，配置不同的访问空间，进入空间访问需求的服务。页面服务化空间可以使平台用户在页面上自由配置部分公共服务，实现服务的可配置性。云服务提供端是有平台云服务管理中心、平台云服务资源库两大体系。云服务管理中心负责平台所有服务的整体治理。平台云服务资源库是各种教育教学服务、业务层服务、监管服务等部署在云平台上服务的云聚合。

2.云用户访问端口功能

云用户访问端是服务实体被访问的入口，也是数据访问的触发点。不同的平台使用者对服务的需求不相同，服务差别很大，所以云用户访问端为了满足不同使用者的需求，配置不同的访问空间，进入空间访问需求的服务。

（1）学习者空间

学习者空间是针对学习者用户群开发的在线教育教学服务。

个人信息服务提供学习者的个人资料的管理。包含基本个人资料的修改，学习信息的查看，学习信息包括学期课程表信息、学期考试成绩单、科研研究成果展示、毕业课题进度信息等可以下载生成报表的信息。

教育云服务列表是用户通过平台获取服务的入口。对于云服务列表展示的服务是租户，也就是学校作为一个个体通过购买服务窗口购买的学习者服务套餐以及租户定制的学习服务。通用的学习者功能有在线考试、远程课堂、选课服务、课程疑问、在线作业、课程进度、学习小组、图书馆服务等等。

消息服务由邮件消息和通知消息组成。邮件消息包括邮件的查看、发送、删除操作，通知消息包括教师对学习者提出的课程疑问的答疑回复提示消息、开始选课通知消息、作业批复提示消息、提交作业截止时间通知、学校公告信息提示消息等等。

生活文化是学习者业余学习生活的补充。通过借用服务可以借用教学资源进行学习研究、借用体育、娱乐设施和场地进行娱乐活动。学习者可以通过查看活动举办列表，线下参加自己喜欢的活动，也可以通过在活动举办服务上发布活动。交流会用于促进学生教师之间关于知识的交流探讨活动。

页面服务空间是学习者对于自身需求通过页面配置服务配置在某一具体服务页面上需要的公共服务。公共服务有评论服务、随笔服务、时间提示服务、打印服务等所有用户都可以通用的服务类别。

（2）教师空间

教师空间的用户包括成人教育学校、培训机构、小中大学校的教师。为了保证教学质量，初次进入教师空间的教师没有教学服务的使用权限，在提交教师资格申请表，通过教师资格申请后，才能开通教师空间所有服务的权限。

教师信息管理通常有教师基本个人信息、工资信息、科研成果信息、学生成绩单信息、学生花名册信息、课程表信息等等。

（3）组织机构空间

组织机构空间是为学校、培训机构、成人学校、教育部门等机构提供的服务空间。机构通过机构信息管理对已经发布的公告、招生信息、机构建设信息进行删除。同时对机构本身的名称、地址、联系方式、机构性质、证书等信息进行修改。而在教育机构云服务窗口对各种信息进行发布和修改。

其中通过使用教学服务数据分析服务呈现的数据可以对学生的生活、学习状况得到客观了解，对教师教学的情况整体的掌控，以便学校对各种学校教学计划做全局把控。

（4）租户空间

租户是组织机构以一个个体形式的呈现。比如学校作为一个个体使用租户空间可以使用。

初次进入租户空间的个体无法使用空间服务，提交机构资格申请表，通过资格申请后，才能开通租户空间所有服务的权限。

购买管理是根据自身的实际情况通过购买服务选择适合自己的IT资源套餐，服务套餐，并选择计费方式进行购买服务。这里的IT资源指的是底层云计算资源。这里的服务套餐是不同类型的学习者空间云服务窗口套餐、不同类型的教师空间云服务窗口套餐、不同的组织机构空间云服务窗口套餐。租户信息管理的是租户的购买信息、账户信息。

（5）管理员空间

管理员空间是为教育云服务平台的管理者而开发的用户空间。管理空间需要管理的内容较多，管理的类型各不相同，需要有一定的技术要求，所以管理员的管理权限有不同等级要求。

管理者的权限范围主要有6个领域：用户管理、服务管理、管理员管理、安全管理、IT资源管理、计费管理。

服务管理包括服务运行时监控、服务资源管理。其中服务资源管理有对开发人员发布的服务进行服务审查，删除不可用的或者旧的服务，更新服务列表等。

IT资源管理需要二次管理员权限，分为身份与访问管理和使用与管理入口两个服务模块。身份与访问管理是对管理员身份和权限的二次确认，租户只有访问IT资源的权限。租户通过租户空间的云服务窗口进入IT资源管理页面。再通过使用与管理入口进入资源管理服务。资源管理服务包括资源调度服务、资源监控服务、资源数据报表服务、资源日志服务。管理员通过计费管理的计费方式的更改，更改收费策略。

3.云服务提供端口功能

（1）云服务管理中心

智慧教育云服务平台的云服务管理中心是通过开发管理员对管理中心进行管理的平台。云服务管理是对服务请求响应调用时的异常监控，通过服务发布中心对开发的服务进行服务发布，通过服务调度中心对异常的服务进行相似服务的替换处理。服务使用日志管理是由日志信息查询，日志信息删除，日志异常监控等模块组成。日志信息查询包括服务调用日志，服务响应日志，服务发布日志。认证与授权是云服务管理中心的重要组成部分。通过统一身份认证，用户授权管理、实现云服务的使用安全性。开发管理员对认证与授权的方法进行修改。

页面更改权限管理是用户对页面服务空间中更改页面配置时，根据用户的权限响应用户需求。学习者、教师的权限范围是更改页面布局下公共服务的显示和隐藏。租户的权限范围是通过定制服务更改具体的服务功能。

（2）云服务资源库

平台云服务资源库是各种教育教学服务、业务层服务、监管服务等部署在云平台上服务的云聚合。云服务资源库提供给用户所需要的各种各样的服务。开发管理员可以根据用户的需求获取云服务资源库的服务提供给用户使用。

（二）非功能性分析

智慧教育云服务平台对于平台的性能要求主要有易用性、可扩展性、可靠性、可维护性、安全性方面。

1.易用性

用户使用软件时是否感觉方便。要求系统容易理解、学习成本低、操作便易，任何用户无论是学习者还是平台管理者通过简单学习就能使用系统。

2.可扩展性

对于平台来说需要考虑平台的扩展性，在满足现有的功能需求外，可以在不改变系统架构的基础上不断根据业务需求的变化和增加而满足业务需求。

3.可靠性

系统能在设定的时间和条件下正常运行其功能并且无错误。对于智慧教育云服务平台来说，平台的可靠性是需要异于平常的重视。从体系结构的角度考虑，要求平台的每个层面的运行的子系统间相互独立，互不影响。

4.可维护性

修改已经能正常运行功能的实现代码的复杂程度。代码能够适应新环境，满足新需求，需要考虑代码的可读性，易理解性。

5.安全性

首先考虑数据的安全性，智慧教育云服务平台存储设备中存储大量的用户数据，有些私密非共享的数据要求在存储、传递过程中保证其安全保密性。其次平台防御攻击性安全，平台收到攻击，平台就会变得不可用。使用成熟的网络相关检查工具定时进行系统检查。

第三节　关键技术

一、基于云计算的教育资源库系统构建技术

云计算是分布式计算、网格计算和点对点 P2P 技术的融合。它由网络互连的大规模的数据中心或计算机集群整合成资源池，进行统一管理和调度。用户通过网络以按需扩展的方式获取各类服务和应用。云计算本质上是一种服务和应用的交付和使用模式。其技术实质是将计算、存储、服务器、应用软件等 IT 软硬件资源虚拟化，实现基础设施即服务（IaaS）、平台即服务（PaaS）、应用即服务（SaaS）的三层服务体系。云计算机技术的应用可以解决当前教育资源库建设中的众多突出问题。第一，大大降低了用户的硬件的购买及维护费用。用户所需的高负荷的检索、计算及存储服务均可由云服务器完成，无须再购买昂贵的服务器及高配置的终端设备，只需交付相应的租用费用。第二，可以节省大量的软件维护和升级费用。各类应用软件统一部署于云端，由云服务提供商统一的升级和维护，用户只需交付十分低廉的费用。第三，提供了安全、可靠的数据存储。各类教育资源统一存储于云端，由云服务提供商统一提供专业的数据安全和防护，极大地降低了用户将数据存储在个人计算机上所带来的风险。第四，由于各类信息和教育资源统一存储于云端，进行集中管理，为教育资源的充分共享、打破信息孤岛现象提供了有效支持。第五，借助云端的强大的计算能力，可实现海量数据的快速检索、智能汇聚，大幅度提高了资源使用效率。同时基于海量数据挖掘，可进行更为深入的教育应用。

二、基于RSS的信息聚合技术

Web2.0 的核心理念是用户体验。Web2.0 时代互联网的本质是参与和分享。在 Web2.0 时代，人人都是网络资源的贡献者。面对海量的信息资源，Web2.0 通过信息聚合技术，实现了网络服务模式由 Web1.0 时代的人找信息转变为信息找人。信息聚合技术是对各网站的最新信息、资源按照用户的个性化需求进行抓取、分类，并推送至用户个人界面，快速形成用户个人门户。信息汇聚技术极大地提高了互联网中信息检索和使用的效率，满足了用户的个性化需求，优化了用户体验。

RSS（简易信息聚合）是一种典型的信息聚合技术。RSS 是一种基于 XML 格式的网络信息资源的元数据描述规范。RSS 技术的应用可以分为"发布端"和"接收端"。发布端是信息的提供方，即 RSS 源，是互联网上各类提供 RSS 订阅功能的网站。接收端即用户，用户可根据需要，订阅多个信息来源，并通过 RSS 阅

读软件对多个信息源进行分类管理，快速构建个人信息门户。

智慧校园资源库系统数据庞大，为提高数据检索效率，满足用户个性化需求，系统提供了基于RSS技术的信息聚合功能。各类用户可根据需要，订阅自己感兴趣的栏目，并形成自己的个性化界面。当所订阅的栏目有内容更新时，用户无须手动查找，相关信息会自动推送到用户个人界面。

第四节　系统构建

一、内容模块

内容模块根据教学及智慧校园各子系统的资源存储需求进行设计。包括动态资源和静态资源两部分。静态资源指有计划地进行设计、开发而形成的信息资源。主要是通过整合示范学校现有资源、实现资源跨校共享，并进行后续开发。向区域内的各级学校提供优质、海量的公共教育教学资源及文化资源。动态资源是相对于静态资源而言的。是指在教学过程中实时生成的信息资源，这类资源的过程性特征明显。包括答疑库和电子档案袋两个模块。

（一）备课资源

备课资源库存储海量资源支持教师备课，为智能教学系统的"智能备课"及"互动课堂"系统提供资源支撑。"智能备课"系统的备课软件可直接调用备课资源库的相关资源，快速生成个性化的教案及课件。同时，平台将为老师提供个人存储空间，教师能将生成的教案及课件及时存储，供课堂教学实时调用及其他老师观摩共享。

1.素材库

按学科知识点组织的海量备课素材，包括文本、图片、音频、动画、视频等。

2.课件库

按学科知识体系组织的教学课件，供老师备科参考，老师利用"智能备课系统"制作完成的课件也存储在此，可随时调用或共享给他人。

3.案例库

由各种媒体元素组合表现的有现实指导意义和教学意义的代表性事件或现象。如教案、典型的教学模式、教学设计等。

4.文献库

有关教育方面的政策、法规、条例和规章制度；各科课程标准、教学大纲；重大事件的记录等。

5.工具库

常用的媒体素材处理软件、课件制作工具及其他好用、易用的小工具小软件，可以辅助教师更为高效、灵活地完成各类教学应用。

6.模板库

提供经典课件模板、PPT设计图库，辅助教师高效完成课件制作。

（二）同步课堂

向"互动课堂系统"提供数据接口，借助自动录播系统及相关应用软件系统，自动捕获、同步存储课堂教学实况数据，同时提供重点及拓展知识讲解视频、参考资料，为移动学习提供资源支撑，全面支持学生课后的自主学习。系统还将对学生的自主学习情况进行记录（如学习的内容、时间等），形成报表，并通过相关数据接口，向"家校通"系统推送，最终将相关的学习信息转发至家长的移动终端；让家长全面地了解孩子的学习状况。

（三）作业库

按学科、年级存储各类作业题目，包括必须完成的课堂作业、可选择完成的拓展巩固作业和针对部分学有余力的学生的强化提高作业。作业库向"智能教学系统"和"移动学习系统"提供数据接口，老师可自主添加、发布、批阅作业，学生可通过移动学习终端查看、完成、提交作业。

（四）试题库

按学科、年级存储各类试卷、典型试题。试卷包括同步测试、单元测试和综合测试。其中，综合测试涵盖了各级各类学校的期末试题、各级升学考试的历年真题及模拟题。教师用户可自主添加、调用试题，用于备课和课堂测试，学生也可通过移动学习终端访问题库，进行自主测试。同时，借助"智慧校园"其他子系统的相关应用软件，还可实现智能组卷、在线测试、系统阅卷等功能。

（五）电子教材库

电子教材是为适应教育信息化进程，对传统纸质教材进行数字化和多媒体化，形成适宜在个人电脑、电子书包、智能手机、PDA等终端设备进行阅读和学习的数字化教材。电子教材库按照年级、学科存储各类电子教材，老师可以利用电子教材进行高效的备课、授课。学生可通过电子书包阅读电子教材，跟随老师授课进度进行课堂学习，或借助其他终端设备开展课后自主学习，并可轻松记录电子笔记。

（六）智慧校园文化

向智慧校园文化系统提供数据接口，为智慧校园文化系统提供数据存储及资源支撑。其中汇聚了大量的名师讲座视频、教育博客、微博，众多优秀学生的经验介绍、创意活动展示及校园文化的数字化展播等。

（七）答疑库

答疑库向智能教学系统的辅导答疑模块提供数据接口。存储学生通过辅导答疑系统所提出的各类问题以及老师、学伴对相关问题的解答。问题和答案均可按照关键字进行检索，同类问题达到一定的提问数量后将自动进入"常见问题（FAQ）"。

（八）电子档案袋

教师档案袋收集包括教师的工作计划、专业发展规划、教学反思、业绩成果等信息，辅助教师进行专业成长和个人业绩管理。学生档案袋全面收集学生的考勤信息、作业信息、考试信息，以及学生的学习计划、学习总结、课外作品、获奖与荣誉等学习过程信息，辅助进行对学生学习的过程性评价，促使学生形成自主学习能力和自我评价能力。

二、功能设计

（一）媒体素材库

1.资源分类

以学科、年级为主要分类依据，形成多级目录与树形结构，资源粒度细化到知识点。

分类可根据实际需求定义各级属性，一级分类为学科，二级为年级。下级分类，分类管理用户可根据需求添加对应的知识点层。

分类维护管理包括：

①添加同级分类

②新增下级目录

③修改、删除分类

管理员维护整个资源分类的目录、结构和节点。

2.资源上传

管理员用户或教师用户将本地资源上传分享。支持多种文件格式，能跟踪资源的上传进度，支持异步上传；在上传过程中，上传者需输入资源属性等必填信息，包括资源名称；通过分类选择器快速定位资源所属的教育分类；确定资源用途和资源介绍、关键字等属性。

3.管理资源

后台统一管理所有上传的资源；根据资源属性信息快速定位到资源并进行管

理操作；通过列表展示资源的主要信息。

①管理员可根据实际审核需求，控制是否开启审核机制；

②从资源分类、关键字等信息快速查找定位到资源；

③批量管理功能，提高审核效率；

④列表展示资源的主要信息，方便审核查看。

4.收藏资源

平台用户查看资源的过程中可选择收藏资源，以备以后学习工作中使用。

5.资源检索查找

资源检索查找功能实现快速、精准定位，使用户能最快地找到自己需要的资源，排除非相关资源的影响，并且具备资源汇聚功能。

根据资源上传属性定义，资源检索应从资源上传时所定义的属性，多维度地提供检索可选项。

查找项包括，资源目录分类、资源用途、资源格式、资源名称和关键字文本。

①通过目录分类，快速精确定位到科目、课程章节等教学粒度；

②多种资源用途：备课资源、试题库、智慧文化和课件等；

③多种媒体格式筛选：图片、PPT文档、视频和动画Flash等；

④支持关键字的模糊查找；

⑤资源检索结果，列表汇聚符合查找条件的所有资源，显示资源关键信息。

6.资源预览

系统提供用户下载资源前的预览；用户搜索到资源后可进入查看资源的详细内容；针对不同媒体格式的资源文件，系统自动提供不同的预览模式，包括图片类、文档类、动画库类和视频类。

通过资源预览功能，用户无须先下载再查看资源，可直接在线查看，确定是否符合教学需求再进行下载。

资源预览功能提供用户直接在线播放视频或演示动画、PPT，无须重复下载；直接通过网络，实现教学过程中对教学资源的直接调用。

（二）在线习题

1.习题库维护

普通习题组成因素为题型、题干和答案，资源平台习题库在此基础上增加了分类、知识点内容、习题难易度和答题解析。提高了查找习题和出题的效率，更好地帮助学生答题复习。

习题库维护功能包括：

①添加习题，管理员和教师用户在线直接添加习题内容，丰富习题库资源；

②修改习题，管理员可对所有习题进行修改；教师用户对自己上传的习题进行修改；

③删除习题。

2.习题检索

习题检索查找功能实现快速、精准定位习题。

根据添加习题的属性定义，习题检索应从习题上传时所定义的属性，多维度地提供检索可选项。

查找项包括，目录分类、难度、类型和知识点内容。

①通过目录分类，快速精确定位到科目、课程章节等教学粒度；

②习题难度：容易、一般、比较难和很难；

③习题题型：判断题、单选题、多选题、填空题和问答题；

④支持习题相关知识点内容的模糊查找。

习题检索结果列表汇聚符合查找条件的所有习题，显示习题关键信息。

3.智能组卷

教师用户可在线从习题库中检索习题，组合作业或试卷。组合过程高效、方便和快速。教师只需筛选习题，加入出题箱，输入必要信息，编排习题顺序即可快速布置作业或发布考试。

①临时出题箱：教师通过习题检索，查看习题详细内容，确定加入出题内容；整个操作过程应有连贯性，提高出题效率；

②教师查找完习题，统一在出题箱中进行布置操作；出题箱列出教师检索加入的所有习题的详细信息，包括题型、题干和答案等；教师可去除习题或对习题进行重新排序；教师可修改习题分数，系统自动算得总分。

4.在线测试

教师用户出题，将组卷或作业发放至学生；学生用户在线作答并提交；教师用户对提交的试卷或作业在线批阅，给出成绩以及结果分析；学生亦可在线查看作答以及教师批阅的结果，查看每道习题的答案、得分和作答提示。

①测试过程中，作业或试卷在每个步骤有对应的状态，测试平台根据状态自动将作业或试卷流转到教师或学生；

②学生应完成所有习题方可提交作答；

③学生提交作答之后即可查看习题答案和答题解析；

④教师批阅过程，客观题部分系统自动算分，主观题部分由教师根据答题提示录入相应分数；

⑤教师批改完成后，学生可查看总分和教师批改意见。

（三）辅导答疑

学生用户在线选择任课教师，输入问题，提交至辅导答疑系统。教师用户于辅导答疑模块查看未答疑的学生提问并予以辅导解疑。

①学生可选择本人所学课程的任课教师进行提问；

②教师可删除不适当的提问内容；

③教师解答过程的操作要简便快速，不应有过多的刷新等待时间；

④辅导答疑分为未解答和已解答，便于教师和学生分别查看。

（四）综合评价

1.学生分析

针对学生在线考试和电子作业的作答情况进行客观地评价统计分析；评价的粒度为练习题，从习题的多个维度出发，包括课程、习题难度、习题类型以及学生作答习题的得分情况，进行分析。

①单一维度查询分析：比如查看语文近期作业习题总体情况，答题结果对、错的题目比例，答错的题目主要学习的范围、知识点；直接查看题目答题解析。

②综合维度查询分析：比如查看语文课程回答结果比较差的习题部分，系统给出符合条件的所有习题的详细情况。

2.教师分析教师用户针对每次作业或考试，分析学生的作答情况，粒度细化至每一道习题。

①查看每道题所有学生的作答情况；

②查看每道题得分情况统计分析，各得分层学生的比例情况。

三、技术路线

资源平台使用 Java 语言开发，基于 Spring MVC 和 Hibernate 的技术框架，结合三层架构，最终发布为 B/S 网络结构模式的在线应用平台。

（一）架构与模式

1.B/S 结构

B/S 结构（Browser/Server，浏览器/服务器模式）是 Web 兴起后的一种网络结构模式，Web 浏览器是客户端最主要的应用软件。这种模式统一了客户端，将系统功能实现的核心部分集中到服务器上，简化了系统的开发、维护和使用。

①B/S 最大的优点就是可以在任何地方进行操作而不用安装任何专门的软件，只要有一台能上网的电脑就能使用，客户端零维护。系统的扩展非常容易。

②B/S 结构的使用越来越多，特别是由需求推动了 AJAX 技术的发展，其程序能在客户端电脑上进行部分处理，从而大大地减轻了服务器的负担；并增加了交

互性，能进行局部实时刷新。

2.三层架构

通常意义上的三层架构就是将整个业务应用划分为：表现层（UI）、业务逻辑层（BLL）、数据访问层（DAL）。区分层次的目的是为了"高内聚，低耦合"的思想。

资源平台服务架构：

①数据访问层：主要是对原始数据（数据库或者文本文件等存放数据的形式）的操作层，而不是指原始数据，也就是说，是对数据的操作，而不是数据库，具体为业务逻辑层或表示层提供数据服务。

②业务逻辑层：主要是针对具体问题的操作，也可以理解成对数据层的操作，对数据业务逻辑处理，如果说数据层是积木，那逻辑层就是对这些积木的搭建。

③表示层：主要表示 Web 方式，表现成 Spring MVC 的 View 层，如果逻辑层相当强大和完善，无论表现层如何定义和更改，逻辑层都能完善地提供服务。

（二）技术框架

1.Spring MVC 框架

Spring 框架提供了构建 Web 应用程序的全功能 MVC 模块。

使用 Spring 可插入的 MVC 架构，可以选择是使用内置的 Spring Web 框架还是 Struts 这样的 Web 框架。

通过策略接口，Spring 框架是高度可配置的，而且包含多种视图技术，例如 Java Server Pages（JSP）技术、Velocity、Tiles、iText 和 POI。

Spring MVC 分离了控制器、模型对象、分派器以及处理程序对象的角色，这种分离能让它们更容易进行定制。

MVC 还具有众多优势。

①低耦合性

视图层和业务层分离，这样就允许更改视图层代码而不用重新编译模型和控制器代码。同样，一个应用的业务流程或者业务规则的改变只需要改动 MVC 的模型层即可。因为模型与控制器和视图相分离，所以很容易改变应用程序的数据层和业务规则。

②高重用性和可适用性

随着技术的不断进步，现在需要用越来越多的方式来访问应用程序。MVC 模式允许用户使用各种不同样式的视图来访问同一个服务器端的代码。它包括任何 Web（HTTP）浏览器或者无线浏览器（WAP）。比如，用户可以通过电脑，也可通过手机来订购某样产品，虽然订购的方式不一样，但处理订购产品的方式是一样的。由于模型返回的数据没有进行格式化，所以同样的构件能被不同的界面使用。例如，很多数据可能用 HTML 来表示，但是也有可能用 WAP 来表示，而这些表示所需要的命令是改变视图层的实现方式，而控制层和模型层无须做任何改变。

①较低的生命周期成本

MVC 使降低开发和维护用户接口的技术含量成为可能。

②快速的部署

使用 MVC 模式使开发时间得到相当大的缩减，它使程序员（Java 开发人员）集中精力于业务逻辑，界面程序员（HTML 和 JSP 开发人员）集中精力于表现形式上。

③可维护性

分离视图层和业务逻辑层也使得 Web 应用更易于维护和修改。

④有利于软件工程化管理

由于不同的层各司其职，每一层不同的应用具有某些相同的特征，有利于工程化、工具化管理程序代码。

2.Hibernate 框架

Hibernate 是一个开放源代码的对象关系映射框架，它对 JDBC 进行了非常轻量级的对象封装，使得 Java 程序员可以随心所欲地使用对象编程思维来操纵数据库。Hibernate 可以应用在任何使用 JDBC 的场合，既可以在 Java 的客户端程序使用，也可以在 Servlet/JSP 的 Web 应用中使用，最具革命意义的是，Hibernate 可以在应用 EJB 的 J2EE 架构中取代 CMP，完成数据持久化的重任。

Hibernate 性能调优的主要考虑点包括如下方面。

①数据库设计

（a）降低关联的复杂性；

（b）尽量不使用联合主键；

（c）ID 的生成机制，不同的数据库所提供的机制并不完全一样；

（d）适当的冗余数据，不过分追求高范式。

②HQL 优化

③缓存

（a）数据库级缓存；

（b）Session 缓存；

（c）应用缓存；

（d）分布式缓存。

④延迟加载

（a）实体延迟加载：通过使用动态代理实现；

（b）集合延迟加载：通过实现自有的 SET/LIST，Hibernate 提供了这方面的支持；

（c）属性延迟加载。

第五节　应用分析

一、研究应用情况

经过多年的精心研究，许多研究成果不仅为学生提供了学习、锻炼平台，也为多媒体课件设计与制作的爱好者提供了学习和交流机会，使教师教育和计算机专业学生直接受益，更可贵的是可以为同类课程开展教学改革提供参考。

（一）实际应用

一些研究成果在教师教育和计算机专业多媒体课件设计与制作课程教学中得到实施应用，收到了良好的效果，学生直接受益。通过对照实验得出，试验班学生的学习兴趣、综合能力比对照要好。与同类学生相比，他们学习的主动性要强，参与课外活动的人数多，获得的成果也比较多。成果的应用有效地促进了专业、课程的建设，提高了学生实践创新能力，学生也得到用人单位的好评。

（二）改革成果广泛推广，示范作用显著

基于智慧课堂教学资源与平台的教学模式在教师教育和计算机专业实施，得到了充分肯定。

（三）同行专家充分肯定

许多知名专家、教授、计算机应用技术学科带头人等给予了高度评价，他们一致认为智慧课堂教学资源与平台，具有较高的实用价值和推广意义。教学模式也被计算机教研室和相应课程的教师在教学中借鉴，实践中，教师们也提出了很多修改方案，同时对资源与平台进行了充分肯定。

二、教学效果分析

经过多年对参与多媒体课件设计和制作课程教学改革与实践研究的学生跟踪，得出以下几方面结论：

（一）学生实践动手能力方面

能根据实际应用需求，开发满足各种学科教学需求的多媒体课件，教学实践中独立分析问题和解决问题的能力提高了。

（二）学生日常学习表现方面

1.增强了学生学习多媒体课件设计与制作的兴趣。学生上课玩手机的人少了，争先回答问题的人多了。

2.提高了学生的自主学习能力。学生等老师讲的人少了，提前寻找解决方法的人多了。

3.增强了学生的合作能力。学生小组作品类同的少了，有创新创意的多了。

（三）参与人员方面

积累了教学改革的经验，熟悉了利用移动学习进行微课程教学和指导学生学习的方法，提高了利用智慧课堂教学模式进行教学的技能。许多参与人员通过重构课程内容，编写了多媒体课件制作实践和应用教材，开展了课程教学课件制作、精品课程网站设计，为以后进一步进行教学改革积累丰富的理论基础和实践经验。

三、具体实施中存在的问题和解决方案

（一）学生配合问题

开始由于部分学生的思想觉悟不高，学习兴趣不浓，积极性没调动起来，所以在思考问题和小组合作上配合不好，还有部分学生因平时缺乏锻炼，性格比较内向，不敢在同学和教师面前发表自己的意见，不敢与教师交流，不敢上讲台发言等。这些现象对我们顺利进行教学带来了一些困难，为使实验能得到准确的数据，发现以上现象，教师对学生采用了物质奖励的形式，以此激发他们的学习积极性。另外，在此教学过程中，此模式本身与学生实际生活联系很紧，当学生解决问题后有一种成就感。内向学生在性格开朗、思想活跃的学生的引导和感染下，也变得积极起来。

（二）精力、时间问题

新教学模式与传统教学模式相比花费时间和精力要多，这样如每一章节都完全按照此教学模式授课，教师负担会很重。为解决这一矛盾，可选取部分章节重点研究，一些比较简单的章节学生自学并强化练习完成。

（三）教学评价问题

因于学校评估方案与教学模式在某些方面有些不适应，所以给教师的工作带来了一些压力。平时，虽然教师在工作上花了不少时间，但这些工作因与学校的要求不一致，教师尽管辛苦工作，最后却不能得到学校的好评，似乎有一种出力不讨好的感觉，使教师觉得很不平衡。不过，教师如能调整好心态，改变观念，用事实证明一切，最终一定能得到学校、家长、学生乃至社会的认可。

（四）学生惰性问题

因为学生的依赖性很强，怕吃苦，怕困难，一遇到困难就想求教师或同学帮忙。布置完任务后，大多学生都积极思考，而总有些学生不动，等着其他学生给出结果。这一现象对新教学模式的顺利开展有一定的阻碍作用，对这一现象尽管经过教师多次启发教育还是不见有好的效果。教育一个人，转变一个人不是一日之功，而是需很长的时间和很大的耐心和精力，更需要多方面的配合。所以教师应尽力帮助学生，使其最大限度地真实地反映情况。

四、教学过程中的几点启示

（一）转换教育理念，突出智慧教育目标

智慧教育的核心理念就在于启迪学生的智慧，培养学生的智慧人格，要解决教育中出现的诸多问题就必须首先从观念上转变，突出智慧教育的目标，这既是学校教育的新诉求，也是对非智慧教育理念的反思，更是培养学生智慧生存、生产、生活所必须突出的教育目标。

1.非智慧教育理念的转换

非智慧教育理念的转换，需要克服教育现实中的非智慧教育的消极影响，需要摆脱知识本位的极端化、功利化影响，学生主动性滥用的教育倾向，不断的强调理性在教育中的作用，但不是唯理性教育，唯知识教育，同时也强调非理性的情感、意识、兴趣等在教育过程中的作用。智慧教育不是理性和感性的简单结合，而是在超越理性和感性的基础上的结合。因此，非智慧教育理念的转变要不断促进在理性与非理性因素超越性的结合，促进智慧教育的实践。

非智慧教育理念向智慧教育的转变，需要从学生的智慧人格出发，尊重学生的主体能动性、方式选择性和价值兼容性，促使教育向培养个性张扬、高效灵活、勇于实践的学生目标出发，立足现实的智慧要求与条件，不断地开发和挖掘学生的智慧潜能，促进学生在智慧性的参与、创造和享受社会的生产和生活中，实现向智慧性、价值性、生活性的教育理念转变。

2.智慧教育目标的确立

智慧教育目标的确立，就是智慧教育的理念、目标显现到实际的教育教学活动中。这就需要不断普及智慧教育的理念与目标，将智慧教育的理念根植于学校、教师、学生和家庭的思想理念中，让智慧教育目标真正的在教育中确立与实施，才能共同促进学生智慧的开发与养成。学校要从智慧教育理念出发，确立智慧教育的目标，以培养学生的智慧人格来建立学校的开放化管理和多元化的评价机制。教师要秉持智慧教育理念，以提高学生的理性智慧、价值智慧、实践智慧，培养

学生智慧人格为主要目标，智慧的设计课堂教学，不可偏废学生的任何一个学习目标，营造智慧的课堂文化，关注课堂智慧形成。学生要从坚持发展自身智慧的角度来学习，自觉在学习中发展自身的个性、人格和实践。家庭也是学生智慧成长的重要一环。家长要摆脱功利性的影响，为学生智慧的全面发展提供有力支持，促进学生智慧人格的形成。智慧教育目标的确立，是学校、教师、学生、家长全方位全方面的去实施和实践智慧教育，只有这样，才能真正的在教育中实现智慧的生成。

（二）智慧教育主体建设

1.开发学生智慧需求

智慧教育的有效性不能从教师的角度来判定，而是要从学生智慧层面来衡量。而学生是否愿意学是智慧学生培养的首要条件，只有学生有提高自身智慧的意愿与动机，才谈的上智慧的教育。因此开发学生的智慧需求，培养学生的学习动机和兴趣是培养学生智慧人格关键性一步。学生的智慧需求是推动和维持学生智慧学习的动力源泉。学生明确了学习目标与方向，才能更有进取性、主动性、方向性和自觉性，去满足自身智慧成长的需要，不断持续的学习，增进智慧的发展，培养智慧的人格。

开发学生的智慧需要，激发他们不断对智慧的追求，促使他们不断地学习和创造，实现自身智慧的个性成长。首先，要开发和培养学生对智慧目的的理解。通过将学习内容、书本知识、理论和技能与现实生活联系起来，促使学生了解学习对现实生活的功用，对自身智慧成长的重要性，明确自身知识、技能的缺乏，增强对智慧的期望和需要，进而从深层次的了解智慧学习的动机与目的，从而开发自身的智慧学习的基础需要。其次，启发和引导学生对专业知识、技能和经验的更高层次专业智慧的渴求。在学习基础知识的基础上，让学生有机会去了解和欣赏专业层次的知识技能，懂得专业层次知识相较基础知识的优越性和超前性，鼓励学生去追求、学习更加专业更高层次的知识技能的学习，开发学生专业层次的智慧需要。最后，激发和培养学生的创造性需要。要鼓励和捕捉学生的创新和奇思妙想，创造机会和条件，通过教育使其这些想法能够得到宣泄，让其在活动中感受到创造的成就感，从而引导学生创造的激情，创造的需要，从而形成学生对创造性的需要。开发学生对基础、专业和创造的需要，从而使其能够主动、积极地投入到学习中去，不断在教育中发掘、发展学生自身的潜能，培养和促使学生智慧的开发与养成。

2.培养教师教育智慧

智慧教育的实施需要智慧型的教师，教师在教育活动中的主导地位是不可忽略的，因此在培养教师的教育智慧对智慧教育的实施至关重要。一位普通的教师向智慧型教师转变，除却自身的领悟力、理解力和执行力，更需要后天的磨炼和培养，才能在教学中灵活应对各种教学冲突，让学生在智慧学习中体验到成长的快乐，达成提高学生智慧，培养学生智慧人格的目标。

培养教师的教育智慧，需要学校为教师提供智慧成长条件，也需要教师自主、主动的充实自身。首先，学校为教师提供多层次、个性化的培养目标和计划，创造学习合作个性创新的校园氛围。智慧型的教师成长需要学校关爱教师生态，充分发挥优秀骨干教师的带动作用，利用有针对性地教研、讲座，提高教师的智慧水平，同时不断跟进教师智慧能力的调研、反馈和评价，从而更有针对性地提高教师的智慧能力；创建学习合作、个性创新的校园氛围，教师间的互相学习与交流，同时尊重教师对问题的多样化处理，形成尊重教师个性化、创新化的智慧文化氛围，使教师在实践中形成自身独特个性的教学风格。其次，教师自身要有不断充实、更新智慧教育理论和理念，在教学活动中不断反思、评价、改进以提高自身教育智慧。智慧型教师的培养需要教师主动接受智慧教育理论和方法，并不断在实施教学中利用有效的资源，灵活运用到教学活动中，并且巧妙地处理教学中的活动和问题，准确把握教学进程，并不断对自身的教学能力进行反思、评价和优化。

（三）开阔智慧教育视野，丰富智慧教育内容

1.理性智慧的培养

（1）系统科学知识的智慧学习

系统科学知识的学习是智慧形成的基础，没有科学知识的学习是不可能形成智慧的。由知识转化为智慧，那就需要对系统科学知识进行智慧的学习。在知识的学习中，不仅要学会"是什么"而且要探索"为什么"，学习需要学生不只是去继承，更重要的对其智慧的理解与运用。对系统科学知识的智慧学习，教师的作用尤为重要。教师要运用各种方式方法使学生更好地了解知识，掌握知识，同时在学习中不断的引发问题，促使学生不断的求知与学习。

首先，根据学生的知识结构，有序的呈现科学知识，促使对知识的深化理解。学生原有的知识水平是学生学习新知识的基础，因此教师要了解学生的原有的知识结构和接受能力，将其作为新知识学习的增长点，促使原有知识结构的深化和突破。同时，在传授知识的过程中要遵守知识和学科的内在逻辑顺序，从易到难，从具体到抽象，从特殊到一般，引导学生融会贯通，建立知识的逻辑联系，形成整体的知识结构。其次，提供引导性材料，创设认知冲突。在学习新知识之前要提供相关的引导性材料，架起新知识与旧知识的桥梁，增加知识间的联系，同时也由引导性材料引发问题，产生认知冲突，激发学生的好奇心与求知欲，使学生带着适度的问题进入新知识的学习，使学生在认知冲突化解的过程中构建新的知识。引导性材料要充分使旧知识与新知识联系起来，引发的问题要适度，不可太难否则会使学生产生气馁而厌学，也不可太容易否则造成学生自满心理而造成学习热情的降低。

（2）科学知识的智慧提升

科学知识的智慧提升，是学生所学的知识技能真正内化为自身的智慧。促进学生将科学知识内化和智慧的提升，要注重在教学中促使学生学习方法和策略的学习，进而创造性形成符合自身的学习方式和方法。系统科学知识的智慧学习，不单只是知识的学习，在掌握知识的同时学会学习方法和策略。因此在教学中，一方面在传授科学知识时，教师要注重思维方法、思考方式的系统诠释，让学生在知道是什么的基础上，也懂得为什么，多引发学生的思考，尤其在解决问题中，鼓励和培养学生主动寻找最优方法、最佳途径的意识与能力，在分析问题和解决问题的过程中学会面对问题、难题的方法和策略，而不是简单直接的呈现知识与结论。另外在学习之外监督和培养学生形成思考的学习习惯，充分利用班会、小组活动等帮助学生积累学习经验，提炼学习方法，分享和交流学习状态、反思和评价，促使学生养成良好的学习、思考和评价习惯。另一方面，系统科学知识的智慧提升，在学生掌握知识、学习方法和策略的同时也需要教师引导学生选择适合自己的方式、方法。要实现科学知识智慧的提升，需要充分尊重学生的主体地位，尊重学生的差异，真正的淡化学生的差别，尊重学生不同的解决问题的方法、路径，在帮助学生之前充分了解学生的困难，诊断学情，对症下药，有针对性地帮助学生克服困难，鼓励学生形成自身的学习方法与习惯。另一方面，引导学生自主思考与反思，结合自身情况，通过与老师、同学间的交流学习，不断地思考、探索和改进学习方法策略，创造性形成符合自身特点、利于自身智慧发展的学习方法与策略。

（3）深度学习

深度学习是学生主动的、探究的在复杂的学习环境与情境中关注知识信息的深度加工、批判性的学习、反思，从而促进知识的有效迁移与应用。学生理性智慧的生成，需要通过批判性、创新性的对科学知识和信息进行深度的加工、深度理解，主动建构个人的知识体系，并有效的迁移和应用到社会生产与社会生活中解决实际问题，促进学生智慧的深度发展。促进学生深度学习，需要在校园生活和课堂学习中共同熏陶和培养学生的创新和批判思维、促进学生创造性的对知识的融会贯通、迁移与应用。首先，在课堂教学中营造开放性的课堂氛围，以多样性的目的充分调动学生的想象力和思维能力，启动学生的自由天性，引导学生创新观察、质疑和想象，让学生成为课堂的主宰者，给予每个学生展示的机会与舞台，使其可以自由展示自身创新性的或是不成熟的想法。其次，在教学中引导学生各学科内容的整合，使各学科的教学内容紧密结合，引导学生自发的反思、评价自己是否对已学习的知识能够融会贯通，举一反三，查缺补漏，多方位全方面的对知识的深度理解，为有效的迁移和应用奠定知识基础。

2.价值智慧的培养

教育对学生的智慧的培养引导不只是知识部分的学习，更重要的是价值的培养。智慧学生的形成需要学生有自身的价值智慧，这是智慧人格形成的必要条件。教育要使学生发现自身智慧生存、生产和生活的价值，因此既要在教学中引导也要在从学生的具体生活中引导。

（1）教学中价值引导

在教学中引导学生价值的培养，要设置直接价值知识课程，也要在科学知识的学习中关涉到价值的培养。在价值知识在教学中，可以直接揭示价值，指导学生价值内容的学习，也可以创设一定的教学情境，在情境中指导学生对富有价值内容的知识学习，使学生能够学习到客观的对社会、自然、他人与自己的生态价值观念，摒除社会功利性等各方面的负面影响。同时无论是在直接揭示价值还是在情境中的学习，都要给以学生自身的反思与反馈，反思价值内容与自身价值的差异，反思价值内容与自身行动选择的助益，反思价值内容与社会价值观念的优缺，使学生能真正认识、理解和排除社会不良价值的影响，将生态性价值内容内化为学生自身的价值选择，从而在行动中坚持自身价值选择而不受其他因素的影响。

价值知识课程是学生价值学习最基础的部分，而将价值教学引入到知识教学中是很容易被忽略却同样重要的。在学生的文化知识教学中将价值教学引入，将教学活动中加入价值的设计，在传授知识的过程中将价值观念融入，是学生对价值的学习有更好的实例关切，将价值传授变成潜移默化的学习，对价值内容的直接学习有很好的辅助作用，这样使学生在知识学习中也能形成一定的价值观念，也使知识的学习变得丰满，不再枯燥，提高了教学的智慧性，使价值不至于蔽于知识的学习。同时培养学生广泛的阅读兴趣，推荐和引导学生多阅读具有各种价值教育意义的书籍，帮助拓开学生的价值世界，并引导学生在阅读后对其进行反思，通过读后感或是探讨等各种形式，对价值选择进行反思、评价和改进，从而发现生命价值、生活与生存的价值。

（2）学校生活中引导

从学生具体生活中引导，需要教师在与学生的交往中，关注自身价值行为，不受社会功利性或其他不良价值的影响，给学生提供良好的示范作用，只有教师给学生提供了良好的榜样，以自身行动感化学生，才能在教学中以理服人，以德感化学生，否则教师行为与所教理论相违背，反而会使价值学习变成只是为应付课程而进行的，而不能真正地使学生真正接受所学的知识，更不要说将所学知识转化为自身的价值行为，因此教师的榜样作用是非常重要，因此教师要规范自身价值行为，用自身的价值来影响和帮助学生形成自身的价值选择。

从学生具体生活中引导，需要教师通过班会、课外活动等了解和关心学生的具体生活，帮助学生发现自身的角度的价值选择，并由自己、自己的生活推己及人，并推及到社会、自然等与生产生活相关的生态环境，从而引导学生价值选择的形成。教师在校园生活中要引导学生自己选择并对价值选择进行反思。学生的实践是价值形成的基础，是价值信念实现的体现。因此教师要更加关心学生，在学生遇到问题，或是部分学生出现价值选择问题时，要及时与其交流、谈心，帮助其正确解决问题，并反思问题，使学生在问题与困难中不断实现价值智慧反思、成长，促进智慧人格的形成。

（四）加强智慧教育实践，促进实践智慧的生成

智慧教育要面向生活，是为学生未来生活做准备，打好基础，也是学生能真正参与到社会现实生活的过程，同时还是教育为培养学生的实践智慧和学生智慧全面发展的必经之路。要做到教育面向生活，就需要实现教育环境和内容的生活化，教育方法和模式的生活化。

1.教育内容和环境的实践化

教育内容实践化。首先，教材、课本要与实践联系，将社会中优良的价值观、行动方式方法等健康的内容引入到教学内容当中，充实和丰富教学内容，加大教材内容和社会实践、生活体验联系的部分，使学生在学习生活中能更多地了解社会、适应、应对社会地不断变化发展，促进实践智慧的提升。其次，教学活动与社会实践联系。把知识应用到实践活动中去，有目的有意识有计划地向学生呈现、介绍、分析现实的社会实践和生活中会遇到情境。同时创设教学情境使学生体验了解、分析、应对和处理社会生活中遇到的问题，同时增加课外活动、课外实践使学生亲身参与到实践中，促进知识的应用与实践，促使实践智慧的成长。

教育环境实践化。首先，要促使学校教育的开放化，逐步将社会生活中的健康的内容、活动、机制引入到学校。学校教育的开放化，体现在学校管理者、教师、学生和管理体制的各个方面。学校的管理者、教师都应该多接受社会的积极影响，将社会环境中的先进理念、思想带入到学校，引导学校的学风校风。另一方面，学校的管理体制要与社会接轨，开放式的管理，给教师、学生更充分的特色和自由，促使学校教育不断地与社会接轨，开放性的将社会生活中的积极作用引入学校。其次，大力推进学校教育融入社会，用教育中的价值观、行为准则等去引导和改良社会，不断扩大教育对生活的影响和引领作用。将教育中的价值观、行为准则等去引导和改良社会，一方面，教师所教的高尚的内容、价值和行为，不再只是纸上谈兵，而是实实在在的影响学生和社会价值观的不断纯洁。另一方面，学生也能够真实地感受到自身所学知识的优越性与实用性，也更加乐于将所学的知识转化为学生的实际行为，从而影响身边的人，不断地促使社会的进步。

2.教育方法和模式实践化

教育方法和模式的实践化，需要更多地关注学生的直接经验，促进学生观察，开展体验性和观察性教学。学生是生态系统中的一员，是活生生的生活在生态系统中，有体验，有情感，有观察的人。教学中要把抽象的书本知识融入学生的经验系统，增加教学活动的情境性、体验性，以具体、直接、感性的方式将知识呈现给学生，关注学生的兴趣和生活经验，使课堂教学变成学生体验的过程，将教师和学生的经验与体验联系起来。同时，增加学生在实践中学习的机会，在课堂之外多开展实践活动，组织学生参观文化展览、开办竞赛活动等方式促进学生不断在活动中的参与性、观察性和体验性，促使学生能够更多的体验到智慧学习的乐趣。

教育方法和模式的实践化，需要不断促进师生互动。在教师与学生的互动中双方处于自由平等地位，相互尊重与体谅。在教学中，教师和学生都能自主的参与到课堂氛围中，在知识的学习中相互交流、沟通、回应和影响，教师充分尊重学生的差异，尊重学生的自主性，学生给予教师尊重与信赖，共同体验知识学习的乐趣。在教学之外，教师和学生平等的参与到课外活动中，平等的体验校园生活。教师是学生体验的倾听者，指导者，为学生智慧的成长提供了广阔自由的空间，使学生能够充分的彰显个性，在与教师的交流与交往中相互影响，共同成长。

（五）创设智慧的环境，促进智慧教育实施

1.创建启智的校园文化

学生的智慧发展需要良好的教育环境和学校氛围，校园文化会在逐渐熏陶中影响学生的成长，因此创建启迪智慧的校园文化是学生智慧形成的必要保障。首先，学校教室、走廊、操场、食堂等要充分体现启迪智慧的设计理念。学校的物质文化传递着一定的育人理念，因此这些物质文化的设计要从培养学生智慧人格的角度来设计，使学生能在外在的景观中得到潜移默化的影响。其次，创建启智的校风，营造宽松人际关系环境。校风是校园精神的集中体现，宽松的人际关系环境对学校教师、学生都有内在的激励作用，可以使其在无形中得到引导和影响。启迪智慧的校风是教师、学生、学校管理者共同参与、创造而不断形成的，因此宽松的人际环境氛围更有利于学校管理、教师的教学和学生的学习。学校管理者、教师、学生共同坚持启迪智慧的信念与价值追求，在校园生活中共同参与创造，不断形成智慧的教育。

2.营造学生智慧成长的管理机制

启迪学生终身受用的智慧，依靠零散的渗透和熏陶是远远不够的，必须从管理、制度上来保证学生智慧的培养，激励学生智慧的开发与养成，形成智慧的人格。首先，学校要充分利用自身拥有的各种资源，结合学校自身实际开设类型丰富的课程，使从课程设置上使学生拥有更多的智慧选择。只有在课程设置上为学生智慧化、个性化的学习提供保障，才能够使学生在校本课程中促进自身智慧的不断发展，智慧的生成。其次，学校制度上为促进学生智慧的课程提供制度保障，实行多元化评价机制。学校管理、活动的组织要以学生智慧的形成为首要目标和关注点。尤其是学校的评价机制，对教师和学生的评价要多元化。对学生实行以综合素质评价为核心的评价体系，使学生的理性智慧、价值智慧、实践智慧等方面均衡的得到发展与评价。对教师评价要从教学、科研、德行、人际关系等多方面评价，促使教师、学生在互动中智慧的共同发展与成长。评价的多元化才能保证学生在智慧开发中多元性的发展，促使学生智慧的全面发展。

第三章　智慧课堂的特征及教学模式

第一节　智慧课堂的特征

　　智慧课堂与以往所提到的技术参与的课堂相比，更强调促进学生的智慧发展，更关注学生的学习过程，更需要教师的教学智慧，在技术使用、教师教学、学生学习方面体现出自身的智慧特性。因此，从课堂教学的角度简要阐述智慧课堂的一些基本特征。

一、智能的而非机械的

　　从传统课堂环境到影音课堂环境，再到电化课堂环境、新媒体课堂环境，最后到目前的信息化课堂环境，课堂环境在技术的融入下不断发展变化。在班级授课制的影响下，传统课堂的物理环境由排列整齐的课桌、独立高起的讲台、长方形的黑板组成，粉笔和课本是主要的教学工具。随着影音技术的发展，教育电影开始在课堂中应用，电影教育和播音教育为早期的电化教育打下了基础。在电化课堂环境中，投影、幻灯、录像、广播、电影等成为了教师的教学工具，课堂教学不仅仅局限于粉笔、图片和书本，教学资源变得更加丰富。但是在这样的课堂环境中，教师和学生在固定的位置上，以口头讲授、课件展示、被动接受、题海战术的方式开展教与学，学生的主体性和多样化被禁锢，教师的控制力和权威性被放大。传媒技术的蓬勃发展，不断影响着课堂，交互式电子白板系统、实时录播系统、远程电视系统构成了多媒体网络课堂环境。海量信息资源、多元实时互动、人机交互、远程教学、智能操作开始出现在课堂上，技术更进一步的融入课堂教学。人工智能、物联网、大数据、云计算等智能信息技术的出现，升级优化了之前的新媒体课堂环境，借助新的技术条件突破旧有的教学难题，用智能的课堂环境打开课堂教学的新局面，形成信息技术与课堂教学智慧融合的局面。智慧课堂拥有信息化的课堂环境，与以往的技术课堂相比，最直观的莫过于物理环境的不同。物理环境包含两方面，一方面是设施环境，智慧课堂的设施环境由智能云服务、教室智能平台、智能终端三部分组成，还涵盖资源分层共享、实时内容推送、学习情境采集、智能学习分析、即时反馈评价、协作互动交流和移动通信互联等技术。设施环境的变化使得智慧课堂拥有了传统课堂无法实现的功能，在智能云服务的支撑下，教师能够开展网络教研、智能评价、智能阅卷、智能备课、资源下载等活动，学生能够获得个性化作业、全过程学习评价、微课预习辅导、网络学习空间等，动态学习评价和智能化资源推送成为课堂的附加功能。而在教室智能平台强大的数据处理下，师生能实现无障碍、跨平台交互，直播授课和实时教学资源分享推送不再是梦想，教师能获得课堂全景数据分析，清楚了解学生的课堂学习情况，学生提交的当堂作业能及时智能批改，师生在课堂中能轻松实现智能交互问答，享有课堂环境智能管控、调节。当教师和学生将智能终端作为教学基本用具时，课堂互动、作业反馈、合作学习、微课录制、电子作业、电子错题、移动学习等都变得轻而易举。教师的智能终端可以在整个过程中为教师提供教学服务，涵盖了多种教学功能，从微课制作到课堂互动，从学生评价到实时录制，是开展精准教学、打造智能高效课堂的必备工具；学生智能端能够为学生提供全场景学习服务，涵盖多功能便利学习工具，从微课学习到课堂互动，从学习评价到智能手写，是开展自适应学习、跨时空互动交流的必备工具。不同科技公司会提供不同的智慧课堂设施产品，例如科大讯飞提供的讯飞智慧窗、讯飞智能学生机、班级超脑；青鹿科技提供的青鹿盒子、金课教学云平台、触摸一体机等，但都围绕"云-台-端"进行整体架构，使得课堂环境变得智能化、技术化。智慧课堂中的设施并不是机械存在，独立于课堂的，而是真正地为教与学服务，是课堂的一部分，全面支撑着教师开展常态化教学工作。例如，人性化的操作让教师能够一键导入课件、一键引入资源、一键投屏、一键发布练习、一键管控教室终端、一键批改作业等，智慧灵敏的学生终端助力学生提交任务、多屏互动、成果展示、观看课件、调取课本、讨论评价等。师生互动交流、教学活动开展、教育资源展示更加轻松便利，更加契合教师教学习惯，学生也能更方便的进行课堂学习。另一方面是时空环境，智慧课堂的时空环境更为智能灵活，在时间的安排上，教师的教和学生的学不会被40分钟的固定课堂时间所局限，利用智能云服务平台，可以实现课前课后辅导、学生在线学习等，将教学活动从课内延伸至课外，学生学习时间更宽泛灵活。在空间的组合上，教室桌椅可根据教学活动的需要快速灵活移动，学生终端可成为小组独立的讨论交流空间。另外，5G和VR技术的加持下，动态沉浸的VR教育资源为学生带来虚拟化、多样化的学习场景和科学实验，师生不仅可以在学校教室里，而且在操场上和其他区域都可以使用VR设备，教学场景不受空间限制，突破传统课堂设施及环境的界限，让学生在虚拟多维空间中自由想象、探索，提高课堂空间的使用率，扩充智慧课堂教学空间。

二、高效的而非形式的

高效是智慧课堂教学的本质特征，也是课堂教学改革的长久追求。高效的智慧课堂体现在以下三个方面：首先是互动频率高，在智慧课堂中的教学互动以智能化服务平台为支撑，以转变教师角色为关键，以促进学生发展为目的，通过多元化的互动形式、深度化的互动时间、一体化的互动空间、综合化的互动角色，提升课堂教学互动的深度和广度。课堂教学互动扩大为线上线下一体化的互动空间，师生、生生互动不仅仅局限于课堂内的提问、讨论、讲评、分享、练习等，还延伸至课下任何时间、地点开展的线上互动，包括微课推送、疑点解答、单独辅导、作业反馈、实时交流、练习提交、智能测评等。教师以支持者、帮助者、引导者的身份在学生需要时展开互动，使互动为学生学习服务，在互动中锻炼学生能力，促进智慧发展。同时，家长可以通过终端和管理平台掌握学生的学习轨迹，关注学校动态，快速与教师沟通，查看作业布置，了解孩子班级信息等，家校沟通的频率提高，在线远程互动促进了家校协作，使得家长与教师的联系更加紧密，推动了教育合力的形成。基于此，互动变得多元便利，师生、生生、家校的互动机会增多，互动次数增加，互动效率提高。其次是教与学效率高，新一代信息技术融入课堂，势必会提高教学效率，智慧课堂也不例外。对于教师来说，课前借助可视化的数据统计掌握学生的预习情况和问题反馈，有针对性的进行备课，提高备课效率。课中快速调取授课资源，针对性地讲解知识重难点，随时发布课堂练习，并智能标记、截屏收藏重点内容，节省教师板书时间。同时，测评结果实时分析，即刻为学生解答，提高课堂教学效率。学生终端的信息发布、讨论交流和问题反馈，教师也能即时回应。课后智能化的作业批改，减轻教师批改负担，并能自动监测学生的学习情况和学习习惯，生成数据分析统计，教师能了解每个学生的学习情况，提高教师工作效率。对于学生来说，能够根据自己的学习程度和特征基础，在学情报告和知识图谱的基础上，自行开展针对性学习，自主选择学习任务，减少重复无效练习，在练习后能立即查看完成情况、得分情况和知识点掌握情况，错题集自动更新，并生成属于自己的练习报告，学生通过数据对自己的练习情况一清二楚，更加了解自己的学习，也更便于掌控自己的学习。同时学习内容也更为丰富多彩，立体生动，从文件、动画到微课、慕课，学生更乐于接受，更易于领会。这样的学习更主动、规律、科学和个性化，学习效率也大幅提升。对于教与学效率的提高已经可以通过数据看到具体的成效。最后是学习成效高，从教学结构、教学策略、教学活动等方面，颠覆传统课堂，使课堂教学效果显著提升。在教学结构上，智慧课堂改变传统固定的课堂教学结构，采用课前、课后、课中三个环节组成的教学模式，涵盖教师教和学生学的多个环节，以教师任务推送、针对性讲评、互动反馈为驱动，以学生展示分享、合作探究、随堂测验为核心，结合学科特点和课型灵活组织教学环节，制定特色教学结构。在教学策略上，改变传统的一股脑将所有知识输出，在技术的助力下探索规模化因材施教，实施精准教学。以全过程学习数据动态分析为基础，参考每个学生的学情反馈，为学生推送个性化的预习内容、提供分层练习、开展针对性辅导，以学定教，使得教学内容更契合、匹配学生的学习，增强学习效果。在教学活动上，灵活的终端加趣味的资源，使得教学活动更加丰富有趣，例如教师可以设置知识闯关游戏、课堂问题抢答，以及随机抽取同学进行展示等，调动学生的课堂积极性，提高学生的课堂参与度，适当给予学生"点赞""加分""抽奖""开红包"等奖励，推动教学目标的达成。

综上所述的"三高"都显示出智慧课堂的变化，智慧课堂并不是信息技术与教学的单纯融合，也不是形式化的在课堂中融入技术，而是真正的以学生为中心，通过高效的教与学，为课堂减负增效，助力智慧型人才的培养。

三、个性的而非孤立的

个性是智慧课堂的基本特征，可以从两方面对其进行理解：一方面，个性指智慧课堂中学生的学习方式；另一方面，个性指智慧课堂教学的培养目标。这两方面紧密地联系在一起，通过个性化的学习方式来实现学生个性的完善和发展，而学生所拥有的健全个性也能反作用于智慧学习过程，助推学习能动性、主体性、智慧性的实现。个性化学习是基于教师建构的个性化学习情境展开的，教师根据课前预习情况和课中学情诊断，在数据的帮助下，清楚了解学生的知识掌握情况，并结合教学经验科学评估学生的个性化学习能力，据此为学生私人定制教学计划和辅导策略，将学生置于全方位的个性化学习环境中，这样的学习情境更契合不同学生的学习特征，更符合不同学生的认知水平。在这样的情境中，不管是随堂作业还是课后作业，不管是考试复盘还是自主复习，学生都能获得属于自己的个性化作业，从而根据学习薄弱点，对症下药。同时，在智能知识图谱的帮助下，教师和学生能够直观看到学习过程中已掌握的知识点、还未掌握的知识点，以及还需要掌握的知识点，智适应学习系统能够精准检测学生的知识点掌握状态，细化、匹配知识点和题型，使得学习脉络更清晰化和可视化。然而智慧课堂中的个性化学习并不是孤立学习，而是有支持的个性化学习。在学生自主选择学习内容，自主掌握学习序列，获得差异化的学习评价的整个学习过程中，都能够得到教师的引导、支持和陪伴，课内课外的师生互动、随时随地的答疑反馈、学有成效的表扬肯定等，教师关注着学生在智慧课堂中的学习进程和学习情感，在学生需要和必要时帮助学生回到正确的学习轨道，为学生提供个性化的支持。另外，在智慧课堂这个智慧共同体中，小组里的学习伙伴、班级里的学习团队都能给予学生情感鼓励，线上线下的竞赛比拼、同伴之间的交流展示都会提高学生个性化学习的学习动机和学习兴趣，让学生线上学习不孤单，线下听课不迷路，加深个性化学习程度。

个性是智慧课堂教学的一种价值追求，个性教育理念更是智慧教育观念的重要部分。培养学生个性并不是让学生自我、孤立的看问题，而是让学生在融入群体、社会中能够具有独立思考、自主判断的能力。早在素质教育时期就强调追求学生个性发展的完整、完善、完美到如今的智慧教育时期，在智慧课堂中，建设适合学生个性发展的智慧共同体，使课堂充盈着生命智慧，通过师生、生生真挚情感的互动交流，通过丰富多样的课堂教学活动，通过开展以学生为中心的个性化学习，精准张扬每个学生的个性特点，学生的主体性和创造性得到了最大的发挥，个性自由充分发展不再是一张空头支票。智慧课堂十分注重对学生"独特性"的培养，尊重学生的差异，为学生建构个性化的学习情境，激发学生对学习的主动性和积极性，从丰富的学习资源到个性化作业，从协作探究学习到自适应学习，每个学生都能够体验到自主性、个性化的学习过程，用全过程的个性化学习助力学生个性的良好发展。

四、能动的而非要求的

智慧课堂是能动的，能动是智慧课堂的本质特征。从学生角度看，能动指学生在智慧课堂中，能够发挥主观能动性寻求智慧发展；从教师角度看，能动指教师在进行教学时，能够能动应对动态生成的智慧课堂。学生是智慧学习能动者，教师是智慧教学能动者，在智慧课堂中师生实现智慧联动，而这种联动是课堂教学变革的重要力量。因此，从变革教师开始，到变革课堂教学，进而实现学生的智慧性变革，促进课堂教学变革的同时，促进师生智慧发展。

学生的能动是以教师能动为基础，在教师的引导、帮助下逐渐培养起来的，因此教师在智慧课堂中需要积极主动的应对课堂教学的变化，抓住学生智慧培养的动态生成性，为学生创造发挥主观能动性的条件，为学生的智慧发展提供有利的支持。首先，教师需要抓住智慧课堂中生成的动态资源。与传统课堂相比，智慧课堂这个智能化的教学环境具有十分丰富的学生动态资源。从课前预设开始，教师就能够捕捉到每个学生的动态生成资源，清楚知道学生当前的预习情况和知识基础，根据学生的预习情况和讨论情况来进行教学预设，每次教学预设都是依据实时更新的生成信息，体现以学论教。在课堂教学中，学生课堂测评及时反馈，学生相互评价立即知道，师生互动能灵活高效，全班投屏讨论展示等，这些过程会出现什么情况，产生什么信息，呈现什么数据，是教师无法预料和意想不到的，带着开放的姿态去对待这些生成性资源，推动教学要素的多样化。到课后辅导时，学生课堂上的互动情况、课后作业的完成情况、微课观看情况等都成为教师开展个性化教学辅导的基础，结合学生的课堂学习情况，分析学习特点和学习基础的变化，在引导学生个性化学习的过程中，捕捉到每个学生生成的动态资源。其次，教师需要合理安排智慧教学环节。学生的智慧发展不是一蹴而就的，是通过不同教学活动来激发、来引导的，智慧生成渗透于每个教学环节，从课前预习到课堂师生互动，每个环节都激荡着学生的智慧。因此，教师需要追求教学的合理化和智慧化，设计探究合作的问题情境，设计整合技术手段的教学内容呈现方式，设计差异化的课堂练习，设计课后的综合实践项目等，将教师的教学智慧与学生的学习智慧融合，共同促进智慧课堂发展。最后，教师需要能动应对学生的智慧生成。学生的智慧是在教育中一点一滴汇集的，借助技术的帮助教师能够密切关注每一位学生，仔细观察每位学生的学习活动，深入了解学生的个性，感受不同学生的智慧生成。在智慧的教学活动中、在智慧的互动中对学生的心理、行为进行深刻关怀，时刻关注学生的变化，在学生开展个性化学习时给予帮助，在学生自主合作探究时适当放手，小到学生的细微表情，大到学生的知识掌握，关注学生与智能终端的交流，不放过任何一个能促进学生智慧生成的机会，在师生情感交流的细微过程中，能产生一些宝贵的教育资源。

学生是一个现实、主动和有创造力的生命体，在智慧课堂这个场所智慧、活动智慧、共同体智慧、生命智慧的课堂中，学生能够大胆表现自己的学习兴趣，积极发表自己的意见和建议，踊跃提出问题并回答，主动进行思考和迸发灵感。教师能动、积极地关注、反馈学生，全身心地接纳每个学生，用自身的智慧内生力，带动每个学生的智慧发展。

五、科学的而非经验的

科学也是智慧课堂的基本特征之一，科学建立在强大的信息技术基础上，而智慧课堂是多种智能信息技术的集装箱，包括移动互联网络、云计算、大数据学习分析技术等，实现基于数据的科学决策和科学评价。对于教师来说，以往大多凭借多年的教学经验进行教学预设，在做教学决策时仅根据学生的课堂反应，无法了解到课后学生的真实想法和学习动态，因此难免会出现错误判断，这样的教学决策缺乏科学性、全面性、系统性。智慧课堂能够为教师提供学生的动态学习数据分析，从课前预习到课后复习，从阅读、练习到考试、测评等全部学习过程，都能够进行完整的学习记载跟踪，实时向教师反馈学生的学习水平、学习需求、学习行为、学习效果等，并通过可视化的数据及图谱呈现出学生的学习情况，包括学习特征、学习基础等。这样一来，教师结合多方面的科学数据，能更有依据地对学生进行教学，实现因据施教和因人施教。例如，课前教师在智能终端上查看学生的预习情况，根据学生的预习作业数据，强化学情分析，开展科学备课，优化教学预设；课中教师可随时发布课堂测验，实时获取学生的学习情况和互动情况，了解教学效果，便于科学调整教学进度和策略；课后教师根据学生的课堂学习数据，布置分层作业，并根据每个学生的学习情况科学开展针对性辅导。从科学备课到科学授课，再到科学辅导，教师在数据的支持下可以关注到每一位学生的学习过程，可以追踪到每一位学生的学习行为，可以了解到每一位学生的学习需求，从而科学地开展精准化教学和差异化教学。

在传统课堂中，教师会根据学生的课堂表现、课后作业和期末成绩对学生进行期末评价，实际上教师很难费时费力去统计学生整个学期的表现和成绩，多数时候凭借记忆和经验对学生做出评价，然而学生是不断发展的人，学生的进步成长是非常迅速的，这样凭借过去经验和记忆的评价难免具有一定的片面性、主观性和表面性。智慧课堂采用动态伴随式评价，关注学生学习过程中的评价，使得教学评价为智慧课堂教学服务，凭借多元的评价方式和评价维度凸显评价的科学性和开放化。智慧课堂教学评价包括课前的预习测评和问题反馈、课中的随堂测验和即时反馈、课后的作业评价和后续反馈，在智能化教学服务平台对学生学习数据实时采集、分析后，教师即可获得学生学习的可视化报告，便于记录和追踪学生的学习状态，清楚掌握学生的学习行为，借助直观数据了解到学生的知识掌握情况，达到即时反馈的学习评价，并且这样的评价相较于传统课堂评价更为具体，教师能够精准了解每个学生的优缺点，能够随时随地查看学生的学习数据，对学生做出科学评价。在技术的基础上，评价方式变得多元，例如电子档案袋、学生错题本、电子量规、知识图谱等；评价主体变得丰富，例如线上互评、小组评价、师生互评、组间互评、家长评价等；评价维度变得多样，例如通过口语测评、朗读测试软件等将单一知识评价转向能力评价，通过作品展示、运动数据、家务劳动等将单一知识评价转向综合素质评价。如此一来，学生能够获得不同主体、不同维度、不同方式的评价信息，能够从不同的角度去认识自己，培养学生用开放的心态对待智慧课堂评价。

第二节　智慧课堂教学模式的建构

一、模式及教学模式概念界定及基础理论

《现代汉语词典》中对模式的解释是"某种事物的标准形式或使人可以照着做的标准样式"。何克抗等根据其团队多年在教育改革实践中对教学模式的深入研究，认为教学模式属于教学方式、教学策略的范围，同时又不相当于教学方法或教学策略：教学方法或教学策略通常是指教学过程中采用的单一的方法或策略，而教学模式是代表教学流程中多种方法或策略的稳固结合与实践。

二、智慧课堂教学模式的建构

智慧课堂教学模式的建构可分为互动式智慧课堂教学模式和探究式智慧课堂教学模式。

互动式教学模式在教学过程中帮助学生建立起新旧知识的联系，通过课上活动和师生互动组织教学策略。

互动式智慧课堂教学模式重点在于针对传统授课中师生互动有无效果的问题，其主旨在于以信息化手段为主体，为教室和学生提供有实际效果的互动课堂，保证所有学生都能在教师的指引下进行课堂活动，感受学习的兴趣，提高学习知识的效率。

这种教学模式不仅突出发挥老师在教学流程中的主导作用，还关注学生在学习过程中的主要地位。

在此教学模式的框架下，教师担任知识传导和学生引导的工作，教师不仅仅要正确地表达知识的传递模式和主持教学活动，而且还要频繁地关注学生的学习近况，根据实际情况改变教学策略。

以智慧课堂环境为背景，教师能更好地开展各类有针对性地教学活动，与学生的情感交流更为密切，增强与学生课堂互动的频率。

此教学模式在小学阶段的教学尤为适用，为学生的学习和成长建立良好的基础。

在新课程提倡的学习方法中探究性学习是其中之一，采用探究性学习方法可以让学生从探究中主动收获知识，运用知识，解决问题。

何克抗等在研究中表明：探究性教学模式是指在教学流程中，以教师指导为前提，通过包括"自主、探究、合作"为特征的学习模式进行当前教学内容中的主要知识点的自主学习、加深研究以及小组合作交流，因此可以较好地体现认知

目标与情感目标这一课程标准中要求的一种教学模式。

比较互动式智慧课堂教学模式，探巧式智慧课堂教学模式尤为突出。"自主、探究、合作"，有着相对开放的网络资源获取以及应用，在中心明确、探究性强的课程中更为适用。

探究式智慧课堂教学真正把课堂还给学生，更注重学生学习的主体，同时绝不能忽视教师在教学过程中的主导作用，即设置探究主题，引导学生提出问题，指导学生进行探究，组织协作交流活动，甚至可以参与到学生的讨论，帮助学生总结和提高。

在这种教学模式下，学生充分体验探究和学习知识的过程，堂课的教学目标主要通过学生的自主探究和小组协作交流来完成，学生的积极性、主动性得到很大程度的激发，同时网络资源的获取和应用相对开放，对学生的创造力培养也有比较积极的作用。

这样的教学模式不但可以协助学生学习和消化知识，而且还有助于开拓思维和培养创新意识，为了让探究取得成效，让学生切身体验知识的学习，教师不但要充分调动学生的积极性、主动性以外，在探究过程中设置有意义的启发性问题进行后发与引导也是必不可少的，要有相关智慧课堂提供的教学资源、研究工具、交流平台、探究策略等的支持和帮助，这些都离不开教师主导作用的发挥。

智慧课堂在该教学模式中发挥着重要的作用，如表3-1所示：

表3-1　智慧课堂发挥的作用

教学环节	教学目标	智慧课堂作用
创设情境	激发学习、探究动化	提供创设情境的材料
启发思考	启发学生对问题、现象的思考	提供启发学生思考的工具
探究协作	培养学生的发散和创新思维	提供给学生自主探究和交流的工具和素材
总结提高	巩固、拓展和迁移知识点	提供图、表等帮助师生总结

三、互动式智慧课堂和探究式智慧课堂

以上两种课堂教学模式在实际教学中根据具体情况，构建出适合当前教学应用的互动式智慧课堂和探究式智慧课堂教学模式。

互动式智慧课堂在教学过程中以教师为主导作用，学生在学习过程中的主体作用也被其所关注；探究式智慧课堂学在探究学习过程中以学生为主体，把课堂学习的主动权交给学生，同时也注重教师的主导作用。

两种教学模式的侧重点不同，但同时既有差别又有关联。两种教学模式在教师发挥主导作用和学生主体地位体现出不同，互动式智慧课堂更偏向教师在教学过程中的主导作用，探究式智慧课堂则更突出学生在体验探究学习中的主导地位。

探究式智慧课堂相对互动式智慧课堂更注重学生学习的主动权，教师的角色由主导为主转为适当引导，把课堂的主动权真正归还给学生。

两种教学模式各有特点，优势互补，适用于当前试点的实际教学，前者是从新授课的教学中提炼出来的，后者则是从探究性的教学中提炼，为教师的教学提供理论指导。

技术的巨大进步给教育带来了深刻变革，课堂学习环境从多媒体环境向智慧环境发展，学习内容的传递方式以及教师与学生的互动方式也发生了较大改变。

因此，信息环境下新的教学模式的应用实践显得尤为重要，智慧课堂教学模式的建构为实际课堂教学提供了新思路和方向，不论是从节省教学资源的角度还是提高课堂教学效率的角度，都能为课堂带来实质性的进步。

四、基于建构主义的智慧课堂教学模式研究

"互联网+"时代的学校课堂教学面临着新的挑战和机遇。课堂是学校教育教学活动的主要场所，也是"班级授课制"的核心标志。在当今信息技术广泛应用和新的课程改革推进多年的背景下，社会各界对学校的人才培养和教学质量越来越关注，对学校里长期不变的课堂教学方式及效果提出了许多质疑之声，为什么教室对学生缺乏吸引力、学生不愿进课堂、课堂教学效果低下、学习效率不高……，当前确实有必要对传统的课堂教学进行深刻的反思和剖析，以现代教育技术和学习理论为指导，运用"互联网+"的思维方式和新一代信息技术来探索构建新的课堂教学模式。智慧课堂是信息技术支持下传统课堂向信息化课堂转变并进一步发展的结果。随着新一代信息技术的广泛应用，技术与课堂教学的融合不断深化，课堂变革向深层次创新发展。从技术辅助教学的传统课堂教学模式，到技术变革教学流程的信息化课堂教学，再到技术与教学融合创新的智慧课堂教学，实现了课堂教学理念、学习内容、学习方式、教学结构、师生关系等全面变革。

(一)"班级授课制"课堂模式亟须革新

传统课堂教学是指教师给学生班级集体传授知识和技能的全过程。相对"个别教学"而言，传统的课堂教学也称作"班级授课制"。有学者对传统课堂教学的典型风貌进行了精彩的描述："教师一五一十地讲授教案中的知识""学生聚精会神地聆听""教师巧妙的设问、学生异口同声地回答""教师按部就班地完成预定的教学内容"……。这样的描述听起来很精彩、很生动，但是，课堂教学的实际状况果真是如此吗？事实上，许多学校存在课堂上学生睡觉、玩手机的普遍现象，许多学生早退、迟到或缺课……。学生们为什么不愿意来课堂？为什么不愿意听课？恐怕不能简单地归结为学习风气不好、学习动力不足的原因。事实上，从新

的时代背景来考察，"班级授课制"这一传统教学模式先天就存在着明显的弊端。

1.基于经验的学情分析与教学预设

传统课堂采取基于经验的学情分析与教学预设。有调查表明，很多教师在整个备课过程中，20%的精力用于钻研教材和了解学情，80%的精力用于书写教案。而对于了解学情，由于课前教师没有渠道去了解班级里学生对相关知识的掌握情况，难以了解每个学生的具体特点和学习需求，因此教师只能靠平时对学生学习情况的模糊印象和感觉，基于经验来主观、大致地判断，这样的学情分析和教学预设必然是"粗放式"的，缺乏科学依据和针对性，不可能"精准"，这在技术手段丰富多样的信息时代显然不合时宜。

2.整齐划一的学习计划与学习进程

班级授课采取"整齐划一"的学习标准和进程，按照"工厂化"的生产模式，把学生当作"产品"在课堂"车间"进行标准化、批量生产，按照统一的标准和流程进行"生产加工"。教师按照统一的教学大纲和教材，依据统一的课程表，进行全班统一授课，并用统一的课程标准进行考试评价，这对于一个有五十多人甚至更大班额的班级来讲，根本不可能照顾到每个学生的个体差异，忽视了学生的个体特征，违背了个性化教育规律，更不适合数字化新生代的教育与学习。

3.形式化、简单化的提问与交流

课堂中教师是知识的传授者、灌输者，在教学中处于控制、主导地位，习惯于"一讲到底"，学生是被灌输的容器、被加工的对象，学习方式单一、被动。这样导致师生之间的教学关系就是：我讲，你听；我问，你答；我写，你抄；我给，你收。因而"双边活动"变成了"单边活动"，教代替了学，师生间的交流互动往往是形式化的、淡而无味的一问一答。这对于激发学生的学习主体意识，调动他们的主动性，培养他们的好奇心和创新思维十分不利。

4.缺乏课内外的协作与同伴互助

班级授课中教师通常是不允许学生"交头接耳"自由讨论的，学习是"孤立"的，只能跟着教师的讲授去听课，在规定的时间内看教师指定的内容，当学生遇到问题时，没有渠道去查阅资料，或尝试合作探究，使得学生在课上获取信息和开展协作学习受阻，具有很大的局限性。而在课外学生也缺少合作交流的机会，大多数不住校的同学放学后各自回家，当他们在课外做作业遇到问题时，缺乏与老师、同学沟通交流的手段，不方便随时向教师请教、与同伴互助。

5.粗略滞后的学习评价及反馈

传统教学教师为了检验学生是否掌握了所学内容，通常采用个别提问与点评、现场测试与抽阅讲评、下发课后作业题等方式。前两种评价方式是基于针对个别学生的学习掌握情况的评价来对全班学生的学习情况做出评判，必然是粗略的。

由于缺少有效的技术手段，对测试结果难以进行详细的分析，做不到贯穿课堂教学全过程的学习诊断与评价。而课后的作业批改和讲评往往更不及时，使得评价信息反馈严重滞后。

传统课堂教学存在上述局限性，其根本原因在于采取的"以教材为中心、以课堂为中心、以教师为中心"的教学理念和方式，教学手段落后，教学资源不足，教学结构单一，课堂由教师主宰和控制着，学生始终处于被动的地位，这些问题利用传统的方式和手段难以解决。在"互联网+"背景下，这样的教学情景与时代格格不入，必然引发学习者的不满，造成课堂教学中的不协调现象。因此，客观上需要采用新的视角和新的方法手段来改变，对传统课堂教学进行根本性的变革。

（二）以学生为中心的"建构主义"模型与启示

传统课堂教学存在的不足已经引起了教育理论界的重视和探索，提出了一些新的学习技术及理论，其中最具代表性的当属"建构主义"理论。"建构主义"是适应互联网时代技术变革，富有全新理念和模式的新型教育理论，为开展网络环境下的教学和学习提供了科学依据。其核心观念认为"学习是在一定情境下、借助其他人的帮助即通过人际间的协作活动而实现的意义建构过程"。因而"建构主义"倡导"以学生为中心"，将学习的自主权还给学生，让学生自主学习，在教学实践中十分重视理想学习环境的构建，突出协作、互动的学习方式。建构主义学习模型为"互联网+"时代破解"班级授课制"教学的难题，创建新的课堂教学模式提供了重要的理论参考模型。

1.学习是学习者主动建构知识意义的过程

"建构主义"认为，在学习过程中学生依靠已有的知识经验和认知能力，通过新、旧知识之间的双向相互作用，调整、改造原有的经验，形成新的经验体系。这充分体现了学习是学生主动的行为，而不是被动的外部刺激接受，课堂教学是必须以"学生为中心"的。我们必须真正地将课堂交还给学生，衡量课堂教学效果优劣的根本标准在于"学"的怎样，包括学生在课堂上的学习态度、学习气氛、学习参与程度等行为表现。

2.教师是学生意义建构的帮助者、促进者

教师应当摒弃那种以自我为中心和"控制课堂"的思想，摒弃那种照本宣科的"灌输式"教学方式，通过设计有价值的、有意义的问题，引导学生持续思考，不断丰富或调整学生原有的知识经验，帮助学生建构起真正的、灵活的知识，激发学生学习的热情、好奇心以及探索研究的精神，帮助和促进学生愿学、乐学、会学。

3."情景创设""协商会话""信息提供"是促进意义建构的关键要素

建构主义强调课堂教学情景的创设，在教学中应该把所学知识与一定的真实任务联系起来，通过具体情景认识其本质，以便于灵活运用于现实世界的真实问题中；建构主义认为学习具有社会互动性，学生通过协商会话，可以形成对知识的更丰富、深入、灵活的理解，为知识建构提供丰富的资源和积极的支持；信息提供是实现建构主义学习的重要支持，它可以及时、大量地提供学习资源信息，辅助学生建构知识意义。

4.信息技术有助于创设理想的学习环境

现代信息技术的发展与广泛应用，尤其是大数据、物联网、移动互联网和人工智能等新兴智能信息技术，为打造信息化、智能化的学习环境提供了先进的技术手段。通过开发利用智能教室、电子书包、智慧学习平台等，实现"云网端"的教学运用，在课堂教学中，师生可进行更为灵活、更为高效的交流互动，实现即时、动态的评价信息反馈，构建理想的学习环境。

（三）构建面向未来的智慧课堂模式

针对"互联网+"背景下课堂变革的需要，依据"建构主义"学习模型，基于信息技术实现课堂教学的结构性变革，重构面向未来的新型课堂，"智慧课堂"应运而生。

1.智慧课堂的定义

对"智慧课堂"概念的理解有教育学和信息化两种视角。从学校教学改革的现实需求来看，随着素质教育改革的不断深入，新的课程理念认为，课堂教学不是简单的知识学习的过程，它是师生共同成长的生命历程，是情感与智慧综合生成的过程。《辞海》中对智慧有专门的解释，即"对事物认识辩解、判断处理和发明创造的能力"。由此看来，"知识"与"智慧"不是等同关系，智慧是不能像知识一样可以直接传授。智慧的形成是需要在一定的情境下，通常是在意义建构的过程中，通过教育的帮助和促进而不断得到开启、丰富和发展。因而课堂教学不再是简单地传授知识，而是要帮助和促进学习者在知识意义获取的过程中得到智慧的发展。智慧的发展也只有在富有智慧的教育环境下才能实现。

从信息化教学实践的发展来看，课堂教学作为学校教育的主阵地，智慧教育需要智慧课堂教学环境来落地应用和实现。华东师范大学祝智庭教授提出智慧教育，主张借助信息技术创建智慧的学习环境，促进学习者的智慧全面、协调和可持续发展。东北师范大学唐炸伟博士等学者认为，学生智慧的培养应贯穿于整个智慧课堂中。前不久我们曾基于互联网对国内研究者使用的智慧课堂概念，以及有关研究机构或开发商发布的"智慧课堂"研发项目进行了统计分析，总体上大约三四十种，但大多数的理解都是类同的，其中区分度比较大的有：基于物联网技术应用的"智能课堂";基于电子书包的"智慧课堂"系统;基于云计算和网络技术应用的"智慧课堂";基于技术支持的课堂目标分析等。

我们研究认为,"互联网+"时代智慧课堂的构建应以"建构主义"理论为基本依据,利用"互联网+"的思维方式和物联网、大数据、云计算、人工智能等新一代信息技术来构建一个智能、高效的新型课堂,实现数据化的教学决策、即时化的评价反馈、立体化的交流互动、智能化的资源推送、可视化的教学呈现和数字化的实验展示,创设有利于协作交流和意义建构、富有智慧的学习环境,促进课堂教学结构和教学模式变革,实现全体学生的智慧发展。

2.智慧课堂教学的主要特征

智慧课堂作为"互联网+"时代利用新一代信息技术构建的新型课堂,具有鲜明的技术特色,主要包括以下六个方面。

(1)数据化教学决策

现代学校教育教学过程中面临着丰富多样的数据信息,涉及教学、学习、实践、管理等各方面的状态情况,学习状态数据又包括学习者特征、学生学习的基础状况、学习态度和需求、学习行为、学习效果等,智慧课堂基于大数据和学习分析,对学生学习的全过程进行动态数据的收集和挖掘分析,使得教学决策从过去依赖于教师的教学经验转向依靠教学过程中的数据信息,实现基于数据的教育。

(2)即时化评价反馈

在智慧课堂教学中,由于信息化平台的应用使得伴随式学习评价成为可能。即基于智慧课堂的多元教学评价系统,实现了课堂教学全过程的学习诊断与评价,在课前可以进行预习试题的测评与反馈,在课堂内教学实时的学习效果检测与即时的评价反馈,在课后通过基于平台的作业评判和情况反馈,从而实现即时化的学习诊断及评价反馈。

(3)立体化交流互动

基于智慧课堂"云、网、端"平台,实现了学习时空泛在化,教学交流互动立体化。教师与学生之间、学生与学生之间的信息沟通和交流方式更加多元化,形式更加生动活泼。无论在课堂内进行的师生即时互动,还是课外借助云端平台的沟通交流,使得教师和学生可以在任何的时间、地点进行信息互动交流,实现师生、生生之间无缝沟通。

(4)智能化资源推送

智慧课堂云学习平台为学习者提供了电子文档、图片、语音、微视频、网页等形式多样的富媒体学习资源,基于大数据分析和智能推送技术,还可以按照学生的个性化特征和需求差异,有针对性地推送学习者需要的个性化学习资料,实现资源推送的智能化、个性化,帮助学习者固强补弱,真正实现因材施教和个性化教学。

（5）可视化教学呈现

在智慧课堂教学中利用计算机图形学和图像处理技术，提供计算机辅助设计、虚拟现实、思维可视化呈现等功能，有效提高信息加工和信息传递的效能。比如利用学科思维导图、模型图等思维可视化功能，把本来不可见的"思维"呈现出来，使其清晰可见；在实验教学中基于建模、仿真、渲染、增强现实等技术，将难以展现的复杂实验过程形象化地呈现出来。

（6）数字化实验展示

基于物联网、移动互联网、虚拟现实技术等新的技术手段，构建数字化的实验教学环境，利用传感器采集实验过程数据，通过软件处理以图表展示，信息量大、直观，通过图表容易产生问题，促进学生思考与探究。如利用PH传感器、温度传感器、电导率传感器来判断中和反应的终点。

3.智慧课堂教学模式的核心内涵

智慧课堂教学是依据"建构主义"学习理论进行教学顶层设计，运用"互联网＋"的思维方式和新一代信息技术开发应用，通过技术与学科教学的深度融合，创新、重构课堂教学模式，实现"云端构建、先学后教、以学定教、智慧发展"的新型信息化教学模式。这一模式的基本内涵如下所述。

（1）云端构建

利用云计算、大数据、移动互联网和人工智能等新兴智能信息技术，基于"云、网、端"的部署方式，构建智慧学习云平台，提供教师端和学生端的移动学习工具，创设有利于协作交流和意义建构、富有智慧的学习环境和手段。

（2）先学后教

依据"建构主义"学习理论，树立"以全体学生为中心"的理念，注重利用技术为学习者的有效学习服务，变革传统课堂"先教后学"、课后"知识内化"的流程，开发富媒体学习资源提供给学生课前自学，主动开展预习探究，实现"先学后教"和"知识内化"的提前。

（3）以学定教

基于"云网端"平台，提供学生学习特征和学习历史档案记录，通过课前预习测评和即时反馈，课中随堂测验和实时交流互动，课后在线作业和个性化、微课式辅导，精准地掌握学生学情，优化教学预设和实施策略，实现"以学定教"。

（4）智慧发展

基于新的课堂形态和学习环境，提高教学全过程的针对性、科学性、有效性，通过智慧的教和智慧的学，帮助学习者实现符合个性特征的智慧成长，帮助教师实现专业化发展，实现学校智慧教育的健康发展。

4.智慧课堂教学的实践应用

（1）重构学习环境

"建构主义"理论为互联网时代课堂教学的变革指明了方向，但如何实施"建构主义"的思想观念，有待人们实践探索，"智慧课堂"教学为此提供了一种具体的实践模式。"建构主义"理论揭示了互联网背景下学习的本质、特点和实现方式，提出了理想学习环境的要素构成，这些为"互联网+"时代智慧课堂的构建提供了重要的参考模型。利用"互联网+"的思维方式和当今多种最新的信息技术手段，如基于物联网的感知技术、大数据分析技术、人工智能技术等，针对课堂教学的课前、课中、课后全过程应用需要，创建一个高度感知、互通共享、协同服务的智慧教育环境和各种有利的认知工具，使原来单调、枯燥的课堂变成生动的数字化"体验馆""实验场"，有利于在教学过程中采取多元的交互协作方式，增进老师与学生之间、学生与学生之间的立体化沟通交流，加强数据信息的智能处理、推送，有利于开展协作和探究学习，帮助学习者实现意义建构。

（2）重构教学模式

在传统的"班级授课制"教学中长期存在"以教师为中心"、基于经验的教学预设、难以即时评测、师生互动不够、缺乏课内外协作互助等不足，利用新一代信息技术可以有效破解传统教学的难题。借助于智慧课堂"云网端"信息化平台，促使传统教室的形态发生了变革，教师利用移动智能终端走进学生中间，与学生平等交流，融洽了师生关系，改变了师生角色，教师成为学生学习的帮助者、促进者，有利于树立"以学生为中心"，利用动态数据和学习分析技术，实现了数据化决策、即时化评价、立体化交流、智能化推送、可视化呈现和数字化实验，增进了课堂学习的交互与协作，建立新型的信息化课堂教学模式，提升课堂的信息化、智能化水平。基于智慧课堂信息化平台应用，通过课前预习和测评反馈，实现"以学定教"；在课中通过实时检测和互动交流，实现"精准教学"；在课后通过智能化作业推送和微课式辅导，实现"因材施教"。

（3）重构学习方式

在智慧课堂学习环境下，移动的学习工具、富媒体学习资源、教师的个性化辅导等，为学生的个性化学习提供了极为便利的条件。学生利用移动终端，既可以与教师、同伴互动交流，又可以在线学习相关课程和配套资料，实现碎片化、泛在化学习。传统的"班级授课制"课堂中一个班级有几十个学生，教师根本不可能照顾到每个学生的个性特征和个性需求，大数据等新一代信息技术的应用解决了这一难题。例如，利用大数据学习分析，我们可以去关注每一个个体学生的学习过程、学习行为，可以精准地获得学生的真实表现。大数据学习分析提供了最为个性化的学生特点信息，有助于课前针对性的导学，课中有针对性地进行分组学习、协作学习，课后完成多样化、个性化的作业，提高了学习的针对性、有效性。

（4）重构教学评价

基于智慧课堂动态学习数据分析和"云网端"应用，有利于构建全过程动态学习评价体系。未来课堂在课前阶段，基于学生学习历史数据分析和课前预习测评反馈，实现准确的学情评价分析，以利于教学预设、以学定教；在课中阶段，通过课堂的实时评测和互动交流，准确地了解学生课堂学习的实时状态，便于随机调整教学策略，实现精准教学；在课后阶段，通过智能化作业推送、在线提交和批改，与学生课后交流，及时地掌握学生作业情况和反馈辅导，有效地巩固和提高学生的学习效果。学习评价从过去的结果性评价向伴随式、诊断性评价转变，评价与教学有机结合，形成全新的评价体系。

（5）重构教学管理

智慧课堂学习环境下的教学管理方式也发生了根本变化。智慧课堂教学模式鼓励学生自主选课、自主学习、分层教学，必然要求教务管理、学分管理、考试管理等进行相应的调整改革，建立"自主选课"的课程计划、"走班学习"的教学安排、"在线学习"的学分认定等新的制度，探讨基于个人网络空间、班级学习社区的学生管理、班级管理新方式，通过建立学生学习成长档案、学生个性特征记录，开展学生的综合素质评价。此外，智慧课堂端工具可以拓展到"家长端""管理端"，有利于家校互通，将管理、家庭教育与学生学习有机结合起来，建立新的教学管理模式。

随着现代科学技术在教育领域广泛应用，技术与教学的融合不断深化，课堂教学变革的步伐将不断加快。适应从数字化到智能化的信息技术发展新要求，"智慧教育"正在向深度发展，课堂信息化是学校教育信息化的核心，智慧课堂是智慧教育的具体落实和关键。从"互联网+"时代"班级授课制"教学变革的需求出发，沿着课堂教学信息化的理论与实践探索发展历程，对基于"建构主义"理论的智慧课堂的提出、概念、特征和实践价值等进行了探讨。课堂教学变革是学校教育发展的永恒主题，技术支持下的课堂模式重构将是长期的任务，需要我们持续不断的努力。

第三节　智慧课堂教学模式的优势

一、利用智慧教室激发学生兴趣激起学习的主动性

兴趣是最好的老师。俄国教育学家乌申斯基说过："没有任何兴趣，被迫地进

行学习，会扼杀学生掌握知识的志向"。而交互式电子白板其本身特有的功能就具备了趣味性的特点，在开课之初就能很好地利用互动来激发学生的学习动机。就教学来说，老师感觉最难的就是将搜集到的所有教学资源都呈现给学生，包括网络上的大量资源因为受到条件的限制，也很难呈现在课堂教学中。按照老师们平时的教学习惯，通常会根据自身的习惯和经验进行取舍再整合出简要内容呈现给学生。而我们的智慧课堂则是更完全的大数据，HIBoard 电子白板无缝整合 IES 云平台，资源运用更便利，更高效能。而 HILearning 电子书包学习系统，更是学生们的学习伙伴和小老师。让学生更愿意自主地去发现问题解决问题，这种积极主动的学习状态甚至可以延续到课堂以外。

二、TBL 的学习形式让每个孩子都参与其中

所谓 TBL 也就是 Team-Based Learning（团队导向学习）。谈到 TBL 也就不得不谈到注意力的问题，通常孩子的注意力最为集中的时间就是开始的 10 分钟左右和结束前的 5 分钟左右。而我们的 TBL 课堂就是要抓住这黄金 20 分钟，进行最高效能的学习。利用开始最黄金的 10 分钟目标明确的讲授基础和重点。接着老师抛出需要巩固的读写练习或者需要探讨的文本内容，用 10 分钟左右的时间以合理化的小组为单位进行小组间的讨论与合作学习。组内成员不光要发表自己的看法还要进行相互间的指正与学习，最后形成较为统一的小组立场。在这个过程中，孩子们主动探讨的学习方式会碰撞出许多精彩的思维火花。孩子们的学习主动性和创造性也会极大地提升。接着 5 分钟时间分小组陈述，5 分钟时间进行课后总结，使得学习内容得以再巩固。

三、即时的学习反馈更好地掌握学生的学情

智慧课堂最为重要的一个特征就是其可以实时的反馈学生的学习状态。在教学过程中，IRS 系统会根据老师所设定的问题进行检测，再根据 clouDAS 云端诊断分析服务予以分析，并以数据的形式将学生们学习的效果进行反馈，可以说这就是将学生的思维变得"可视"，而老师也就可以根据这些数据实时的调整教学的进度和难度，提高课堂效率。

四、智慧课堂在学科教学方面的优势

课堂上可以下载有关学习方法和学习动态资料，帮助学生拓展视野，使触角涉猎的范围更广。看图作文，这是经常采用的作文指导方法，还可以使用电子白板的便利之处进行作文审题，选材的练习，及时反馈效果，评改作文。可根据不同层次的学生习作，当堂评改，利用"电子笔"批注重点，学生一目了然。这样

教学效果迅速显示，做到"讲中有练，练中有讲，讲练结合"。还可以把批改的作文利用投放功能进行评改，及时而又有针对性。

总而言之，交互式电子白板在教与学之间架起科学的桥梁，发挥语言教学所不能替代的作用。白板具有的形象性、趣味性、直观性、丰富性和方便快捷等特点，而以电子交互白板为基础的TBL智慧课堂又同时兼具更便利、更智慧、更效能、大数据的特点。将这些运用到英语课堂中去，能充分激发学生学习英语兴趣，确实能做到：让学生喜欢学习英语，有主动学习的愿望。但我们不能盲目地为追求潮流而过多使用，该用的时候才应该用，当然我们也不能因传统的英语教学理念而将电子白板拒之门外，这两种想法都是不对的，不科学的，我们应对电子白板在英语教学中的应用要有理性的认识，正确把握英语教学中语言学习的特点，摆正交互式电子白板在教学中的地位——辅助作用，根据英语学科的特点、规律和具体的教学内容，扬长避短，合理运用，将电子白板使用得恰到好处。既不失课堂的人文性，又使课堂充满趣味性。

第四节　智慧课堂教学模式的实践

智慧课堂教学模式从美国传到我国，一时间全国各地掀起了一股学习研究的热潮。作为一种新型的教学模式，智慧课堂在发展师生智慧上跨出了可喜的一步，但同时在推广上也遇到了一些困难。

一、智慧课堂发展教师的智慧

（一）"三剑客"的设计提升智慧

微课程教学法是在"云计算"背景下，中小学开展智慧课堂教学实验的产物，它是智慧课堂本土研究的一个创举，是目前我国实施智慧课堂的重要载体。微课程教学法支撑下的智慧课堂，需要教师在课前完成"三剑客"的设计，即课前自主学习任务单、教学微视频等配套学习资源和课堂学习任务单的设计。这些设计对教师专业智慧的发展极其有利，具体体现在如下三个方面。

1.在独立备课中提升智慧备课要备两头：一备教材，二备学生

但是事实上，许多教师在这两点上做得并不如人意，久而久之，教师的专业技能与智慧大大退减。

凡是研究过智慧课堂的教师，其专业成长是迅速的。这是因为目前智慧课堂现成的教学资源有限，"三剑客"的设计全靠教师的自主研发，教师是课程的开发者。这就倒逼教师要自主研读教材与学生，提炼所学内容，有效研制教学目标，

精心设计适合学生合作探究的活动。

而传统教学中教师通常是摘录教参上笼统的教学目标，即使是布置学生课前预习，也没有十分明确的目标，这势必会影响学生学习的效果。

再如，实验小学的杨凯老师在讲授四年级英语下册《Unit3 My day-Story time》一课时，根据学生自主学习的态度与能力情况，在自主学习任务单的每一道题后面都设计了"家长评价"，评价内容根据题目各有侧重，如第一题是完成"一起作业网"中的"词汇练习"，跟读、拼写本单元的词汇，家长评价的项目是准确朗读、知道意思和能够拼写；第二题是根据例子和图片写出合适的短语及中文意思，家长评价的项目是正确写出、准确朗读、知道意思和能够背诵。

"三剑客"的准备需要教师投注精力去研究，所以教师不再是一位不动脑筋的机械照搬现成教案的教书匠，而完完全全成了一位潜心研究教学的专业研究者。在这个过程中，教师的教学智慧日益增长则是一个必然结果。

2.在设计问题中提升智慧问题引领、任务驱动是智慧课堂中设计课前自主学习任务单的要点

教师要在任务单中设计有效、精练的问题，要努力通过问题来帮助学生完成学习重点的掌握和难点的突破，教师设计问题的过程也是提升教学智慧的过程。

例如，实验小学的闵爱红老师在讲授苏教版小学数学五年级下册《折线统计图》一课时，在课前自主学习任务单的第一个学习任务中设计了三个问题：折线统计图中横轴和纵轴各代表什么？怎样绘制折线统计图？折线统计图与条形统计图有什么相同和不同的地方？这些问题让学生厘清了概念。

又如，实验小学的高莹老师在讲授作文课《不"说"也是"说"》时，在自主学习任务单中也设计了一些问题：读一读下面这段对话，你发现提示语中哪个词出现得很多？这样写好不好？为什么？请你将下面句子中表示"说"的词语圈出来，再想一想，为什么用这个词语来表示"说"？

这些问题都是为了让学生掌握用不同的词语来替代"说"这个词，并感悟这样写的好处。问题的设计是学生达成学习目标的"脚手架"，需要教师准确解读教材，精准把握教学的核心要点。学生通过问题的引领能进行有效自学，不但知其然，还要知其所以然，进而理解与掌握新知识。

3.在探究学习内容研制中提升智慧"智慧课堂"在课堂教学流程上一般分为三个步骤

第一步是学生接受课前自主学习的检测（含协作评价），第二步是学生完成进阶任务（含协作评价），第三步是学生进行微项目学习（含协作探究和展示、质疑、阐释）。三个步骤中最考验教师智慧的是微项目设计，因为这部分内容是整堂课学习的高潮和亮点所在，要求能充分体现所学知识与生活应用的紧密结合，且

难易程度适中，题目具有开放性，能激发学生的创造力等。

（二）"主持人"的角色磨炼智慧

在智慧课堂中，教师扮演的是什么角色呢？他（她）类似于节目主持人，只起到组织、引领、总结、提升等作用。这个"主持人"必须是课堂教学的组织者，必须掌握好课堂学习的节奏，该放时放，该收时收，该快时快，该慢时慢。这需要教师时刻关注学生的学习情况，以学定教。这个"主持人"必须是纵深学习的引导者，在学生困顿时，出场点拨，做学生智慧学习的点化者。这就需要教师要拥有足够的学识和经验把握课堂，引导学生学习，要敏锐地意识到大多数学生存在的困惑，并及时形成解决方案。对于学生提出的预设之外的问题，教师要能准确且快速地做出判断与引导，随时顺学而导。

这个"主持人"必须是临场发挥的点评者，面对学生的表现，不仅要引导他们互相评价，更要在他们发言的基础上进行再总结与提升，让每一位学生都加深对知识与技能的掌握。而这些必须根据学生学习现场的表现即兴进行，必须是有血有肉的实实在在的评价，切忌隔靴搔痒、无关痛痒的形式化总结。以此可见，"主持人"的角色倒逼教师在课前要作充分的预案，在教学时要十分投入，时时关注学情，要注意自己表达的言简意赅，而这些都能磨炼教师的智慧。

二、智慧课堂发展学生的智慧

（一）在自主学习中培育智慧

智慧课堂的课前自主学习需要学生边思考边学习，只有这样，才能保证他们学会新知识，较好地完成自主学习任务单，并在自学的过程中发现问题，明白学习的困惑，从而培养从小学会质疑的习惯，培育学习的智慧。例如，高莹老师在讲授作文课《不"说"也是"说"》一课时，老师让学生在课前先研读自主学习任务单中的"学习达成目标"和"学习任务"，在明确自主学习的内容和目标后，再带着问题、带着任务去观看微视频，最后完成任务单上的"学习任务"。这样的自主学习就显得有方向、有目标，有效且高效，学生也从中懂得了如何进行自主学习，并在自学的过程中培育与发展了智慧。

（二）在合作学习中分享智慧

研究表明，学习的方法不同，一次性学习后记忆的效果就不同：通过听内容只能记住5%，通过阅读能记住10%，通过声音和图片能记住20%，通过示范演示能记住30%，通过小组讨论能记住50%，通过体验学习和做能记住75%，学完之后马上应用再教给别人能记住90%。我们发现，智慧课堂在课上常用的合作学习方式，主要包括小组讨论、集体展示、互相评价等。汇报者在合作学习中展示汇报学习成果，相当于做小老师，把知识传授给别人，这样的学习收获最多。

同时，合作学习也是智慧分享的过程。如果你有一个苹果，我有一个苹果，我们互相交换一下，还是各有一个苹果。但如果你有一种想法，我有一种想法，我们互相交流一下，就有两种想法了。例如，实验小学薛菊芬老师在讲授英语4B《Unit5 Season》一课时，在"合作探究"环节，要求学生小组内2人合作，选择自己感兴趣的内容共同学习，具体如下：

方式一：小组内2人合作从颜色、天气、服装、食物、活动五个方面进行问答。

方式二：小组内2人合作选取一个季节（组内不要重复），从上述五个方面进行诗歌创作。

方式三：小组内2人合作选取一个季节（组内不要重复），从上述五个方面描述你所喜欢的季节。学生通过丰富多样的合作学习，提高了学习兴趣，分享了学习成果，达成了学习目标，展现了学习智慧。

（三）在探究学习中提升智慧

陶行知认为，"教学做合一"是以生活为中心的。他强调："所有的问题都是从生活中生发出来的，从生活中生发出来的困难和疑问，才是实际的问题；用这种实际的问题来求解决才是实际的学问。"在陶行知看来，教学做合一能促进学生的手脑并用，有利于学生的发展。

在智慧课堂课上学习的最后环节一般是安排协作探究活动，这是深化与提升知识、技能，将知识完全内化并做到学以致用的一个重要环节。因此，在这个环节中，学生需要综合运用知识，来解决一些实际问题。

学生通过这些微项目学习来解决生活中的实际问题，从而达到学以致用的目标，并在探究的过程中不断提升智慧。

三、智慧课堂本土研究之路存在的困难

（一）师生教学理念与教学方式的改变需要时间

长久以来，班级授课的传统教学模式是教师站在前面，学生跟在后面，学生的学跟着教师的教转。这种"教第一、学第二"的观念根深蒂固，一时间很难扭转。习惯了"接受式"教育的师生，到最后都变得没有创造力，变得越来越不聪明。教师自主解读教材的能力、把握重难点的能力及提出问题、设计问题的能力不强，学生的自主学习能力与创新能力也较弱。而要改变师生的这些教学理念与教学方式都不是一蹴而就的，需要一个漫长的过程。

（二）对于"三剑客"的设计与制作，教师有畏难情绪

对习惯于拿现成教案教、信息技术能力一般的教师来说，微课程教学法"三剑客"的研制是一个挑战。因为这些都对教师的专业水平提出了更高的要求，需要教师实实在在地动脑筋设计，需要他们花费比原来更多的时间和精力，因此，许多人不敢尝试，也不想尝试。

（三）学生自学能力与态度的不同导致学习效果差异大

目前，许多教师在微视频中常采用讲解的方式来告诉学生知识，这种形式无异于我们一直批判的过去课堂上的"灌输式"教育。少了在课堂教学中人与人之间面对面的互动，学生学起来更易感觉枯燥。再加上学生的自学能力与态度是有差异的，这就导致学习效果也各不相同，不同的学习效果对课上知识的巩固与提升提出了一定的挑战。如果学生在课前没有很好地掌握新知识，那么他们在课上进行巩固练习必然是不扎实的。

马云曾说，"很多人输就输在对于新兴事物，第一看不见，第二看不起，第三看不懂，第四来不及"。思想决定思路，方向决定方法，视界决定世界。教育本身是多元化的，智慧课堂只是众多教学模式中的一种。作为新兴事物，智慧课堂和其他所有的教学方式一样，有优点也有不足。我们既要肯定它的优势，又要看到它存在的不足，只有在此基础上勇敢地实践并不断完善它，才能赢得更多的机遇，获得更多的发展。

四、智慧课堂个性化教育的实践路径

（一）智慧课堂中个性化教学实现的条件

1.智慧课堂中个性化教学实现的理论支持

（1）人本主义教育理论对智慧课堂中个性化教学的价值

人本主义教育观，是以人本主义哲学和人本主义心理学作为方法论基础和价值标准的一种教育理论。人本主义教育理论其核心就是对人的关注和对人之所以为人的一种教育思考。其核心要义可以总结为以下几点：第一，是突出人的主体性。人本主义教育理论强调人的自我选择与自我实现。在教育中即人能够进行自我设计，以及调和教师与学生之间所存在的关系为"我与你"的关系，以达到"自我完成"和"自我生成"的教育目的。第二，人本主义教育观对人的非理性进行了突出与强调，人本主义教育观非理性的突出主要体现在，在认识上，强调对整体的把握，尤其是把人的心理现象、人的学习或者说人的教育作为一个整体的、不可分割的"整体"；在方法上，强调教育过程本身，尤其是学生"此时此刻"的心理体验过程，强调学生心理体验过程的愉悦性，以便学生能够逐步达到"自我

实现"的理想境界；在指导思想上，人本主义教育观一个引人注目之处是对人的创造潜能的重视与强调，这不仅是人本主义教育关于人的基本认识之一，而且也是人本主义教育组织教学过程、选择教学方法、确定教学内容、规定教学形式的基本依据之一。第三，人本主义教育观肯定人的超越性。人本主义教育观认为教育是可以培养"完人"的，是可以通过教育使人成为完全人格的人，以完成人的自我实现。也正是因为人自身所具有的超越性，所以决定了人是动态发展的，具有开发性的，而非封闭的，固化的存在。这种对人的超越性的强调，奠定了人本主义教育观对完人教育的追求。

人本主义教育理论在智慧课堂中的价值，首先在于智慧课堂的技术条件设计实现，需要人本主义教育理论。课堂教学中的信息技术一直处于工具观的造影下，最终造成了技术理性下，课堂教学中人性的遮蔽。而人本主义教育理论中，对人的主体性的诉求，是在当下教育信息化快速发展的时代下，信息技术设计与升级的理论基础。可以看到，智慧课堂中的信息技术设计的出发点，不再是工具使用，而是为凸显人的主体性建造技术环境，比如平台技术的开发与交互技术的不断升级，都是基于为了实现教师与学生之间，学生与学生之间的沟通对话，为人的自主性学习提供便利的技术条件。其次，绝对的技术理性造成了信息技术与教学始终无法深度融合，造成技术与教学的"貌合神离"，而真正要使信息技术的发展成为课堂教学变革的推动力，还需要理解人的非理性的存在，所在智慧课堂中，如教学资源的选取和情境的创造，不再是呈现化与强加式的实现，而是遵循人对教学整体性的倾向，贯穿于整个教学活动之中。

人本主义教育理论对智慧课堂中个性化教学的价值，首先体现在人本主义教育理论中突出人的主体性是个性化教学的基本原则。在传统教学中，人的主体性缺失是由来已久的问题。而个性化教学中提倡发展学生的个性、主动性与创造性，突出人的主体性是个性化教学的基本原则。要实现个性化教学，在理论层面要满足对人的主体性的追求，要厘清学生与教师在教学过程中都是自由存在的人。人本主义对人的自主性的呼唤，与个性化教学对人的个性发展的追求，其共同目的都是实现教学过程中人能为人的愿景。同时，人本主义教育理论所强调的人的主体性，不是孤立的，人的意向、活动与行为，与他人的自主性具有协同性和关联性。个性化教学同样也不是强调个人主义的突出，不是将个性与共性作为对立面而存在的。在这一层面，人本主义教育理论为个性化教学的实现，指明了方向：个性化教学不是个人主义的教与学，是在共性中存在的个性，是在教学中体现与发展的人的个性，这种个性既遵循人与人之间的差异性，也默认的存在于共性之中。

其次，人本主义对人的非理性的强调，是个性化教学中教学模式与形式构建的关键理论支持。传统教学中教学模式的固化与程序化，是对人的理性的一种刻板追求。人本主义对人的非理性的追求，打开了课堂教学模式变革方向的思路。个性化教学的模式与形式的构建，正是本着尊重人的非理性，让学生与教师能够在无障碍沟通，无时间与空间界限的环境下开展学习活动。所以，在实现个性化教学的环节设计中，从理论层面上需要关注整个教学活动的整体性，关注师生在教学活动环节中的心理体验与愉悦感，只有摆脱理性的束缚，与知识本位课堂的绝对理性的控制，才能真正落实尊重人的个性发展，系统且完整的实现个性化教学。

最后，人本主义教育理论中对人的超越性的关注，是对个性化教学价值追求的理论肯定。"全人"教育，也正是实现个性化教学所追求的目标。传统教学中所存在的永恒真理与权威压制，都让学生丧失了对自己的"自我实现"，每一个学生的独特性，在传统教学中都受到了抹杀。人的超越性的唤醒，是学生与教师在课堂教学中，能够发展自身潜能，丰满人性的前提。个性化教学所遵循的原则与设构的模式，都是基于人的超越性的唤醒。因此，人本主义教育理论的支持，是个性化教学实现的关键理论条件。

（2）多元智能理论对智慧课堂中个性化教学的价值

多元智能理论是1983年由加德纳提出的一种新型智能观念。这一理论主要针对传统教育中较为片面的智能一元论提出。加德纳首先将智力定义为"在一种文化环境中，个体处理信息的生理和心理潜能，这种潜能可以被文化环境激活，以解决实际问题和创造文化所珍视的产品"。同时，多元智能理论认为人所具备的智能并不是唯一的，人所拥有的智力是多重的，人类的智能是具有"多元性、整体性、平等性、发展性、语境性和文化性等特点"。多重的智力每个人所发展的水平是不相同的，而多元智能理论并非是去讨论每个人拥有多少智能，因为智能是每个人都具有的一些能力，只不过具有一定的差异性，这些智能所表现出的差异性就是每个人的智能结构。多元智能理论认为人至少拥有九种智能，这九种智能分别为：语言言语智能、数理逻辑智能、空间视觉智能、身体运动智能、音乐节奏智能、人际交往智能、自我认知智能、自然观察智能与存在智能。这九种智能并不是存在于人智能结构中的独立因素，而是基于个体差异于不同的表现形式存在，"是有机地，以独特的方式不同程度地组合在一起，以独特的方式共同发挥着作用。"因此，多元智能理论系统完整的展现了人的智能结构与智能发展。

智慧课堂的发展不是单纯依靠信息技术的升级而前进，这种新兴的课堂教学模式也需要夯实的理论支撑，多元智能理论就是智慧课堂的理论支持之一。

首先，多元智能理论中多元化与个性化的教育内涵，可以在智慧课堂中得以实现。从教的层面，多元智能理论推动了智慧课堂中，教师基本观念的树立。智慧课堂中的教师角色与定位不同于传统课堂，需要教师树立多元化与自主化的教学观，不能固守教材，教学过程程序化。依据多元智能理论对人的智能结构的建立，智慧课堂中的教学形式也不单单停留在训练学生语言与数理逻辑的层面上。另外，多元智能理论是智慧课堂教学资源搭建与选用的依据，智慧课堂的教学资源丰富了其资源库，似乎杂乱无章的教学资源却在课堂内被恰到好处的选用，是在多元智能理论的指导下进行的。

其次，多元智能理论的差异性发展内涵，推动了智慧课堂多元化评价的建设。多元智能理论虽然指出人的智能具有很多种，但是并不是每个人的所有智能都是均衡发展的，发展程度并不相同。所以教学对学生的评价也不能用唯一的固定标准，去评价本身就有差异性发展的人。这一思想坚定了智慧课堂动态的教学评价，也支持了智慧课堂的整个评价系统。

最后，多元智能理论的情境化内涵，丰富了智慧课堂可视化教学方式。多元智能理论传入我国以后，作为一种理论指导，在课程改革与课堂教学改革方面有着重要的影响。多元智能理论自身所带有的多元化、个性化、自主化与情景化的教育内涵，恰好与我国传统课堂教学与课程的长久积弊相对症，因此，多元智能理论是变革传统课堂教学弊端的重要理论支持。在多元智能理论变革教学的过程中，多元智能作为一种教育目标存在过，作为一种课程形式存在过，作为一种教学形式存在过，显然这种将多元智能理论转化为目标、形式与课程的实践，是一种简单的理论与实践的结合，只是将各种所能遇见的问题，都框入了多元智能理论当中。所以，多元智能理论如果作为一种目标或者教学形式，反而会导致教学从传统教学的只注重语言与逻辑智能发展，变为对每个学生定性一种智能，然后在这种定性目标下去发展学生智能，无异于成为另一种僵化的教学。因此，多元智能理论是指导教学的一种理论思想，不能等同于某种课程或者教学形式，也不能生搬硬套成为某种教学模式。个性化教学从理念与价值，过程与评价都受到了多元智能理论系统化的支持。个性化教学以尊重学生个性化差异，学生个性化的学与教师个性化的教为核心。因为教学不能固守发展的单一智能，而应鼓励推进学生多元化的发展，是多元智能理论对个性化教学价值取向的肯定。

2.个性化教学观对智慧课堂中个性化教学实现的动力支持

智慧课堂中个性化教学的实现需要教师个性化的教学观与学生个性化的学习观的支持。梳理已有的研究发现，师生缺乏个性化的教学观，是造成个性化教学缺失的重要原因。师生个性化教学观的形成是个性化教学实现的先前条件，在个性化教学中有着重要的支持作用。所以结合相关实践经验，师生在智慧课堂教学中形成个性化的教学观，是实现个性化教学的重要保障。

（1）教师个性化教学观对智慧课堂中个性化教学实现的支持

①教师自身个性发展是个性化教学实现的主体力量

教师是教学活动中存在的人，有自己的主观意识，但是传统课堂教学中诸多因素的束缚力，将教师锻造成了具有相同风格的"讲课机器"。但是，教师在课堂教学中有自己的个性与风格，其实是让学生与教学活动实现个性化的必要前提。"教师个性的教育力量就在于和取决于他身上把教师和教育者有机结合的程度如何。如果我们说，学校用知识进行教育，那么，知识的教育力量首先就在于教师的个性。"所以说，教师在教学过程中体现出自身个性的价值，不仅是对教师个人而言能够形成教学风格与自我教学特色，更是知识教育力量力度把控的重要因素。

传统课堂中，因为教学模式的固化，与教学形式的单一，教师的个性缺失是必然结果。但是，在智慧课堂中，教师个性缺失依然存在。通过梳理已有研究与实践中对教师的一些随机访谈，发现教师自身个性发展的实际状况如下：

第一，教师对教师个性的内涵没有准确地把握，不论是在传统课堂中还是在智慧课堂中，教师都没有关注与在意自身的个性发展。许多教师将教师个性的发展，狭义地理解为教学风格，这限制了教师对教师个性的关注力。在智慧课堂中，教学内容丰富，学生主动性提升，如果教师都没有理解自身个性的内涵，就很难在智慧课堂中判断自己是否有教师个性。

第二，智慧课堂中信息技术的持续加强与教师个性产生了博弈。基于随机访谈发现智慧课堂中教师个性的缺失与信息技术的能动性增强有关。较多的教师表示，自己只能在课堂有限的时间中成为信息技术的组织者，有被信息技术"奴役"的感觉。这是教师没有深入把握技术特征，简单的基于工具主义实用信息技术有关。教师作为教学活动中的引导者与组织者，自身主体性应该凸显，在技术使用中应存在人文向度，而非成为技术工具的束缚者。

第三，在智慧课堂中，教师个性的培养阻力来源于学生的自主性增强。传统课堂中，教师个性发展的阻力，来源于教学模式的固化，集体备课资源的统一化，与学生被动式接受，教师灌输式讲授。但是在智慧课堂中，基于互联网与移动终端技术的支持，学生的自主性增强，学生的个性化凸显，让教师进入了新的教学活动适应期，难以把控学生的进度与学生在学习过程中的需要，使得教师无力去培养自身个性。

简而言之，在智慧课堂中实现个性化教学，能够达成个性化的"教"，其前提条件是要保障教师要有个性。因此，首先需要加强教师对教师个性内涵的理解，唤醒教师对自身个性发展的意识，以确保未来在智慧课堂中，教师有培养自身个性的要求。其次，在智慧课堂教学中教师应不断地更新技术观，摒弃与信息技术进行博弈的姿态，在二者平衡的教学过程中寻找自己的个性发展的可能。确保教师有个性，有发展自身个性的意识与动力，才能形成个性化的教学观。

（2）教师自主意识培养是个性化教学实现的持续能量

教师要形成独特的个性化教学，就必须有自己的独立意识，对教材、学生、教学过程都要有自己独特的见解，不能人云亦云。在智慧课堂中，个性化教学的实现需要教师个性化的教，教师个性化的教一方面体现在教师自身的个性，另一方面体现在需要教师有自主的意识，能够在教学过程中摒弃从众心理。

传统课堂教学中，教师缺乏自主意识主要受困于教学资源的匮乏，集体备课形式的单一等因素，表现出教师在教学过程中的被动与固化，依据现有的教学资源墨守成规，并没有能够与自己的主观思想融会贯通。智慧课堂中，教师自主意识的缺乏主要体现在以下几个方面：第一，对数据统计缺乏教师自身的分析，依托于大数据技术，智慧课堂中对学生各方面的发展都贴上了数据的标签，随着数据的增多，大数据的数据分析日益增强，依靠这些数据可以做出精准的判断。但是，在大数据时代，并不意味着所有事情的结果都依靠数据的量化，尤其面对教学过程中学生的发展问题，不能"唯数据"，如果都是仅靠数据的分析去形成学生的发展评价等，无异于教师从传统课堂中无思想的机械化教学，变为智慧课堂中无思想的数据化教学。所以，在智慧课堂中，教师不仅要会看数据分析，更要会用数据分析。在用数据的过程，同样出现的数据分析结果，教师注入不同的思想，以数据分析为依据，对学生的分析具有自己的见解，才能体现出教师的自主性。第二，体现在教师过度依赖于人工智能，有"人工智能云亦云"的现象。当下，人工智能的发展已经让其与教学的结合成为趋势，传统教学中，必须需要教师智慧，需要教师自主意识判断的工作，也逐渐被人工智能所取代。如在智学网平台，对英语作文等主观题目的批改已经能够达到智能化批改，这种智能化的批改形式上减少了教师的教学任务，但是并不意味着可以代替教师进行自主性的思考。但是，许多教师完全依赖于人工智能，人工智能的结果成了唯一的标准，并没有对此有自己的思考与见解，这样最终会导致教师的自主性缺失，教学生成性变弱，同样的题目，同样的批阅程序，造就出同样的结果，这不仅不利于个性化教学，还阻碍了个性化教学的实现。

所以，教师有自主意识，有独立思考教学的意识，是教师形成个性化教学观的必要前提，是实现个性化教学的关键条件。教师的自主意识的培养，首先是教师对学生与自己的认识与判断，不仅不能人云亦云，更不能唯数据是从。在信息技术的辅助上，用有思想有教师自我判断的方式开展教学活动，才是达成个性化教学的前提。其次教师需要对教材与教学评价有主观的把握，智慧课堂中，电子教材资源丰富，教材参考齐全，但是并不能代替教师对教材的独立思考，挖掘教材形成教师不同的理解才是个性的教的根本。另外，在教学评价上，依托数据的多元评价，并不是技术支持下的形式上的多元，更应该有教师自身的思考，对学生的评价灌输了教师个人的思想，才是真正有意义的评价。

③智慧课堂中教师对师生观与角色定位的认识

正确的师生观是教师在教学中必须坚持的，但是在智慧课堂中，师生关系发生的变革，使得教师的师生观发生偏移，以实现个性化教学为目的，形成智慧课堂中恰当的师生观，是教师形成个性化教学观的基础之一。随着智慧课堂中学生自主性的凸显，学生与教师关系从传统课堂中的主客体关系，更加明确为双主体关系，这种双主体关系，明确了学生是学习主体的地位，强调了教师组织与引导的作用。在这种关系的变革中，有部分教师对教师的角色与定位产生了新的理解，导致了师生观的偏移。

智慧课堂中师生关系的变革是个性化教学实现逻辑的动力系统，基于实践，研究发现智慧课堂中的教师更愿意将自己的角色认同为服务于学生的人，相比于传统课堂，教学过程中的主动权发生了转变。在传统课堂中，以知识为本位，教师作为知识的传递者，拥有教学过程中的主动权，但是在智慧课堂中，以达成学生个性化多元化发展为愿景，学生自主学习的能力提升，学生成为知识的需求者，掌握了教学活动中的主动权。这种主动权的转换，原本是课堂教学正常的发展规律，但是在权利消减的过程中，许多教师形成了如服务者、学习者的角色定位，弱化了教师对课堂教学的组织与引导的作用。这种角色定位，容易让教师形成永远以学生为先的观念，在课堂教学中失去主观能动性，最终形成教学过程中的惰性：仅是以机械化的满足学生的学习需求，就认为达成了个性化教学。却反而未意识到，这种惰性却是阻碍教师形成个性化教学观的根本原因。所以，要形成个性化的教学观，教师必须对自己的角色有一个正确定位，认识到教师在课堂教学活动中组织引导的价值，发挥教师对课堂教学的主控权，是教师形成个性化教学观的前提。

（2）学生个性化学习观对智慧课堂中个性化教学实现的支持

智慧课堂中要实现个性化教学，一个重要条件就是学生能够进行个性化的学习，如果仅有技术支持与教师个性化的教学，而学生没有个性化的学习观，那么个性化教学必然无法实现。

①学生对学习资源的整合与使用是个性化教学实现的先行条件

在教学过程中，学生对学习资源的整合与使用，体现了学生的学习观。传统课堂中，学习资源对于学生来说局限为教材与教师所提供的学习素材，学生能够自主去做的只是接收这些学习资源，自主性较高的学生能够将接收的学习资源，按照自己的需要进行一个分类与整理。所以，长期的传统课堂学习，从学习资源使用的角度来看，学生的学习观趋于被动，也缺乏主动去整合与使用学习资源的意识，更无法达到在学习资源层面的个性化。在智慧课堂中，学习资源的形式较为丰富，学生可获取的渠道增多，因此学生所能获得的学习资源在数量上大幅增长。但是，智慧课堂中学生对学习资源的自主性仍有缺失，首先表现在学生面对海量的学习资源，没有明确自身学习目的，批量化接收现象较为普遍。这种没有进行自主思考，就全部获取的行为，是传统课堂中的思维惯性所造成的。其次，学生对学习资源的动态性生成较弱，"学习资源的动态性，一方面是指构成个性化学习资源的各要素之间关系是不断的生成与变化的；另一方面是指针对不同的学习领域、不同的学习层次、不同的学习环境，学习资源要保持动态的调整"，简单地说，学习资源不是一成不变的，学生需要根据自己的学习需要与学习环境的不同，使学习资源保持动态的调整状态，以使学习资源能够有个性化的展现。所以，在智慧课堂中树立学生个性化的学习观，首先要形成正确的学习资源使用观。对资源的整合，需要学生对自己的学习需要较为清晰的同时，能够基于自己的需求，通过整合形成新的学习资源。另外，在学习资源的使用过程中，要能够形成学生个性化的学习观，需要以学生能够个性化使用学习资源为基础。个性化的使用教学资源主要体现在，学生在使用学习资源的过程中，明白自身为什么用这一资源，怎么使用，与什么时间用这三个问题。在传统课堂教学中，教学资源的使用往往不需要学生去明确这三个问题，学生只是被动的记忆或者接收学习资源。在智慧课堂中，如果学生对待学习资源的使用仍然是同一模式，那么必然会阻碍个性化教学的实现。

总的来说，要满足个性化教学的实现，学生使用学习资源有三个阶段组成。第一个阶段，是学习资源的选用，即明确为什么使用的问题。在智慧课堂中，鼓励学生多元化发展，同一个知识点的教学，每个学生对此知识点需要的学习资源并不相同。在技术层面，已经可以为学生提供分层推送，但是仍需要学生明确自己的学习目的，以及构架好这个学习资源对以后学习的系统化帮助，所以在选取学习资源阶段，学生通过明确自身需求以及后续学习的需要，已经使得选用的学习资源具有一定的差异性，但是这种差异性又包含着解决同一个知识点学习的共性。第二阶段是学习资源的使用形式，智慧课堂中的学习资源不再局限于课堂中的教材以及教师所准备的影像资料等。在内容上电子资源逐渐增多，零碎化信息是电子资源的特点，因此学生在使用学习资源的方式上有了多样的选择，应更加注重资源的生成性。例如，同一知识点的学习过程，学生可能需要视频材料与相关的生活素材，在探究式、研讨式的学习时，学生更多的是将学习资源作为佐证材料，在项目式与混合式的教学中，学生倾向于将学习资源作为帮助自己深入拓展知识点的基础。所以以何种形式使用学习资源，取决于学生是何种模式的学习，呈现出学生多元化思想的特点。第三阶段是确定学习资源的使用时间，智慧课堂一个明显的特点就是凸显泛在化的学习，随时都可以进行学习活动，也就意味着学生使用学习资源的可支配时间不是局限于课堂之上，而是整个教学过程中，课前课中与课后都可以使用学习资源。所以，学习资源的使用时间需要学生依据自己的学习目的与大数据分析等反馈，确定这一学习资源是课前预习还是课中参与学习，还是课后巩固的资源。不同的学生针对同一资源，对资源的安排是有差异性的。明确何时使用学习资源，是学生个性化学习观的又一体现。

②学生自主与合作学习能力的提升是个性化教学实现的必要支点

智慧课堂中给予学生自主学习的空间大了许多，但是从传统课堂向智慧课堂转型的过程中，学生对智慧课堂自主化的教学模式并未完全适应，保持着传统课堂中被动学习的惯性。为了能够形成学生个性化的学习观，以实现智慧课堂中个性化教学，学生自主学习与合作学习的能力仍需要更多的提升。

学生自主能力的提升是学生个性化学习观形成的前提与可能，相较于传统课堂，学生自主学习能力的含义也扩宽了许多，不仅仅体现在学生学习自主性的凸显，还需要学生在学习过程中有首创性、合作性与反思性。首创性是学生创新能力的体现，在教学资源丰富，学习形式多样的教学过程中，学生进行探究式与研讨式的学习模式逐渐成为常态，在这种模式下，学生对于资源的整合利用以及学生间头脑风暴，都能激发学生在学习活动中的创新性，而这种创新性正符合智慧课堂中学生多元化发展的方向，是学生个性化学习观形成需要重点加强的部分。合作性与反思性的需要，是因为目前智慧课堂的开展，多以小组学习的教学形式，在小组学习中，学生的自主性体现在首先需要知道如何与其他学生合作，首先需要的是合作精神，目前的学生合作精神的缺乏是较为突出的问题，因为技术的辅助与学习形式的多样化，更多的学生选择了独立地进行学习活动，独立并不意味着自主性的凸显，在项目式学习中如果没有小组间的合作，个人的所得往往是缺失的。所以需要让学生首先树立合作精神，愿意合作以及懂得合作是提升合作性的基础。

3.信息技术对智慧课堂中个性化教学实现的工具支持

个性化教学在智慧课堂中的实现，信息技术的支持是必要条件。

（1）智慧课堂中的平台技术

平台化的思想源自于互联网思维，开放、共享与交互联结是互联网思维的核心。平台化技术首先是对教学资源的技术支持，平台化技术的开放让教学资源得到了高效的整合，使得教学资源从数量上大大提升了。教学资源的匮乏，是教学形式单一，教学模式固化的一个重要原因。基于互联网的平台化技术，将各种形式的教学资源整合，形成了内容丰富，形式多样的资源库。这种资源库的支持，是能够使课堂教学从单一转向多元的基础条件。另外，随着互联网技术常态化应用与移动终端技术不断成熟，教学资源整合为资源库已经是平台化技术的基础功能，分层与实时推送展示功能的深入应用，让平台化技术，不再是云端化资源，而是能够"落地生根"。教学资源的分层，是平台化技术与大数据支持的产物，以往虽然能够把各个零散的教学资源整合在一个资源库中，但这种资源库的存在只能在数量上丰富教学资源，起到化零为整的作用。在教学实践中，往往又要在庞杂的资源库中进行选取，对于教师而言选取的标准往往会依据教学目标，然而对于学生而言，从资源库中选取何种类型与内容的进行学习，往往很难有合理的依据去精准的选择学生真正需要的资源。因此，通过大数据技术形成的量化分析，将资源库中的资源进行分层是十分必要的技术。例如科大讯飞的畅言课堂中，将资源库中的教学资源依据学生知识点的掌握情况，进行排列分层。较多学生不能掌握的知识点的相关资源，在资源库中排在靠前的位置，这样学生在选取资源时，能够轻松地获得更符合自己学情的资源。同时，教学资源的实时推送与选取，支持了课堂动态的生成。在传统课堂教学中，教师一般在课前会将需要的教学资源选取完成，在教学过程中只能限制性的使用已经准备好的资源。但是，教学资源的推送与实时选取功能，保障了教学资源能够满足教学过程中的动态生成，可以随时根据教学中的实时需要推送到每个学生的移动终端上。

（2）智慧课堂中的交互技术

交互技术在课堂教学中的应用，为情境化的教学、师生关系在课堂教学中的变革以及教学形式的多样化都提供了条件。基于多元智能理论，教学中的情境化越来越丰富，信息技术的发展让图片、视频技术在情境化教学中已经是常态化的应用，但是这种情境化教学的技术仍然只能停留在展示的层面，只是对学生感官上的刺激，学生的情境参与感不高。交互技术依托PAD等移动终端，让每个学生都能在情境中发声，同时支持上传学生自己的微视频、微声音等，让情境化教学立体呈现，真正的入情入境。同时，交互技术真正给了学生在课堂上的话语权。在课堂上，因为时间的限制，不能让每个学生都发表自己的意见，但是在课下，学生可以在班级空间发表自己的想法与观点，与同学老师一起讨论。这种话语权的回归，让智慧课堂中的师生关系发生了本质的变革，话语上的平等，才是主体地位的真正体现。并且交互技术方便了在课堂中学生之间的交流，学生可以通过移动终端，随时加入讨论，或以小组形式进行学习，可以通过移动终端落实小组的学习任务，实时呈现给教师。这种交互技术是学生能够在教学过程中发声的基本条件。

（3）智慧课堂中的大数据技术

目前的信息化时代可以说是一个数据的时代，大数据诱发了教学的多样变革，支持了教学评价的精准化，教学设计的定制化与教学模式的科学化。在我国应试教育转型素质教育时，就提出了教学评价需要多元化，单单依靠一张试卷来评价学生显然是一种片面的评价。但是多元化评价至今都难以达到常态化的教学评价，其中重要的原因就是其操作难度较高。大数据的出现将原本难以划清标准的多元评价，以数据的形式进行统计，使过程性评价逐渐替代了结果性评价。同时，每一个学生都形成了一个属于自己的数据库，多元化的标准评价都转换成了精确地数据直观地体现出来，为精准的多元化评价提供了保障。并且，要想实现教学定制，大数据技术的支持也是必不可少的条件。大数据通过对每个学生薄弱知识点的展示，能够直观并且完整的展现出每个学生的需求，以及一个班级共同的学习需要，使得教师的教能够精准对接学生的学习需要，使得学生定制化的需求更加清晰，教师的反馈更加精准。最后，大数据技术为教学模式的创新提供了条件，能够科学的调整教学模式。教学模式的固化是传统教学中影响个性化教学实现的一大弊病，何种教学模式才是有效的一直是在讨论的问题，大数据技术可以科学的为教学模式的变革提供数据决策，如目前线上线下混合式的教学模式，可以通过数据反馈直接获得此类教学模式是否有效。

（二）智慧课堂中个性化教学实现的路径

根据智慧课堂中个性化教学实现的逻辑思路与实践过程中的特点，在个性化教学实现的过程中，有以下几个关键环节。首先在课前，主要环节是个性化学习资源的生成，这种资源的生成是整个个性化教学活动的开始，在个性化学习资源的生成中，实现课前教师与学生的反馈联结，以明确本节教学活动的教学内容与教学目标，达到"以学定教"最终效果。其次，课中主要环节是打造分层的教学。这种分层逻辑是在信息技术支持下，达到学情分层，目标分层以及内容分层甚至反馈分层。在这种逻辑下的分层最终要实现的是师生能够立体式的交互以及精准化的课堂教学。同层间与不同层次间学生与教师、学生与学生可以进行实时的交流与协作，将交互立体化以便于学生发散思维，找准自己的兴趣偏好，体现学生间的差异性。同时，让课堂中的教学更加精细与准确，是课中教学环节中需要达成的目标之一。让个人的学习能力在课堂教学中得到发展是个性化教学的追求，而精细与准确的课堂是实现这一目标的前提。最后，课后的主要环节是设计个性化课后巩固方案，最终实现教师多元化评价与学生泛在化的学习。与传统课堂有别的是，课后的学习巩固需要学生打破时间与空间的界限，随时随地进行有效地巩固与复习，给予学生更多的学习自主权，现代信息技术也为学生泛在化学习提供了支持条件。另外，多元化的评价是个性化教学课后评价的基本原则，从形式与内容上都需丰富评价的维度，以达到多元化评价的目的。

1.生成个性化课前学习资源，实现师生分层推送与反馈联结

智慧课堂中个性化教学课前的关键环节主要是课前学习资源的形成，最终要

实现教师的以学定教，以及学生明确教学活动的学习需求，达成师生之间的反馈联结。

（1）教师利用智慧课堂交互技术与资源平台达到以学定教和分层设计

①课前教学资源的选用与制作

课前教学资源的主要目的是为学生提供课前预习材料，传统课堂中以教材与习题为主，形式较为单一，智慧课堂教学中课前预习的资源形式丰富，教师可选用与制作的资源大致有以下几种形式：

第一，线上优质微课与慕课。互联网时代使互联网技术已经是常态化的应用，尤其"互联网+教育"的发展，让线上线下混合教学模式更加成熟与完善，线上资源的获取与使用在教学实践中已经非常普遍。微课作为"互联网+教育"的热门产物，以教学小片段为形式，以随时随地可反复观看为优势，迅速成为课堂教学中一种重要形式。同时，微课也是课前预习的优质资源之一，其时长较短且视频内容趣味性高，情境性较强，适合课前对学生激发兴趣，但是短小的视频又对学生留白，给学生以思考的空间较小。同时，同一教学内容的微课众多，不同知识点不同的教学片段资源都相对比较丰富，教师在选用微课时，可以依据学生较为薄弱的知识点进行选取，为后面的分层推送做好准备。另外，自制微课也是智慧课堂中助力教师实现个性化的教学的途径之一，例如在科大讯飞的畅言课堂系统中，已经上线了微课空间，方便教师自制微课，同时提供了各种形式的微课模板，针对不同的教学形式以及学生群体，教师可以方便地选取相应的微课模板进行制作，这种自制的微课，完整地体现了教师个人的教学智慧以及教学风格，是形成个性化的教学的必要过程。同时，慕课也是互联网的产物，慕课是指大规模的在线课程，这种在线课程在智慧课堂中能够很好地进行动态生成，例如学生将相关慕课作为预习材料，在这种慕课形势下，学生关于一个知识点可以听到来自全国各地的，不同的教师，不同的教学形式的讲解。在这种差异化教学中，学生对这个知识点的发散性增强，能够较好地达到预习效果。

第二，选择多种形式的媒体资源进行整合。传统教学过程中除了对教材的预习之外，就是一些习题的辅助。在智慧课堂中，媒体资源更多的是对教学内容情境上的创设。例如视频资源，在线的尝试性习题以及知识点的实践应用。这些资源既可以单独的呈现给学生，也可以根据具体的学情，教师进行个性化的整合使用。目前许多公司研发的智慧课堂系统，都有科学的整合模板，对情境视频、习题与实践应用等资源的数量都有比例划分，最终统一再整合为一个完整的课前预习资源包推送给学生，形成了既多元化又整体系统的课前预习资源。

②教学资源的分层推送与学生反馈的接收

智慧课堂中移动终端技术的成熟，可以支持教师随时随地的向学生终端推送资源。首先，这是对泛在化学习的支持，泛在化学习强调让教学打破时间与空间的界限，以适应当下碎片化知识的时代。虽然泛在化学习更多的价值是丰富了教学的组织形式，但是在教学时间与空间的选择上给了教师与学生很大的自主性。可以依据学生不同的安排与教师教学进度，随时随地的推送资源，避免了传统课堂中课上40分钟的局限。分层教学的理念在个性化教学中贯穿始终，在资源推送环节，智慧课堂实现个性化教学的关键在于教师能够对课前预习资源进行分层推送。预习资源的分层推送，是整个教学过程中的第一次分层推送。在具体操作过程中，第一次分层推送一般是依据教师对学情的主观分析，依据学生对课前预习资源的偏爱与喜欢以及对知识点理解的不同需求，将不同的预习资源推送给不同的学生。如学习兴趣较弱的学生，推送情境性较强的视频资源，以引发学生的学习兴趣；探究能力较强的学生，被推送的资源一般知识性较强，可探究的空间较大，可以引导学生深入思考。因此，在教师的主观意识判断的基础上完成的第一次分层推送，可以形成个性化教学的雏形，为后面的以学定教，定制化教学设计打下基础。

分层推送工作后，就是接收学生反馈的环节。传统课堂中，学生预习效果的反馈渠道较为单一，往往是将课中学生的学习效果作为学生预习的反馈，但这种反馈其实已经是在课堂教学进行中了，一定意义上反馈的时间非常滞后，导致失去了学生预习反馈的价值。在智慧课堂中，教师接收学生预习反馈的形式较为多样。首先，基于平台化技术，在平台上与学生进行交流与讨论，如科大讯飞智慧课堂系统中的"班级空间"功能，为师生提供了共享与交互的平台，在教师推送预习资源后，学生关于预习后的想法与感受，可以通过文字、图片与短视频的方式，在班级空间内与教师同学进行交流，在平台的交流中，教师可以得到学生预习后的反馈。其次，基于移动终端技术与大数据统计技术，教师可以规定学生统一提交预习反馈的时间，利用大数据技术分析，得出数据化的反馈报告。这种反馈形式更加高效便捷，能够直观的反应学生的课前预习情况。

最后，针对学生预习情况的反馈，教师可以基于反馈情况进行二次分层推送。第二次分层推送与第一次相比，教师的主观性削弱许多，更多是依据大数据分析技术，更精准的对学生进行二分从次层推送。二次分层推送的内容，主要是针对学生的预习反馈，进行资源的补充。但是并不是每一次课前预习与每一个学生都需要二次的资源补充，教师根据实际反馈情况进行定夺。

③教学设计的分层设计与定制化

课前预习的目的之一是为了让教师能够更好地以学定教，传统课堂中教师更多的是依据教材与主观判断的学习情况制定教学计划。在智慧课堂中为了实现个性化教学，以学定教的依据与方式都发生了变革。

首先，智慧课堂中的以学定教，是教师主观判断与客观数据分析同时作为教学目标确定的依据。在课前资源分层推送后，依据学生的反馈与教材在知识层面的所要达到的目标，基于教师教学经验可以确定本节教学活动的总目标，即全体学生所要达到的共同目标。在这个总目标的统领下，教师再依据学生的数据分析，与不同的知识点需求，分层设计教学目标。基于大数据技术，教师可以看到学生通过学习预习资源后的一个数据化反馈，包括了学生对教学内容最感兴趣与最不感兴趣的知识点，能够轻易理解与较难理解的知识点，以及不同学生在不同知识点上发散思维的数据量，一些学生所提出的问题等。依据直观的数据，教师能够较为精准的对教学内容的重点与难点进行把握，对教学形式的安排更加符合学生的需要，比如对学生兴趣度较低的知识点，教师可以采用情境化教学形式，尝试教学方法等能够较好的激发学生兴趣。对于学生兴趣度较高的知识点，可以采用探究式学习，小组合作学习等，在学生具有探究动力的基础上，进一步深入教学。因此，依托数据反馈，教师已经完成了教学目标及重难点与教学形式的确定，在方便快捷的同时也形成了精准化的教学。

另外在课前预习阶段，因材施教的定制教学，教师可以通过移动终端的交互技术形成。因为环境条件上限制，大部分的教学活动都是班级授课制，班级授课制在环境上极大地限制了个性化教学，有许多个性化的教学形式在班级授课时往往无法实现，所以许多教师在备课时从这一现实条件出发，不考虑学生的一些个性化需求。但是基于移动终端技术与互联网交互技术，都可以打破这些限制，以实现定制化教学。在课前阶段，教师需要进行这些环节：首先，是通过数据分析表与平台中学生的反馈，明确学生的定制需求，例如知识点的需求以及不同学生不同关注点的需要。这些需要是设计教学过程的依据。第二，是制作学案。传统教学中的学案是统一设计，统一发放的。智慧课堂中，教师依据不同学生需求，可以设计多种形式的学案。并且，目前研发的智慧课堂系统中，例如科大讯飞的畅言课堂，已经支持模板化的设计，可以进行一键定制，依据之前的数据分析，通过大数据处理技术，自动生成每个学生的学案。再由教师基于教学活动的实际需要，对一键生成的学案进行个别的调整。这种学案既满足了每个学生的需求，也注入了教师对教学活动的整体思想，高效便捷地体现了教师个性的教。最后是利用移动终端技术，将学案推送给学生，让每个学生获得自己的专属学案，为后续的教学提供个性化的学习材料。

（2）学生基于课前平台交流学习资源而提升兴趣与明确需求

学生作为教学的主体，是智慧课堂中个性化教学的重要因素。在课前，学生需要进行预习活动，传统课堂中学生的预习往往是以课后作业的形式所表现，学生需要独自完成对教材的熟悉，提升的是学生对教材的感悟。但是在智慧课堂中，更多的是让学生在熟悉教学内容的基础上明确自身需求，提升的是学生对自身发展需要的明确性。所以，在整个课前预习活动中，学生最终解决的问题只有一个，就是明确自己在教学活动中需要什么。

①通过分享与交流，丰富课前预习资源

学生在移动终端上接收了教师所推送的预习资源后，在预习过程中，要注意预习资源的动态性与学习性。首先，学生在熟悉预习资源的基础上，可以在"班级空间"等交互平台上，分享自己的预习所得，在分享与交流的过程中，也是教学资源动态生成的过程。学生在交互平台上的发言，相较于课堂中的发言，自由性更高，开放度更大，更容易激发学生有自我的想法与灵感，这种想法与想法的联结，能够生成一些新的资源，使每个学生都能有属于自己的个性化课前资源。另外，除了分享与交流的同时，也鼓励学生自己去独立自主地完成一些课前预习资源。如一些教学所需实验器材的制作与开发，教学活动中所需素材的寻找等，这些独立自主地工作能够使学生更加熟悉教学内容，明确知道自己在这一教学活动中的需要，同时还使学生在自主活动中能够发现自己的兴趣所在。所以，这种线上交流，线下自主的预习模式，能够很好地照顾学生的多元化发展，帮助学生在短时间内明确自身的学习需要。

②明确学习需要，将预习活动的结果反馈教师

学生完成预习活动后，需要在智慧课堂的个人空间中对自己预习后的结果进行记录。对预习结果进行记录的表格，一种是由教师或学生自行设计，根据学生的预习特点，主要记录学生的兴趣点与预习中所遇到的问题；一种是由智慧课堂系统自动进行生成，主要是数据化的直观体现。在完成预习结果的记录后，学生不仅熟悉了教学内容，更应该对教学内容有一个自我认知。这种自我认知体现在学生是否能够定制适合自己的教学。这是学生在课前环节的一个小结，通过这种形式让学生明确自己的需求，同时依托平台化技术对教师进行即时的反馈，以能够高效的让师生共同完成反馈联结，确定教学的目标与内容。

2.打造分层教学模式，凸显师生立体式交互与精准化教学

传统课堂教学以讲授法为主，主要教学过程为教师通过情境导入新课，讲授新知识，对学生的个别提问以及课堂练习巩固新知。在这种教学设计中，可以看到教师讲授占时较多，师生对话与生生间的互动很少，整体把控权在教师，学生的话语权缺失。这是传统课堂中个性化教学开展的不利因素。加德纳认为未来的教育是以个人为中心的。因此个性化教学课堂中的环节设计，需要对这些不利因素进行消解。首先，智慧课堂教学的每一个环节都突出了立体式交互的特征。不论是教师与学生之间，学生与学生之间，都是双向的推送与反馈。在传统课堂教学中，教师与学生之间也有沟通，但是往往是教师指向学生的单向输出，并且不

是教师指向全体学生就是教师指向某一个学生，学生在这个过程中一直处于被动接受状态。在智慧课堂中，教师与学生的立体式交互体现在教师与学生是双向交流，既存在教师指向学生，同时学生也可以对教师进行反馈；同时这种双向交流在纵向上也是立体的，教师可以与全班学生交流，可以与单独个别的学生交流，也可以与不同层次的学生进行交流与反馈，所以教师与学生之间的交流与反馈的局限被打破。同时，学生与学生之间的交流增强，既可以在小组内线下交流合作，也可以小组间线上进行讨论学习，这种线上线下混合交流的模式，对学生与学生间交流的时间与深度上都有所增强。其次，智慧课堂教学的每一个环节都凸显了合理预设，注重动态生课的特征。智慧课堂中的个性化教学既要实现个性化的学，也要同时包含个性化的教。因此，如果预设过多时，整个教学过程中便无法满足学生与教师的一些个性化学习，所以在教学过程中，进行动态化的学习路径设计，是智慧课堂在课堂教学中，实现个性化教学的关键。动态化的学习路径的完成与生成性的教学，既能体现教师的教学智慧，在教学中彰显教师的风格，也可以满足学生之间的发展差异，让每一个学生都能在集体化的班级教学中，得到适合自己的发展。

智慧课堂中的个性化教学，在课堂中主要包括以下几个环节：情境创设发现问题、分屏教学合作学习、实时训练分层反馈、即时数据个别反馈、实践探索巩固消化。

（1）情境创设发现问题

与传统课堂不同的是，这一环节是由教师与学生共同参与完成的。传统课堂中更多的是教师通过展示图片或者视频以创设教学情境，其目的是以情境激发学生学习兴趣，以导入教学内容。智慧课堂中，情境创设的目的除了激发学生的学习兴趣以外，更重要的是发现问题，以问题为导向开展教学活动。由于平台化技术的支持，在情境创设方面，不仅是教师提供情境，学生也可以进行创设，或者师生利用信息技术共同创设情境。如在资源平台上，学生推送情境视频或者生活中与教学内容相关的现象，教师在公共屏幕上进行展示或者加工，以完成共同情境的创设。这类情境创设，由于不是教师完全自主的强行推送给学生，有学生在其中自我思考，因此对情境的代入感与接受度更高，情境创设的多元化与生成性更强。在教学实验中发现，在教师引导下，同一教学内容在不同班级，所创设的情境都有所不同，情境中更多地体现了学生个人的主观意愿，这种创设的形式，能够让学生更自然的在此情境中进行思考与发现。避免了传统教学中，教师创设情境与学生生活相背离、学生被动接受情境，在情境中思考兴趣不高的现象。同时，对于教师来说，也发挥了教师智慧，对于平台中学生所创设的情境，教师需要进行筛选与加工，选取恰当合适能反映大部分学生意愿的情境，在公共屏幕进行展示。这一过程不仅加强了学生对生活实践的感悟，更是从课堂教学活动的开始，便给予学生自主性学习的权力，让学生能够基于自身情况创设情境发现问题，为整个教学活动的个人定制化提供基础。同时也展现了教师的个性风采，不再是机械化的展示备课素材，而是融合教师智慧，体现教师个人个性，与学生一起创设情境，提升了教师教的个性化水平。

（2）教师进行分屏教学，学生按照小组进行合作学习

通过师生共同进行情境的创设后，明确了教学活动需要解决的问题。教师进行分屏教学环节，智慧课堂依托于移动终端技术，在智慧课堂教学中使用 PAD 移动终端教学的形式，因此，每一个学生与教师都有属于自己的终端屏幕，同时教室除了黑板之外，还有一个交互式屏幕作为公共屏幕。智慧课堂基于无线网络技术，支持教师可以进行无线投影，教师利用移动设备，可以多角度，多方位的进行教学资源的投放。因此，整个教师的教学过程是属于分屏教学的过程。开展分屏教学，教学形式多为合作讨论式学习，教室的布置一般为可移动桌椅，学生入座的形式为圆桌形或田字形，可以多角度多方位的观察教师投影，方便师生间的交流互动。

教师多屏教学首先是进行资源的多屏推送。针对情境创设后，学生发现的问题以及想解决的问题，进行分小组的入座。对每一个小组都有一个需要解决的主题，使学生进行项目式的学习。教师可以根据项目学习小组，选择与这一小组相关的教学资源实时推送给小组成员。在推送资源的过程中，首先推送的教学资源可以是教师课前备课活动所准备的资源，也可以根据实际需要，即时从资源库中下载并推送资源，以保证教学过程的动态生成，满足学生在学习过程中的即时需要，凸显教师对整体教学活动的思考与思想。其次，教师推送资源的时机是这一环节的关键。推送资源的时机依据的是学生的讨论交流与教师授课的节奏，在学生交流讨论的过程中，学生可以通过移动设备向教师发出即时的讨论结果与交流过程中遇到的问题，教师以此继续推送教学资源，避免一次推送所有资源以限制学生思考方向。其次，教师多屏教学进行资源的多屏共享。在学生进行交流学习后，教师需要对学生的学习成果进行阶段性小结，各个小组的学生可以通过平台化技术，实时的将自己的学习成果分享在公共平台上，教师进行投影，对每一个小组的成果进行讲解与评价，以扩宽教学的深度，带领与引导学生进一步探究。这种教学过程在形式上鼓励了学生进行交流与协作，将最大的话语权交还给学生，同时教师引导学生继续学习，在加深教学内容的把控力的同时，也自然而然地与整个学习活动融合在一起，不会使学生产生被动感，师生间的对话也从一问一答走向了协商讨论与交流。从开始各组不同的问题解决，到共同的交流分享，体现出教师对教学动态生成的把握，也尊重了学生学习的个性化差异需求，在每个学

生都在自己感兴趣的问题讨论下共同学习新知。

　　学生在这一环节进行合作学习。接收到教师所推送的资源后，在教师的引导下，学生对所需解决的问题进行方案构造与抉择方案两个环节。"方案构想始于对形成方案所需知识的调用，调用的知识一方面是在以往的学习过程中已经具备的已知知识，另一方面是需要学习的新知识。"因此，在构想方案的环节，实际上是学生对已有知识的应用，在应用过程中遇到阻力后，再与教师共同进行新知识学习以完成方案构造的过程，可以说构造方案是学习新知，而其本质是温故知新的过程。并且在构造方案的过程中，是能够满足学生多元化发展需求的过程，学生构造方案的最终目的是为了解决问题，在目标明确的情况下，学生需要考虑方案所用的方法以及步骤，以及最终方案的操作流程和所运用的知识原理。学生在解决问题的方法上基于每个学生的直观经验不同，会有格局差异与不同方法，所以构造一个方案需要学生合作交流，在每个人的差异中求得共同发展，这就是学生构造方案的意义所在。

　　其次是抉择方案的环节，这一环节主要是能够让学生形成一个动态的学习路径，而非静态线性的学习路径。如果学生创设方案后就结束了交流学习，改为教师所传授的新知，那么这种学生学习的路径依然是静态的，只是在形式上学生进行了言语上的沟通与合作，但是最终话语权依然在于教师，学生虽然有个性化学习的萌芽，但是抉择方案环节的缺失让个性化学习的路径被打断。方案抉择的环节由教师将各个小组的方案进行投影，分屏进行推送，在方案抉择环节中，主要是教师与学生对方案进行比较，这种比较是基于设计方案时所学的新知识，是一个对新知识应用的过程，在比较过程中如果发现方案的弊端，学生可以重新回到构造方案阶段再次进行构造。在教师的引导下，构造方案与抉择方案形成了一个回路，这种闭合的回路是学生学习的一个动态路径，随时可以生产新的方案，体现个体想法的同时共同获得新的知识。

　　（3）教师进行实时课堂训练，学生实施分层反馈

　　这一环节主要是对上一教学环节的深入与巩固。在教师进行分屏教学，并且与学生共同学习与分享了新知识后，需要在这一过程中或者之后对新知进行巩固，同时学生也需要进行分层的反馈，加强与加深自己对新知识的理解。智慧课堂中，教师进行实时的课堂训练与传统课堂在形式与内容上都有所区别。形式上，智慧课堂尊重学生的多元化发展以及教师自我个性的实现，所以不囿于仅是习题的训练。针对不同学生逻辑思维、言语思维等能力的差异，教师在形式上有习题训练、情境训练、实践与实验应用训练。在实时训练中，教师针对不同层次的学生，在形式也有所划分。

　　依据这个标准，教师实时推送的课堂练习可以分为三大类形式，对于基础层

面的学生，表现在小组学习中反馈较弱的，对知识性学习掌握不牢靠的，以第一种形式的推送为主，旨在让学生能够加深对所学新知识的掌握，牢固对所学新知识的理解，为后续的教学环节打下基础。这一层面，学生以对所学新知识的接受和反应为主，所以推送内容中识记内容所占的比例较大，概念性的学习内容为核心，使学生能够在实时训练后能够在达到第一层的教学目标。通过教学实践的观察，在课堂教学中大部分的学生已经处于第二层次，表现在学生对基础概念的接收与反应已经完成，接收新知识后已经能够达到领会与基本简单的运用，从大数据分析所反馈的数据上可以直观的表现为，能够利用所学知识形成一个基本的解决案。针对这一类学生教师可推送以情境为载体形式的问题解决类练习，如利用互联网技术下载与教学内容相关的情境短视频，将这些短视频推送给学生，教师根据具体的教学需要，可以预设相关问题也可以将问题的发现留给学生，学生需要有将情境问题转换为所学知识的思维过程。在这一层面，有两类可推送给学生的训练内容，第一类，是对学生分析与应用的能力进行训练，主要目的在于学生能够将实际情境问题转化为所学知识的模型，以便解决问题，这依托于学生对所学内容的分析与应用。第二类，是对学生评价与比较能力进行训练，这一类推送内容对学生的要求要高于第一类推送内容的要求，这一类的推送内容不仅要求学生能够进行理解与应用，还需要学生在此基础上能够进行评价与比较。不仅需要学生对所学新知识有一个较好地掌握程度，还需要学生对所学新知识的整个体系能够达到融会贯通，才能做到准确的评价与比较。在教学过程中，有个别接受能力较强的学生，已经能够达到第三层次，具体表现在学生对于情境化的问题能够熟练的分析与应用，并且对不同的解决方案做出合理的评价。对于这一层次的学生，教师更多是以实践与应用的形式来进行课堂训练，适当地进行拔高性目标的掌握。如在内容上，教师可以抛出一个与教学内容相关的前沿性问题，这类问题本身具有开放性与创新性，学生在解决时所反馈的方案，除了运用所学知识外，也包含了其个人思想特点与思考问题角度的个人特色，或是教师让学生对一个策略性方案的评估，这种评估不仅是知识的运用，更是个人思维逻辑的一种体现，同时基于学生个体发展的差异性，不同学生对此类问题的擅长方向与兴趣点都不相同，因此在课堂实践中，这一类内容的反馈通常能看到学生从不同的视角出发并进行评估。

学生在这一环节进行分层反馈，第一是反馈小组交流合作学习时，抉择的问题解决方案，第二是对教师课堂实时训练的反馈。对问题解决方案反馈的分层，主要是以小组形式进行反馈，是以方案内容为区别的分层，不同小组解决的问题不同或是方案不同，依据具体内容进行区分反馈。智慧课堂中学生的反馈可以直接将反馈内容上传至讨论平台，也可通过抢答、小组间PK的形式进行反馈，增加课堂教学的趣味性，激发学生合作交流的学习动力。对教师实时训练反馈的分层，主要是依据教师训练形式进行分层，如知识性习题层面的学生，将习题答案通过学生移动设备反馈给教师，情境问题解决的学生将自己的解决方案实时的推送给教师。目前智慧课堂的系统，已经支持将学生名单实时进行分组，每一个层面的学生所反馈的内容，都会自动归入所在组别中。智慧课堂中的学生反馈，能够实时高效的集中反映每一个学生的意愿，使每个学生都拥有平等的话语权。同时，分层反馈的形式，从内容上或者形式上进行划分，让每一个层面的学生都能有与其个人发展相适应的反馈机制，在集体反馈的班级化教学中，实现了尊重每个学生的个性化发展。

（4）教师根据数据调整教学，学生进行个别反馈

智慧课堂的一个重要特点是课堂教学的动态生成性。与传统课堂教学不同，传统教学中由于诸多因素的限制，往往预设大于生成，预设性过强的课堂教学不利于教师智慧的成长以及学生个性化的发展。在智慧教学中，教师需要精准把脉，随时调整教学过程以避免整个教学活动静态进行。所以，这一环节主要依托于大数据分析技术，以数据化的形式为教师呈现教学活动的发展动向，以及每一个学生在教学过程中的动态学情。以数据的精准性来满足教师对教学活动的精准化判断，以便教师能够精确的把握教学活动的动态发展。在教学活动的这一环节，学生从分层反馈转向个别反馈阶段，依托移动设备的交互技术，教师在教学过程中学生个人可以通过设备随时向教师发出反馈，反馈信息单独出现在教师一人的移动设备上，以便教师在教学过程中对学生个人的反馈进行处理，同时不影响整体教学活动的进展。

首先，教师依托大数据分析技术，对学生在教学活动中的表现以数据的形式进行呈现。一是对学生在教学过程中的学习行为进行"全景式描绘"，即智慧课堂系统通过搜集分小组合作交流、解决方案构造与抉择、分层反馈课堂训练等环节，各个层面的学生所体现的相关数据，如构造方案数，与教师的反馈量，小组平台发言数等信息，对这些信息数据进行分析，全景化的对每一个层面进行了直观的描绘，教师可以清晰地看到哪一个层面的学生兴趣度更高，哪一个层面的学生掌握度更好等，便于教师从宏观的角度去调整教学。二是对学生在教学过程中的学习行为进行"特写"，教师可以在自己的移动设备上，随时点击某一个学生的姓名，对这一个学生在本节教学活动中的所有动态数据，进行查看。另外大数据技术中的云计算等数据分析技术，可以对单独的学生所呈现的数据与所有这个层面或者其他层面的学生所呈现的数据，进行关联性或者差异性的分析。教师可以直观的通过个别学生的数据，迅速高效的分析出某一个学生在课堂教学中的短板与优势，以便更好地对一些临界生在教学活动中的状况进行把握。通过数据的"全

景式描绘"与"特写",教师能够直观且精准的对之前分层教学的所有环节效果进行快速判断,实时的调整整个课堂教学的方向,在预设的基础上,动态生成。

其次,学生可以进行个别反馈。在教师的教学过程中,通过合作交流学习与课堂实时训练后,并不能代表每一个学生都能够掌握教学内容,掌握的程度也不是完全相同。但是传统课堂中,由于无法实现学生对教师的实时反馈,如果学生需要向教师反馈问题,整个教学活动就会被打断,因此很难实现个别学生的反馈。在智慧课堂中,依托于交互技术,学生可以在自己的移动设备上实时的向教师终端推送信息,只有教师一人可以在自己的设备上看到学生随时推送来的信息,教师可以采取在教学过程中自然的融入对个别学生提出问题的解答而不打断原有的教学节奏,如果多数学生对此问题进行反馈,教师也可以明确一个生成性的教学难点,在原有教学节奏的基础上,对此问题进行解释。因此,虽然是班级授课制下的教学活动,但是并没有限制学生个人反馈的实现,反而因为学生的个人反馈激发了教师的教学智慧,也体现了学生的学习智慧,将知识性的教学活动,能够"转识成智",让个性化教学在智慧课堂中能够实质性的实现。

(5)师生共同解决问题并总结,对整个课堂教学过程进行评价

这一环节是教师对本节教学活动的一个总结与评价。在传统课堂中,教师对教学活动的总结大多是对知识的总结与回顾以及布置课下练习。但是智慧课堂中,教师不再是对知识点进行总结与回顾,而是对学生进行总结与评价。教师以大数据分析为依据,可以将数据分析结果直接的投影在教室的公共屏幕上,这些数据可以直观地反映出每一个学生这一节教学活动中,达成的教学目标数,以及每一个知识点的掌握程度,例如在智学网的学情分析平台上,通过对本节课实时训练结果的记录,以及每一个学生在平台上所反馈的信息,进行关键词分析,可以呈现出这个学生在这节课每一个知识点的掌握程度。因此,在解决课堂情境问题的基础上,教师更多的是要呈现每一个学生在教学过程中的动态数据,同时可以在班级空间中即时的为本节课数据层面上较为优秀的同学"点赞"等,以激发学生的学习兴趣。在这一环节,学生除了接收教师的信息之外,也可以对本节课自身的数据分析加以补充,因为大数据技术对数据的收集时,数据价值密度较大,许多数据虽然直观但是相对的冗余数据也较多,学生自身对数据的补充与修改,是对数据的一个提纯化过程,长远来看,能为学生建立一个更加精准且科学的数据库。同时,学生根据教师对学生知识点掌握的分析,自身对知识点有一个系统归纳,每一个学生在每一节教学活动结束后,都能形成一个属于自己的知识点体系,而不是在传统课堂中,由教师统一呈现的知识点网络。由于掌握程度的差异性,每一个学生每节课所整理的知识点体系也呈现出差异性,为课后巩固环节的个性化学习提供了基础。

第四章　智慧课堂教学设计与策略

第一节　智慧课堂教学模型设计

在智慧教育视角下审视当前英语教学，主要存在：传统教学理念还没有得到根本的转变，教师关注"教"仍然多于关注"学"。课堂教学模式化、表层化和程序化。缺乏针对语篇文本的深入分析。忽视对主题情境的创设和对主题意义的深层探究，导致思维培养缺失等问题。将针对以上问题，结合本地中学教学实际，进行英语智慧课堂教学模型设计。

一、智慧课堂教学设计依据

（一）以课程标准为学科依据

英语课程，是学生通过英语学习和实践，逐步掌握相关知识和技能，提高语言的运用能力的过程，是发展个性和提高人文素养的过程。《普通高中英语课程标准（2017版）》的教学原则提出：教师要鼓励学生体验、实践、合作和探究等方式，去培养学生阅读能力。并且强调英语课程的教学设计要符合学生的生理、心理特点，尊重学生差异，满足不同学生的不同学习需求。同时，教师需要利用现代教育技术，不断开发教学资源，探索新的教学模式，拓展学生学习方式，提高学习效率，进而实现现代信息技术与英语教学的整合。智慧课堂教学环境下的英语课程教学就是在遵守课程标准原则基础上的教学，是在该环境下进行教学设计的重要依据之一。

（二）以智慧教育为理念指导

智慧教育是充分利用智能化的技术手段构建智能化环境，让教师通过灵巧的教与学方法,培养智慧型人才的教育。智慧教育理念中的"智慧"体现在教育的过程和实践中,旨在坚持以学生为中心。其中智慧学习环境的创设具体可分为智慧校园、智慧课堂、智慧实验室、智慧云端教育等。智慧教学法则强调信息技术在促进教学方式和教学过程中的作用,分为差异性教学、小组合作学习、个人兴趣拓展学习等。智慧课堂作为智慧教育的核心,更应该在智慧教育理念的指导下,构建智慧学习环境,不断完善改进智慧教学法,进而培养智慧型人才。

(三) 以智慧课堂理论基础为支撑

智慧课堂理论基础主要包括建构主义学习理论、混合式学习理论、多元智能理论和人本主义学习理论。智慧课堂教学始终坚持以学生为中心的教学理念,利用信息技术实现学生在线学习和面对面学习的混合教学模式,为实现教师个性化"教"、学生个性化"学"的最优化目标构建了理想的教学环境,英语智慧课堂的教学模型设计,也需要将以上理论作为教学设计的理论支撑。

二、智慧课堂教学设计原则

著名的教学设计理论家罗伯特·M·加涅(Robert M·Gagne)认为教学设计就是为了适当安排教学事件为学习设计教学。智慧课堂教学设计是在充分发挥信息技术基础上,强调以学生为中心,让学生有更多的机会去应用他们所学的知识,能让他们应用自身行为的反馈信息来解决实际问题,为具体教学服务。本研究也将从教学目标、教学策略和教学评价三个主要因素方面分析智慧课堂教学设计坚持的设计原则。

(一) 教学目标的综合性

教学设计是一种目标导向的系列活动,教学目标的设定又是教学活动开展的前提和基础,智慧教学目标是通过智慧课堂教学,促进学生智慧生成,培养智慧型人才。我国教学目标经历了由过去倡导的"双基目标",即以学生对基础知识和基本技能的掌握为教学目标,到"三维目标",即以学生对知识与技能、过程与方法和情感态度与价值观的三个方面的综合掌握能力为教学目标,再到《中国学生发展核心素养》的育人目标三个阶段。智慧教学目标则是在遵循以上教学目标发展过程的基础上,综合三维目标和核心素养育人目标,主张发展学生的高级思维能力和创新能力的教学目标,具有一定的综合性。

(二) 教学策略的灵活性

智慧课堂教学强调信息技术促进教学方式和教学过程的变革,即充分利用云端诊断分析系统、及时反馈系统和云端补救系统,充分发挥信息技术对课堂教学的精准分析,为教师精准教学提供可能。如智慧课堂教学活动中,教师在课前利用云端诊断分析，准确分析学生预习情况，为教学设计提供科学依据。通过课堂随测，收集教学效果反馈数据，准确分析教学难点，及时调整教学重点，进而实现教学策略的灵活性。

（三）教学评价方式多元

教学评价是整个教学活动的系统反馈调节机制，在教学过程中起重要作用，它包括对教师教学工作的评价和对学生学习效果的评价。当前教学中的教学评价主要有形成性评价和总结性评价两种形式。其中，形成性评价注重对学生学习过程中的学习效果的评价，总结性评价是对最终教学效果的评价。智慧课堂教学评价则是在保证形成性评价和总结性评价基础上，增加了教师点评、生生互评和个人评价等多元评价方式。

三、智慧课堂教学设计模型

课前，通过云端诊断分析系统采集数据产生的学习分析报告，教师结合报告分析有针对性的推送预习资源，学生进行预习自测，及时反馈预习结果。教师根据学生预习反馈结果，如制定具体教学重难点，预设特定教学情境进行教学预设，可通过微视频、数字故事等方式完成导课，在这一过程中教师与学生进行互动交流、分享预习成果，从而为课中环节做好准备。

课中，教师通过课前设计的教学情境，采用问题驱动式导入主题方式，进而激发学生学习兴趣和吸引学生注意力。教师采用任务驱动法和小组合作方式促使学生自主质疑，合作探究，解决问题。首先，教师布置学习任务，通过学生自主解答问题反馈结果，发现共性问题，并解决问题。课中，教师可利用智慧课堂的抢答功能调动学生学习积极性和趣味性，不断促进师生立体互动。其次，教师通过分析课堂产生的各项数据，完成教案调整，重构教学计划。最后，利用系统自动编制习题功能，测验学生知识掌握情况，进行教学评价，这一环节可采用自我评价、他人评价相结合的方式，可利用系统中的奖励机制实现评价方式的多元化。

课后，教师利用移动终端向学生推送个性化学习资源和作业，学生完成作业后提交，教师查看作业并实时反馈，及时针对学生的个性化问题进行指导，不断总结教学经验，改进教学方式，学生通过与教师课后交流互动，实现自我知识的拓展和提升。

第二节　智慧课堂教学设计的基本策略

近年来，国家、省市、区县等各级各类智慧教育示范区的设立，推动了智慧课堂教学改革的不断深入，不管是一线教师还是学术界，都围绕智慧课堂进行了积极探索。通过广泛的课堂教学实录观摩和案例分析，以及大量的文献研究，归纳总结出以下信息技术下智慧课堂教学设计的基本策略。

一、树立新理念，驱动信息技术下智慧课堂教学设计

蔡宝来学者通过对教育改革发展历史的考察，认为教育教学变革首先是教育理念与教学观念的转型，并提出在教育信息化2.0时代应倡导"学为中心、能力为先、教学创新和个性化学习"的智慧教学新理念。该理念不仅代表了教育信息化2.0时代的教学价值取向，同时为信息技术下智慧课堂教学设计指明了方向，是信息技术下智慧课堂教学设计也应当树立的新理念。

（一）信息技术下智慧课堂教学设计的立足点——"学为中心、能力为先"

"学为中心"的理念在信息技术下智慧课堂教学设计过程中，体现在两个方面，"以学生为中心"和"以学习活动为中心"，前者是较之"以教师为中心"、"以教材为中心"而言，强调信息技术下智慧课堂教学设计的"以学定教"，即教师借助学习大数据，对学生学情和学习需要进行精准把握后的因材施教、因材助学，它体现为班级共同目标的分层制定和个性化学习目标的私人定制、教学重难点的精准定位以及教学过程中教学组织形式与教学策略随即时反馈而灵活调节。后者是相较"以教学活动为中心"而言，强调信息技术下智慧课堂教学设计向"学习设计"的转变，意味着设计的重心不再是课堂上以知识传授为目的、师生问答为核心的授受活动，而是创设高度开放、深度交互的泛在智慧学习环境，以及设计打破时空禁锢的、在问题解决中生成智慧、促进个性化发展的教师辅助下的学生自主探究和协作交互活动。

"能力为先"这一理念，是伴随互联网、大数据、云计算等新技术蓬勃发展，网络知识爆炸和信息超载，经济社会发展对创造性人才培养新需求的背景下，教学设计与时俱进的体现。"能力为先"简而言之，就是信息技术下智慧课堂教学设计要以促进学生的智慧生成为根本宗旨。从教学目标制定上看，以文化基础、自主发展、社会参与为主要内容的中国学生发展核心素养，是新时代对所有学生适应社会发展需要和终身发展的基本能力要求，但同时，作为未来社会的建设者，除了拥有适应社会的一般能力，还需要具备建设社会的高阶智慧，因此在教学目标的设计中，还应根据学段、学科、学生的特点，选择性地融入批判性思维、发现问题与分析解决问题能力、创造能力、沟通合作能力、跨文化理解与全球意识等高阶思维能力。这些智慧能力无法从教师的灌输中掌握，需要通过创设智慧学

习环境、组织智慧教学内容，在班级内部师生间，班级内部与外界之间深度、立体的交互活动之中生成，因此，"能力为先"的智慧课堂教学设计还应重视教学内容的情境化、问题化、任务化设计，促使学生在真实情境或贴近现实的情境里，在问题/任务/项目驱动下，在合作、探究过程中，主动经历知识的意义建构、核心素养及高阶思维能力经验累积的过程，进而形成认知，提升思维，发展能力，生成智慧。

（二）信息技术下智慧课堂教学设计的目标——"教学创新、个性化学习"

教学创新，是针对信息技术下智慧课堂"教"的设计提出的要求。信息技术下智慧课堂教学改革，本质上是由作为教育系统性变革内生变量的新兴智能信息技术引发的一场课堂教学生态机制、要素结构和过程场景等课堂基因的全面嬗变重组和变革创新，和信息技术与教育教学深度融合相辅相成。因此"教学创新"在信息技术下智慧课堂教学设计中突出表现在两个方面，其一，技术创新，强调深度融合技术赋能课堂教学之"智"，包括宏观层面创设虚实融合的泛在智慧学习环境，开展多场景教学，推动翻转课堂、混合式学习等教学模式和学习方式的变革，微观层面创新应用具体的智慧教学技术工具和智慧学习资源增强学生的深度参与和沉浸式体验；其二，教法创新，强调充分发挥教师教学机智之"慧"，主要体现在精准施教与弹性预设两个方面。其中精准施教体现为在信息技术支持下，打破传统教学整齐划一、步调一致的标准化教学，开展尊重学生个体差异的个性化分层教学；弹性预设体现在关注课堂教学的动态生成，一方面要重视学生在教学设计中的主体地位，充分利用和二次开发学生在教学过程中动态生成的学习资源作为教学内容，另一方面根据学生的实时反馈与具体表现灵活应变教学组织形式和教学策略，因势利导，适时调节。

信息技术下智慧课堂教学设计的落脚点是促进学生的个性化学习，而学生是学习的直接主体，因此个性化学习的关键在于引导学生进行个性化、自适应学习设计，主要体现在以下几个方面。其一，精准定位每位学生的学情。教学系统设计以精准的学情分析为前提，基于智慧教学系统平台收集到的学生日常学习行为数据及课前智能诊断结果，结合教师在师生交往中对学生的主观认识，对班级学生群体和个体的现有认知能力水平、学习习惯与风格、学习兴趣和需要等学习者特征进行全面深入的分析。其二，教学目标与内容的私人定制。在分析教材确定了教学重点的基础上，为全班学生拟定统一的教学基本目标；在精准分析学情把握学生个体和群体现有知识水平、能力差异与潜力倾向的基础上，确定教学难点并划分层次，为水平相似或兴趣相投的学生群体制定符合他们最近发展区的分层教学目标；再在分层教学目标的基础上，引导学生个体开展个性化学习目标的私人定制。并以智慧教学系统对平台学习数据的智能诊断为依据，按发展潜力布置差异化教学任务，按需要推送个性化学习资源，帮助每位同学实现巩固提高和查漏补缺。其三，教学设计适度留白。加涅主张"教学是精心合理地安排一系列外部事件以支持学习的内部过程"，意味着教学仅仅是引发学生内部自主能动学习活动的条件和手段，而学生的自主能动学习才是教学的目的和本质。因此，"授之以鱼，不如授之以渔"，教师有必要在教学设计中适度留白，给学生自适应学习、自我分析与监控、个性化开发学习资源、自主决定学习步调和策略留下开放的空间，为学生在学习中发挥主观能动性和创造力创造条件和契机。

二、丰富教学形式，设计全过程、多场景的混合式学习新样态

信息技术下的智慧课堂的学习观，受益于建构主义和联通主义学习理论，本质上是学生在泛在智慧学习环境下，在与教师和同伴的沟通交流、协作探究等交互中，基于已有知识经验主动建构意义与关系的过程。《中国教育现代化2035年》提出了"利用现代技术实现规模化教育与个性化培养的有机结合"的新型人才培养模式。学习观的进化和人才培养模式的变革，驱动着课堂教学形态的革新，打造贯穿课前、课中、课后全过程覆盖，课内、课外多场景融通，自主探究、小组协作、集体教学多形式相耦合的线上、线下相融合的混合式学习新样态，成为创新信息技术下智慧课堂教学设计的核心。

（一）准备阶段：全面深入的前端分析

内容上，前端分析应该对学习者特征、教师特征、教材内容和教学环境进行广泛深入的分析。教学的最终目标是促进学生的学习和发展，因此前端分析需要分析学习者特征以确定教学起点；"教学"之于"学习"的区别关键在教师在学生的学习中是否发挥作用、如何发挥作用以及发挥怎样的作用，因此前端分析需要分析教师特征以明确教师所能为学生的学习提供的帮助；教材是专家组成编委基于学生的认知发展规律与社会需要的精心编排，是制定教学目标和确定教学内容的前提和依据之一，因此前端分析需要分析教材，以提炼教学目标、明确教学内容、领悟教材内容暗含的教与学方法和途径。教学环境为教学顺利开展提供了空间载体与文化氛围。一般而言，教学环境是指在开展教学活动时，影响教师教和学生学的一切内外环境，包括物理环境和心理环境。随着信息技术的突飞猛进及其在教学中的应用，物理环境延伸至虚拟的网络空间，因此，在智慧课堂场域中，教学环境囊括了智能化物理环境、网络虚拟环境和人际交往环境。因此前端分析需要分析教学环境，以使教师和学生能够清楚地知道内外部条件给教学带来的支

持和限制，进而在教学设计中对教学的组织和技术的利用能够更有的放矢。

形式上，前端分析应该是教师基于客观数据的主观判断。有两层意义，一是要重视对数据的收集、分析和挖掘。教师和学生在教学/学习过程中，产生了大量的教学/学习行为轨迹及数据，过去因为技术的限制，这些教育数据常常因为难以收集而被教师所忽视。但当前的智慧教学系统平台已经能够自动生成与记录、统计与分析教学/学习行为或结果数据，甚至还能通过人工智能技术生成电子画像和能力雷达图，为教师进行科学的前端分析提供了客观的证据以及标准化的智能诊断。二是要重视教师联系实际的主观评价。一方面，平台中的数据仅仅是线上学习行为的记录，所涉及的内容并不全面，另一方面，数据为教师决策提供了证据和标准化诊断，但是证据本身不是结论，标准化诊断也存在较笼统的问题，因此教师应凭借教学实践知识和在日常师生交往中生成的认识和经验，结合实际对相关数据生成自己的理解，才能得到全面、贴切、深入的结论。

（二）课前预学阶段：线上自主学习的设计

课前预学阶段的教学设计主要实现两个目标：一是教师提供支架引导学生自主预习；二是通过信息收集、综合分析和课前诊断，精准定位课堂教学的起点和重心。因此，这一阶段的学习都是基于技术平台的线上学习，教学设计内容主要侧重于两个方面，一是制定自学任务单；二是收集、筛选与分析学习信息与数据。

其一，自学任务单的制定。金陵学者认为，自学任务单是教师设计的指导学生自主学习的方案，包括学习指南、学习任务、困惑与建议等三部分，通常以表单形式呈现。由此可知，自学任务单是学生课前自主预习的支架，它不同于以往作业单或练习单局限于巩固知识和检测知识掌握水平，还起着展示知识的逻辑、提供认知策略和自主学习思路、促进学生反思等功能。学习指南主要是为学生自主学习提供认知策略和学习方法上的引导，这部分设计的内容涉及自主学习的主题、目标与要求，途径、方法与建议，课堂教学环节预告等；学习任务是自学任务单的主体内容，起到引导学生掌握知识，在完成任务过程中提升能力、生成智慧的效果。这一部分设计的重心包括两点，一是设计具体有序的学习任务。教师基于教材和学生学习特点，将自学目标和自学重点转化为具有可操作性、层次性、差异性、趣味性的前后联系、数量适当的小任务。二是提供丰富的配套学习资源。教师应大量提供帮助学生完成自学任务的、可供自主选择、形式多样的富媒体学习资源，包括微课、文本、图像、音频等。尤其值得强调的是，在这一过程中，要全面照顾到每位学生的个体差异，并最大限度地调动所有学生的学习积极性，从而推动学生的个性化学习和发展。因此，在学习任务设计过程中，应针对不同学生的能力水平提供不同层次的学习任务，同时还应鼓励和引导学生运用信息技术和网络平台自主检索和收集学习资源。困惑与建议是为学生反馈课前自主学习过程中存在的疑难问题和生成的建设性意见而设计的。教师层面，不仅能够通过学生的反馈使教师精确把握教学的难点，进而精准设计课堂教学内容，同时通过学生的建议还能让教师反思自己的教学设计、促进教师的专业成长；学生层面，表达困惑与提出建议的过程，有助于培养学生反思总结和发现问题的智慧能力。

其二，学习信息与数据的收集、筛选与分析。根据王帆学者的研究，教学设计需要捕获的数据有两类，一类是平台数据，即智能化教学平台管理系统自动记录、生成的，具有标准性、易用性和成熟性的学习行为数据或学习结果数据，由平台直接产生。比如学生在平台停留的时长，点击平台次数，学生互动交流、分享提问的次数，测试完成时间与客观题测试的分数等在内的客观学习数据；一类是设计数据，即教师出于一定的目的，主动创设条件收集具有特定意义和作用的信息和数据，这类数据和信息没有固定的模式，在收集时具有预设性、在形式上具有开放性，比如，通过"问卷星"编制包含特定问题的开放式或封闭式问卷，发放给每位学生，在一定时间内回收问卷，利用高频词云和数据统计工具对其进行分析，从而获取针对性的数据和信息。在对学习信息与数据进行筛选与分析过程中，教师要充分发挥主观能动性和教育机智，从大量的数据和信息中筛选出有用的数据，结合实际经验、学生的自学任务单"困惑与建议"部分反馈情况与综合上述客观数据进行综合质性分析，赋予数据以"品性"。比如，课前测试的分数能够反映学生的预习效果和对知识的掌握程度；在平台停留的时长、点击平台次数、学生间的交流互动及提问能够反映学生的学习风格与预习状态；讨论得多的部分和问卷中出现频次多的部分是同学们普遍关注的教学重点；错误率高的测试题所在版块是教学的难点。这样，通过客观的平台数据统计与主观性的数据分析评价，教师能较为精准地掌握学生的学情和准确地定位课堂教学设计的起点和重难点。同时，智慧课堂教学管理平台将学生个体与班级学生全体的学习数据生成系统化、可视化、智能化的图表，教师不仅可以看到全班的整体学习情况，提取出学生集体在学习中存在的共性问题，还可以看到某个学生在整个班级中的学习情况中处于什么样的水平，以此确定其个性问题。因此，教师在此过程中，应兼顾学生个体与班级学生群体的学习信息与数据的收集、筛选与分析，确保后续课堂中精准施教和个性化学习的开展。

（三）课堂教学阶段：线上线下相结合的协作学习的设计

信息技术下的智慧课堂受建构主义学习理论影响，课堂教学阶段的教学设计聚焦一个目标，即教师围绕教学重难点，创设激发学生学习兴趣的情境，帮助学生在协作会话、合作探究的过程中，完成对知识的意义构建、素养的提升及智慧的生成。因此，这一阶段教学设计的内容，以情境创设与课堂教学设计为重心。

其一，情境的创设。学习总是与一定的社会文化背景即"情境"相联系的，情境是开展自主、合作、探究学习活动的基础。情境创设围绕两个目的，一是还原知识背景，二是激发学生学习兴趣。前者要求创设的情境要具有现实性，后者体现情境的问题性。现实情境的创设层面，教师基于前端分析，在全面把握教学内容、教学环境、学习者/教师特征的基础上，利用富媒体资源营造与当前学习内容相关的，与已有经验相一致的学生熟悉的、感兴趣的现实情境，通常是一个故事、一段经历或一个情景，让学生通过教师的语言描述或者图片、视频进行想象，随着人工智能技术的发展，教师还可以利用虚拟现实、增强现实等智能技术和设备创设沉浸式场景，让学生通过穿戴智能设备进入虚拟现实情境，在具体学习中深度参与体验，进而激发学生的主体性和学习兴趣，拉近学生与课本知识的距离，在真实情境和活动中建构知识、领会知识与应用知识。同时，问题是开展探究与合作的前提，因此在创设现实情境的基础上，要重视融入有意义的能够引发学生认知冲突的问题。问题设计需要关注以下几点，第一，问题难度适当，是教师在充分了解学生的认知能力水平之后，根据学生"最近发展区"设计的个性化问题和分层任务，每位学生经过学习和探索都能"跳一跳摘果子"。第二，问题具有意义，是对现实生活中真实问题的重构，对问题的解决方法能够真正用于帮助学生认识世界或指导学生实践，并且最好还能具有一点争议，促使学生在广泛讨论中锻炼沟通能力与批判性思维。第三，问题要具有一定的开放性，解决问题的方式要有多种选择。当学生采用创造性方法或创新性思维解决问题和完成任务时，教师应给予鼓励，以激励学生积极地思考与探索，促进其创造力和想象力的充分发展。

其二，课堂教学的设计。课堂教学实际上就是为实现教学目标，以教学内容的内在逻辑作为线索，开展的一系列教学主体间的交互活动。对其内容进行分解，可以知道课堂教学由教学内容、教学组织形式、教学策略等要素融合而成。首先，教学内容的编排层面。纵向上，应该体现知识的内在逻辑，结合学科课程标准和教学大纲确定教学重点，基于对学生群体和个体的认知发展规律和水平的认识，以及课前自学阶段学生的反馈和学情诊断，确定教学的难点，并按照由易到难、由浅入深、由已知向未知、由旧知到新知再联系旧知的原则进行组织，将知识与技能具体化为各种教学任务和活动，既要体现出本课知识本身的内部结构，又要与其他学段的教学内容产生联系，既要承接上一阶段的内容，又要为进阶的学习打好基础，并且还应考虑到教学内容的层次性和可选择性，照顾到不同学生的兴趣和差异。横向上，一方面应结合时代背景、联系生活实际、地域特色、校本资源等解读课文的内容与意义，创设的情境和提供的学习资源应缩短教材与学生之间的距离，让学生能够将知识学以致用，另一方面应关注跨学科融合，世界是一个整体，解决问题通常需要调动多学科的知识，在学科教学中对相关的跨学科知识进行选择性融入与整合，充实教学内容的同时，能够开阔学生的视野，锻炼其多维度看待问题、分析问题、解决问题的高阶思维能力。比如，在的《In the city》课例中，为帮助学生掌握问路和指路的交际会话，先是带领学生通过展示城市图片复习 library、restaurant、hospital、school 等表场所的单词，通过互动歌曲学习 left、right、turn 等单词，进一步引申 turn left、turn right、go straight 等方位短语的学习，然后利用电子白板屏幕拖拽和橡皮擦功能，创设寻找隐藏的图书馆的真实情境，学习在城市中指路的表达（Go straight and turn right, you will see the library），在熟练掌握指路的句式表达后，老师发布了"Lost in Yantai（学校所在城市）"，在烟台博览会上做志愿者指路的情境，难度较大和"Lost in the street"，常见的场地，难度一般的分层任务，让学生进行口语交际练习。然后，教学组织形式的安排层面。刘邦奇学者谈到，在大数据背景下的智慧课堂中，教学观念以及教与学的方式上都发生了很大改变，从过去以教师为中心，强调知识传授的传统教学，转变为以学生为中心、注重能力培养的新型教学。其谈到的新型教学，实际上就是打破以教师一言堂和教师与学生通过问答、讲授为主要特征的以"教"为中心的集体教学的传统教学组织形式，转向以学生自主探究为主的独立学习和以学生合作探究为主的小组学习为主体。独立学习有助于训练学生的自主学习能力、发展学生的个性，小组学习有利于学生的合作交流能力的形成，培养学生的社会性，同时独立学习和小组学习均能增强学生的探究能力。因此，教学设计应增加独立学习和小组学习的比重和时间。同时丰富独立学习和小组学习的教学活动形式，除了常见的基于学习任务单的学生个人自主练习或探究、学生之间观点交流讨论、作品展示与成果汇报之外，还可以增加以激发学生学习动机和参与热情为目的，借助智慧教学平台开展学生个体或群体之间的对抗性竞赛、基于问题的合作探究活动、基于任务的分工协同活动等等。比如老师的《棉花姑娘》课例，在识别害虫的环节，利用智慧教学平台的互动课堂设计学生同台 PK，通过正确率和速度的竞争激发学生的参与热情；《牛与鹅》课例中，老师先通过集体教学的形式让学生了解做批注的多种角度，其次让学生自主完成文段的批注练习（从3-7自然段中任选一段），再次通过小组学习的方式，相互评价、合作评选出本组五星好评的批注并拍照上传，然后老师基于学生的投票挑选出的支持率最高的批注作品再次推送给学生，小组针对该批注的角度和质量再次进行讨论与评价。最后，教学策略的选择层面。灵活安排教学进程与选择多样化教学策略，是信息技术下智慧课堂教学设计的另一个突出表现，在信息技术的辅助下，教师可以实时跟踪学生的学习状况，并即时调整教学方式和灵活变通教学策略。通常是基于智慧教学平台开展随堂测试，并通过实时分析学生的完成进度、完成效果（正确率），来精准定位什么内容应该讲，什么内容不用讲；什么内容应该采用讲授或示范教学策略，由教师详细讲授，什么内容可以选择自主学习或协作学习策略，由学生协作讨论和自主思考领会，既反映了"以学生为中心"的教学理念，又凸显了"以学定教"的教学机智。比如，在《24时计时法》课例中，在采用发现式教学策略明晰了12时计时法与24时计时法的区别，并通过小组协作学习探究了两种计时法的转换规则之后，老师设计了几道随堂测试来检验学生对两种计时方法转换规则的掌握程度，让学生利用反馈器进行选择。在作答"老师19时在吃早饭"这一问题时，全班都作答正确，因此老师仅随机挑选一位学生说明了理由，并未在此知识点上花费过多时间；在作答"下午13时我在睡午觉"这一问题时，认为该种表述正确和错误的同学各占一半，于是教师各挑选一名代表说明理由，让学生再自主思考后重新作答；在作答"10时是（）时"这一问题时，仍有同学错选"上午10时"，意味着同学们依然存在着12时计时法与24时计时法杂糅的情况，于是教师采用了协作学习的策略，让学生就这一问题进行讨论，然后重新作答，智慧挑选变更答案的同学就变更理由做阐述，并对24时计时法与12时计时法的区别做进一步总结。

（四）课后拓展阶段：线上个性化学习的设计

课后拓展阶段是课堂教学的延续，根据每一名学生课堂学习情况，设计针对性的个性化课后巩固提升方案，起着查漏补缺和促进学生个性化发展的作用，主要包括课后作业与个性化辅导的设计。

课后作业意在检测学生的知识掌握情况与知识应用能力，让学生在完成作业的过程中发现自己的学习漏洞，属于"查漏"。在设计上，一方面，要体现个性化。由于学生的认知水平与学习能力的差异，对知识的掌握与应用能力也存在着差别，因此课后作业应因人而异，体现出作业的层次性和个性化。比如教师基于智慧教学系统平台中对每位学生的信息化学习行为的跟踪记录与智能诊断，定位学生知识掌握的水平与应用能力层次，针对性地利用电子书包智慧教学系统为每位学生智能组卷，或者以群体为单位，分层推送适合各个能力层次学生的差异化作业。另一方面，要凸显丰富性。内容的设计要围绕教学目标尽可能地涵盖需要掌握的重点知识与技能，难度搭配适宜，要符合学生的最近发展区；同时形式上，信息技术的技术支持使课后作业形式的多样化设计成为可能。

个性化辅导是为了针对性地解决学生在学习过程中遇到的疑难或者个性化地发展学生的兴趣，属于"补缺"和"扬长"。因此在设计上，一方面要注重学生课后作业的多主体评价和及时反馈。基于智慧课堂网络学习空间，学生将作业和学习成果/作品及时上传，作业部分提交给教师，学习成果/作品、感受与困惑则上传至网络学习空间或互动平台。作业客观题由智能系统即时自动批改和反馈；主观题则由教师采取文字交流、语音辅导、视频对话、录制微课等方式，及时推送给该名或其他更多的学生，进行个性化辅导；学习成果/作品、感受与困惑则是基于网络学习空间或互动平台，教师与其他学生共同进行评价与反馈，方式可以是讨论交流、点赞、评星、转发分享等。另一方面，提供个性化拓展学习资源。拓展资源要具体学生具体设计，教师基于教学全过程中学习数据和课后作业完成情况，对学生的学习特征与个性化需求进行分析，针对学生的薄弱点（一般为教学的重难点和易错点）与兴趣点，借助智慧教学系统推送具有针对性、教育性、科学性、艺术性的微课、慕课等课程资源；文本、视频、音乐等富媒体资源。

三、消除课堂边界，创设高度开放、立体交互的泛在学习环境

良好的学习环境有利于提高教学效果和促进学生的社会性发展。伴随大数据、物联网、云计算等智能信息技术的蓬勃发展，信息技术支持下的智慧学习环境的内涵与外延都得到了进一步拓展与延伸。内涵上除了传统的物理学习环境和人际交往环境，还增加了虚拟学习环境，即网络学习空间；外延上也打破了教室内的封闭状态和时空限制，呈现出线上、线下虚实融合、贯穿课前、课中、课后，沟通课内、课外，联结学校、社会、家庭的高度开放和立体交互的特点。

（一）创设高度开放的泛在智慧学习环境

高度开放有两重意味，其一，时空上的开放，即教学发生的时间不局限于课堂中，教学发生的场所不局限于教室内；其二，资源上的开放，即教学资源的最大化共享。由此可知，高度开放的实现重点在于虚拟学习环境的支撑，设计侧重于两个方面，第一，课前和课后（非教室场域）充分利用网络学习空间作为师生交互活动的主战场，开展翻转课堂、推送学习资料、分享学习成果与经验、交流讨论和评价答疑等活动，使教学活动能够随时随地地进行，并与课堂教学无缝衔接；第二，课中（教室场域）利用互联网打破教室壁垒，与外界进行资源共享与交流互动。比如，利用远程授课平台，与其他学校或班级进行智慧课堂学伴接对同上一门课，实行双师教学；利用即时通讯工具，与和教学内容息息相关的有助于教学活动开展社会成员对接连线；学生利用平板电脑中的搜索引擎实时检索、收集信息和资源以及网络空间的资源共享等。

（二）创设立体交互的智慧学习环境

教学的外在表现形式是教学主体之间的交流互动，立体交互的智慧学习环境的设计凸显了课堂教学的社会性意义，打破了学生的封闭式学习，为学生提供了

社会文化情境和资源，在教学交互过程中，师生、生生协同建构意义学习，并促进学生社会性发展。随着移动互联、云计算、物联网等信息技术在教学中的应用，人-人互联、人-机互联为打破教学"孤岛"现象提供了支撑，利用信息技术，创设线上线下相融合、贯穿教学全过程、涵盖多主体的立体交互的智慧学习环境，强化教学过程中的信息互通和社会协同，是学习环境设计发展的必然趋势。

物理环境层面，智能教室中硬件设施诸如电子交互白板、平板电脑、桌椅之类的选择不在教师设计的范围，但教师能够对座位布局等可调节的内容进行安排。以座位布局为例，由对前述课例的统计可知，智慧课堂的教室座位布局主要分为秧田式与分组模块两类，刘清堂、赵瑞军等学者的调查研究表明，从整体上看，分组模块的偏好区域覆盖面积比秧田式布局大，处于这些区域的学生具有更高参与度和交互度。相较于秧田式，分组模块师生活动范围更宽、走动更自由、更方便师生交流和小组协作学习，因此设计强化交互的智慧学习环境，应借助可灵活拆解的桌椅，以4-6人为一组拼接成圆形、正方形、花朵形、六边形样式的分组模块。

虚拟环境层面，营造深度交互的网络互动空间。基于虚拟的网络学习空间和智慧教学平台的交互，是智慧课堂教学较之传统教学的典型区别。创设虚拟交互环境要有两个意识，一是明确虚拟交互环境是教室的延伸，基于网络学习空间和智慧教学平台，交互活动可以不居于时空的束缚随时随地发生；二是明确虚拟交互环境是深度交互的保障，面对面场景中，由于时间、精力的限制，交互活动无法同时兼顾到所有成员，学生不能深度参与，虚拟环境为师生的深度交互提供了条件，比如在网络学习空间，每位学生都能够展示和分享自己的学习成果，所有的师生都能用点赞、评星、留言等方式对其进行针对性的、详细的评价。

人际环境层面，创设和谐、宽松的人际交往环境，构建多元化学习共同体，促进不同主体之间的广泛交互。一方面，建构班级内部多元化的学习共同体，驱动学生个体与学生个体、学生个体与学生群体、学生群体与学生群体、教师个体与学生个体、教师个体与学生群体等班级内部成员的广泛的、深入的交互。比如，利用智慧教学平台大数据分析，基于学生的认知风格与水平、学习兴趣进行智能分组，形成优势互补或兴趣相投的异质或同质的小组学习共同体；利用网络学习空间的社交、沟通媒介（如班级群、学习论坛、个人学习空间等），化解由物理座位限制交流不便而导致的固定僵化的前后桌小组交流，组建全班大范围程度上深度交互的班级学习共同体和多元化学习组群。另一方面，构建社会性学习共同体，巧用社会上的人力资源，促进班级成员与外部世界的社会性交互，比如现实生活中的学生家长、社区及科研馆所的工作人员，可以邀请他们通过走进课堂面对面或利用网络直播线上做讲座和分享，或者学生走进场馆直接在实践中参与社会性交互。除此之外，还可以引导学生从兴趣出发，通过智慧学习平台或网络学习空间的学习论坛、兴趣小组等渠道结交来自五湖四海的学伴。

四、兼顾工具性与人文性，创新融合智慧教学技术工具

智能信息技术的更新换代为课堂教学提供全新的工具和媒介的同时，其在教学过程中发挥的作用也越来越广泛，包括提高教学效率、促进学生认知、加强教学管理、增强学生广泛参与和沉浸式体验的助教与促学功能等。因此，充分挖掘、合理选择和高效利用智慧教学技术工具，创新融合智能化信息技术与课程教学是信息技术下智慧课堂教学设计的重点。

（一）利用智慧教学技术工具对课堂教学赋能

经过对大量案例的统计和已有研究的归纳，教学过程中教师应注意创新利用以下两类智慧教学技术工具为教学赋能。一类是通用性技术工具，包括标注、展示等演示技术工具，问卷星（高频词字云）、共享文档等协作技术工具，推送、抢权、投票、系统随机挑选、智慧挑选、点赞、评星和点评等交互技术工具；加分板、计时器、数据统计等管理技术工具。这一类是电子交互白板或电子书包系统自带的，教学设计中，教师主要是基于教学情境的需要而进行选择，利用技术工具既能在合适的时机助教和促学，又不至于频繁操作而影响课堂教学的连贯或喧宾夺主。比如针对教师的提问，大部分同学都积极踊跃举手想要发言，那么教师就可以使用抢权或系统随机挑选，让所有学生都拥有相同的机会，但如果对于难度较大只有极个别同学举手的问题，那么使用抢权或智慧挑选的效果可能适得其反。还有一类是学科技术工具，主要是指一些具有学科特征的软件或APP，比如直观的电子教具，如数学类的几何画板和科学类的简约工具箱；单词记忆助手，如英语类的百词斩；口语表达练习工具，如语文类的趣配音、英语类的流利说等，模拟真实的技术工具，如音乐类的Real Piano等，这些技术工具不是每堂课必备，而是针对某一特定教学内容才使用，它不是系统自带的，需要教师日常的发现、挖掘和积累。

（二）关注技术的人文价值，增强学生情感体验

随着技术在课堂教学中的地位越来越重要，教师还应该明确一个立场，那就是技术只是手段，而不是目的，运用智慧教学技术工具的目的是辅助教师高效、精准、灵活的教，以及促进学生个性化、深度、公平地学，从而实现全体学生个性的全面发展。因此还需尤其重视智慧教学技术工具的人文价值，发挥其教育性功能，使用技术增强学生的情感体验、深度参与和机会平等。比如，上述例子已提到的使用"抢权"、"系统随机挑选"保障学生参与的机会公平，除此之外还有

在平台进行随堂测试时，使用"数据统计"将学生个体/群体的学习进度与效果可视化，用"系统智慧挑选"准确定位答错的或者两次回答变更了答案的学生，以此保障精准施教；使用"加分板"、"点赞"、"评星和点评"激发学生学习动机和信心；设计让测验娱乐化的"互动游戏"增加学习趣味，提升学生兴趣；采用"分层推送"照顾学生的个体差异和个性化发展；使用"计时器"培养学生的时间观念等。

五、强化学生主体参与，师生协同开发智慧学习资源

当前正处于知识爆炸的时代，移动互联网带来了海量的信息和资源，教师不再是学生获取知识与信息的唯一渠道，与信息技术共同成长的新一代学生，作为信息化时代的原住民，具有借助信息技术主动获取信息、知识、资源的条件和能力，与此同时学习资源也基于信息技术的不断发展而日益富媒体化，挣脱传统学习资源静态、结构封闭、缺乏针对性的束缚，具有了动态生成、灵活多样、个性化的特点。在这样的背景下，信息技术下的智慧学习资源的开发应强化学生的主动参与，强化主体间性，体现师生协同开发与动态创生。

（一）课前协同开发"积件式"智慧学习资源

课前师生协作"积件式"创生智慧学习资源，是信息技术下智慧课堂教学设计中主体间性的重要表现，意味着不再由教师直接全权决定和提供已制作好的现成的学习资源，而是发挥"教师主导-学生主体"作用的师生协同开发，学生不再是学习资源的被动接收者，而是成为了学习资源的主动创造者。首先，教师在前端分析的基础上，利用智慧学习平台在线发布教学所需要的学习资源的主题和要求；然后，学生针对主题，通过书籍、生活实践或网络平台，广泛搜集、加工信息或自主创作，整理汇集成作品并通过网络学习空间上传；最后，教师下载学生上传的资料，并对学生提供的资源按一定的标准进行筛选、汇总和整理，形成个性化资源库，进而实现学习资源的协同共设。当学生看到教师用自己提供的资料做成了供全班同学共享的学习资源，不仅会增强其自信心和主人翁意识，还会让学生更加专注地学习，因为这些资源是由自己和身边的同学提供，内容上更贴近学生的现实生活、更符合学生的兴趣、水平，从心理层面上也让学生更加有亲切感。同时，学习资源开发和收集过程，同样也是学习的过程，不仅可以增强学生的学习参与感，更重要的是在信息检索、收集、筛选、整合过程中，还能促进学生信息素养的形成与发展。

（二）课中实时获取生成性智慧学习资源

信息技术下智慧课堂教学过程中所使用的智慧学习资源，是课前预设与现场

生成的有机融合。除了使用课前教师预设的确定的、唯一的、刚性的学习资源以外，还强调对课堂教学中，非预设的、个性化的、弹性的智慧学习资源的获取与利用，主要是学生在教师的引导下，在自主、合作、探究的学习过程中实时创造的个体生成性学习资源与群体生成性学习资源。首先，学习者生成学习资源的前提是相应的预设资源，因此教师为学生提供预设性资源是生成智慧学习资源的基础，包括与教学内容相关的富媒体资源、教学课件、学习任务单等。其次，创设具有挑战性的问题探究情境，通过问题或任务，驱动学生开展自主、合作、探究活动，使学生在自主探究、独立思考与头脑风暴、合作解决问题过程中形成个性化认知、观点与作品。再次，通过拍照、录像、形成电子文档等方式，将上述成果或思维过程形成数字化和可视化的智慧学习资源，上传到智慧教学系统平台。然后，采用学生投票、随机挑选、限时飞递、教师主观选择典型等方式对生成的学习资源进行筛选，选择出用于课堂上重点分享的学习资源。最后，将经过筛选的作品投递到电子交互白板或者推送给学生平板电脑进行分享和展示，使学生在通过对生成性学习资源的评论、鉴赏、分析、比较的过程中，进一步加深认知和理解，并学会反思和总结。未被选中用于课堂集中分享的生成性学习资源，亦可以让学生在课下通过网络学习空间展开自主学习和交流。

（三）课后自适应生成个性化智慧学习资源

课后自适应生成个性化智慧学习资源主要体现在两个方面，一是系统自适应生成智慧学习资源，基于云计算、大数据的智慧教学系统平台是开展线上学习的载体，在智慧课堂教学中全程参与，系统详细记录了学生的学习行为数据和轨迹。系统通过对学习大数据的智能诊断，能够计算出学生的认知水平与学习偏好，据此智能推送适应学生学习风格、认知能力水平和学习兴趣的具有针对性的个性化智慧学习资源。一是学生自主构建个人学习资源库。利用电子书包等网络学习空间，学生可以将学习过程中所获取的各类学习资源，包括做过的习题、教师提供的富媒体资料、自己或其他同学创作的生成性学习资源以及其他各类资源加以数字化处理（形成电子文档、拍照、录像等方式），按学科、特定标签等进行分门别类地收藏和打包整理，存储在网络学习空间的云端中。创建适合自己兴趣与需求的个性化的智慧学习资源库，既能满足学生个性化学习的需要，便于学生随时随地调取，还能实现学习资源的共享。

六、丰富评价体系，开展教学智能诊断与智慧评析

教学评价是对师生教学过程和效果作出科学精准的价值判断的过程，包括以学生学习过程与效果为评价对象的"评学"，以及针对教师教学/管理过程与效果

的"评教",是课堂教学中的重要环节,起着引导和调控教学进程、促进学生发展的作用。近年来信息技术发展驱动教学评价走向深度变革,教学评价呈现出客观性、伴随性、综合性和智能化的特征,通过对案例的分析和已有研究的总结,与教学评价的变革相适应,信息技术下智慧课堂教学评价的设计应利用信息技术进一步丰富教学评价体系,重视大数据赋能的智能诊断与精准分析,并发挥网络教研共同体在教学评价中的群智力量。

(一) 重构线上线下相结合、全过程、一体化教学评价体系

较之传统的教学评价,智慧课堂教学评价的典型特征体现在利用信息技术,采用线上线下相结合的评价形式,设计课前诊断评价、课中实时评价、课后总结评价的一体化教学评价系统。其中课前诊断评价的设计主要是借助智慧教学系统平台的测试、数据统计、学情档案、电子画像对教师和学生个体/群体的基本特征进行智能诊断;课中实时评价的设计,使用口头言语、动作(如鼓掌、击掌、拥抱、点头等)和纸笔测验等传统线下评价方式的同时,充分融合线上评价方式,如利用电子书包智能生成随堂测评,应用问卷星、投票、点赞、评星和点评等智慧教学技术工具,对教师/学生在教学过程中的教学/学习行为进展(如任务完成速度、持续时间、任务完成比例等)、行为表现(如交流协作、投入程度、努力程度、学习策略应用等)和行为结果(如作业质量/正确率、知识掌握、思维发展、能力提升、知识创新等)进行实时反馈;课后总结评价的设计,结合对师生课堂表现的主观观察、反思以及智慧教学系统平台中所跟踪记录的行为数据,围绕教学目标的达成情况,对学生的知识掌握、智能提升、人格发展进行评价与总结,对教师的教学设计及其实施的过程与效果进行评价与反思。

(二) 大数据赋能,驱动智能诊断与精准分析

教学过程中不断动态生成着数量巨大、种类繁多、更新频繁的教育数据,以往囿于技术、精力、能力等客观条件的限制,它们并未得到全面的收集和充分利用。终于在信息技术下的智慧课堂中,依托云计算、大数据统计分析技术,实现了智慧教学平台、智能管理系统对教育数据全面、动态、精准、详尽地采集和统计。基于此,教学评价突破了仅凭教师主观臆断的笼统的经验判断,平台和系统收集到的教学过程数据、教学管理数据、测试评估数据、学习内容数据、学习行为数据、作业数据等客观的教育大数据,反映了教学方式、教学环境、教学内容、教学时间和学习方法等变量与教学主体的相关关系,通过对其进行分析,能够明确教学主体的特征、教学过程和教学整体结果的有效性,为质性教学评价提供了客观依据。因此,信息技术下的智慧课堂教学评价,应充分利用平台数据,并深入挖掘数据背后所隐含的深层信息,采用系统智能诊断与主观分析相结合的方式

精准分析与科学评价。例如，在学习评价层面，要想精确评价某一学生对知识点的掌握情况，可以利用的平台数据包括学习时长、任务的完成进度、学生答题的正确率与花费时间等，学习时长记录与任务的完成进度体现了学生的学习进展，答题的正确率直观显示了学生对知识的掌握程度，而各道题目花费的时间侧面反映了学生对知识掌握的熟练程度。教学评价层面，醍摩豆智慧课堂教学系统通过统计教师在教学过程中产生的人-机交互（如智慧教学技术工具的应用次数、时间）行为数据、师生通过机器的人-人交互（随堂测试、小组学习、全班互动）行为数据以及智慧教学系统中的其他智慧教学/管理数据，智能生成本堂课教学中教师在科技互动、教法应用、教材实践等维度的数据统计图表并智能评分，教师通过分析各维度及其内部各组成要素的组成与分值，能够明了自身的教学风格、习惯和水平，以及精准定位本堂课的优势与弱项，为课堂教学的进一步改进提供客观依据。

（三）依托网络教研系统，使多元参与、群智评析的教学评价走向常态

教学评价多元化是新课改以来教学评价改革老生常谈的话题，理想的教学评价多元化是教师本人、学生、教师同行、专家、家长、社会相关人士的广泛评议，但现实却是，常态的课堂教学中评价主体依然囿于班级内部师生，偶有教研活动、公开课、竞赛或家校开放日才会有学校同事、校外专家和同行、家长参与观议，为不影响教学进程，参与评价的方式通常是现场观看、课后点评，同时还存在着观课人数受到场地限制，以及并不是每个观课者都有机会发表评论的问题。信息技术下的智慧课堂，依托智慧教室智能录播系统与网络教研系统，真正让常态化的教学评价多元参与、群智评析成为了现实。以基于醍摩豆智慧教育系统的智慧课堂为例，教师在授课前点击醍摩豆AI教研中心智能主机显示的苏格拉底教研图标，获取议课二维码，将二维码展示给现场参与教研活动的人员，或通过社交媒介（如QQ、钉钉、微信、论坛）发布给不在场的其他目标群体，参与评价的主体通过手机扫描二维码进入苏格拉底观议课界面，登录醍摩豆账号或用访客身份进入，即可对课堂教学进行实时观摩，并随时根据课堂现状，采用文本、照片的方式实时记录心得，并对教学进行即时的标记和点评（通过选择焦点维度，输入议课内容的方式），整个授课过程都全程直播与录制，同时系统同步采集观议课信息和教学行为数据特征，并在授课结束后自动生成苏格拉底教学行为数据报告、包含标注议课焦点和评论的苏格拉底影片（教师的课堂教学实录）以及议课报表。基于网络教研平台的观议课，打破了听评课的时空限制，大大扩充了教学评价主体的容量，让每位参与者都能发表自己的观点，从而使教师获得更多的教学评价资源，进而促进教师专业素养的提升。因此，教师应将基于智慧教研平台与网络教研共同体的多元参与、群智评析作为常态化的教学评价设计，其中关键有两点，一是熟练掌握应用网络教研平台发布观议课的流程及操作方法，二是凝聚身边的人力资源，组建由专家、同行、学生、学生家长、其他与教学相关的社会人士等组成的教研共同体，为了方便实现常态化的多元参与、群智评析，甚至可以创建一个集结教研共同体的常态化发布观议课二维码的线上交流群。

第三节 智慧课堂的教学设计案例

一、实践案例课程教学设计

Teaching Design

Teaching Content	Unit4 Wildlife Protection Reading How Daisy Learned to Help Wildlife	
Teaching Object	Senior 1 students，class5 English lever： middle（about 70scores）	
Design Concept	The present situation of English learning in senior high school is necessary to develop students，independent study and cooperative learning. So I design this lesson under the concept of Constructivism and Learning-centered classroom to have students know how to study by themselves and with partners. All those are beneficial for them to be lifelong learners.	
Teaching Method	Learning-centered classroom， Task-based Approach	
Learning Method	Independent study， cooperative learning， mind map	
Teaching Aims	Language Knowledge	Master some expressions of measures about how to protect wildlife.
	Language Skills	• Enable to find out the main idea of passage. Enable to find the deep meanings of this passage
	Affects	Cultivate the awareness of protecting wildlife .
	Learning Strategies	Independent study and cooperative learning strategies.
Teaching Important Points	• Read and find out the deep meanings of passage. • Learn to use mind maps to get more information and clear one's mind.	

Teaching Difficult Points	Cultivate the students' awareness of independent study and cooperative learning.

Teaching Process

Lead-in：

Q：What can you see from the picture?（快速导入主题）

Today，we will learn something about animals.

（show Unit4 wildlife Protection Reading How Dasiy Learned to Help wildlife）

Step 1： Check homework

（检查学生自主学习情况）

1、检查课前自主 reading 的阅读情况，让学生通过思维导图形式展示阅读内容，课上做 presentation，可以是文章概要，也可以是细节内容，旨在让学生在课前完成传统课上快速阅读和部分细致阅读的内容。

2、通过智慧平板当堂检测该 reading 的 main idea，借助智慧课堂信息化平台进一步查看学生的课前自主学习情况）

· Randomly Select some groups to have presentations about the reading's mind maps.

· Find out the main idea. （智慧平板当堂检测，快速检测并反馈结果）

Step2：Read and enjoy

Task1： Find out the sentences which can express animals' feelings.

Task2： Think what your feelings are after reading.

Task3： Infer the meaning of each paragraph.

（该过程是细读，由于本课是记叙文有非常清晰的地点、时间、感情变化线索。）

通过学生的课前自主学习，已经了解最基本的阅读信息，此过程旨在引导学生在已知知识的基础上构建新的发现，掌握文章更深层的含义，但引导的过程是循序渐进的，如首先找原文中表达动物感情的句子，阅读并体会自己的感受，进而推断出表面情况背后的问题。

For example：

Para3

Task1： I'm protecting myself from mosquitoes， You should pay more attention to the rainforest where I live …… No rainforest，no animals，no drugs.

Task2： I feel amazed.

Task3： ……

推断出

Para1： Many wildlife animals are in danger of dying out.

Para2： Human beings live in peace/ harmony with wildlife animals.

Para3： It is important to protect animals' habitat.

Step3：Summarize

Para1： the present situation of endangered species.

Para2： the importance of protective measures.

Para3： the importance of habi tat protection .

Step4：Futher reading

Read a passage and find more tips about what we can do to protect wildlife Draw a mind map about the measures.

（进一步阅读相关内容，自主学习的基础上，小组合作绘制思维导图，由小组代表进行成果展示）

Step5：Enjoy a short video

Enjoy the video，then read the words together.

It's time to stop animal suffer in ground the world.

Together we can use our collective knowledge，skills，power to make a different world wildlife.

We can use our power，our resource to control protection. We can make a Big difference.

We move the world to protect animals. We will be there！Ghandi said：The greatness of nation and its moral progress，can be judged by the way in which its animals a retreated."

Step6：Homework

1.Work platform：reading A&B.

2.My micro class：How to write a letter to WWF based on what you have learned.

二、具体教学过程

本节阅读公开课包括课前、课中、课后三个流程，具体内容有：

（一）教学目标

（1）要求学生掌握关于保护野生动物的语言点、语法点知识。

（2）要求学生通过阅读寻找文章中心句。

（3）培养学生保护野生动物意识。

（4）培养学生自主学习和合作学习能力。

（二）教学流程

本堂课的教学流程包括：（1）课前：教师布置阅读内容，学生合作完成阅读理解的思维导图制作。

（2）课中：

①利用PPT快速导入主题：Q：What can you see from the picture？A：Today，

we will learn something about animals.

②教师利用智能平板随机抽取小组展示和分享本组思维导图绘制成果，由小组代表展示和使用英语进行思路讲解。

③教师点评，提问"这篇文章中心句是什么？"要求学生通过智慧平板回答问题，提交答案。教师根据智慧平板即时反馈图精准分析学情，准确选择错误学生享做题思路，教师完成当堂纠错，实现知识内化。

④教师布置阅读内容"请找出文章中体现动物感情的词语、句子"、"请谈一谈这些句子对你的感受是什么？"、"请总结出每段的中心句"三个任务，并要求每个小组负责不同段落，展开讨论，最后由小组代表回答问题。

⑤教师推送第二篇野生动物保护的阅读理解，通过拍照功能迅速上传至班级空间，学生分小组合作完成阅读理解的思维导图的制作，并由小组代表上台展示。

（3）课后：教师布置完成微课制作的作业。

该教学流程是由R中学英语教师集体磨课，精心设计的一节智慧课堂阅读理解课，通过公开课的方式进行观摩展示。本堂课借助智慧课堂云平台服务支持，从而实现教师精准分析学情、增强师生互动、吸引学生注意力和提高学习兴趣等教学目的。

（三）教学评价

1.学生评价

通过中学英语智慧课堂阅读公开课教学实践，根据调查问卷数据结果显示，如表4-1所示：

表4-1 学生问卷调查数据分析

调查问题	数据结果图	结论分析
1、您喜欢教师使用平板进行英语阅读课教学吗？	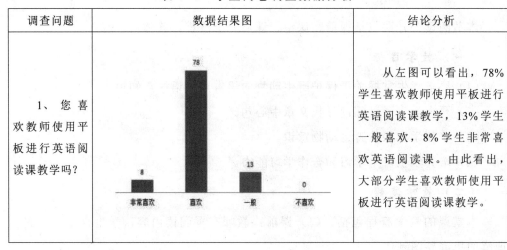	从左图可以看出，78%学生喜欢教师使用平板进行英语阅读课教学，13%学生一般喜欢，8%学生非常喜欢英语阅读课。由此看出，大部分学生喜欢教师使用平板进行英语阅读课教学。

调查问题	数据结果图	结论分析
2、您喜欢使用平板在英语阅读课中开展小组合作学习吗？		从左图数据看出，65%学生喜欢在英语阅读课中使用平板开展小组合作学习，16%学生非常喜欢，21%的学生一般喜欢。由此看出，大部分学生喜欢使用平板在英语阅读课中开展小组合作学习。
3、您喜欢在英语阅读课中开展思维导图方式学习吗？		从左图数据看出，61%学生喜欢在英语阅读课中开展思维导图方式学习，26%选择一般喜欢，12%非常喜欢，1%不喜欢。由此看出，大部分学生喜欢英语阅读课中开展思维导图方式学习。

2.授课教师评价

通过访谈法进一步了解了授课教师对智慧课堂阅读课教学设计模式下教学实践的认知和切身感受，从智慧课堂环境下英语阅读课教学设计与传统课堂区别、智慧课堂环境下英语阅读课教学设计模式对学生的帮助方面、智慧课堂环境下学生英语阅读课中小组合作学习活动设计优势、智慧课堂英语阅读课教学设计难点等问题进行访谈。

第五章 智慧课堂在中学英语词汇教学中应用

第一节 智慧课堂在中学英语词汇教学中应用的理论基础

一、Pad智能终端

智慧课堂以大数据、云计算、物联网等作为技术支撑，构建学习环境，而Pad（泛指平板电脑）智能终端则是实现教学的具体手段。Pad教师端为教师提供多种教学工具，包括微课制作、课堂互动以及作业和动态评价等，有助于提升教师教学效率。学生端与教师端功能对应，具有微课学习、课堂互动以及作业与动态评价。

二、词汇学习策略

词汇学习策略是语言学习策略的重要分支，经实践验证，词汇学习策略的掌握能够有效的提高学习者的词汇学习效率。本研究依据义务教育课程标准对于学习策略的划分，主要探究了以下词汇学习策略：

（一）认知策略

根据Oxford对于认知策略的表述，认知策略主要是指学习者为了更有效的识别、理解、保持和提取信息而采用的策略。Oxford的界定是从宏观角度对外语学习策略进行阐述，而针对词汇学习策略来说，认知策略是对应于了解词形、理解词义阶段。该策略的主要任务是为了完成具体学习任务而采取的适当的步骤和方法。该定义将认知策略的应用限定在词汇学习的初级阶段，使用的目的在于对词形、词义的理解上，具有一定局限性。

认知策略是促进学习者理解、记忆单词的有效方法，对词汇量的扩大和词汇的灵活运用发挥重要作用。本研究涉及的主要认知策略如下：

联想策略：词汇联想策略是指学习者在记忆词汇时，根据词汇的音、形、义的特点，与已有知识建立联系，与有关的表象和故事相关联，从而记住新单词巩固已有单词的方法。词汇联想策略主要包括语音联想、形态联想和语义联想。

组块记忆策略：学习者通过分析单词的音、形、义特征，与自己大脑中存在的组块进行联想，以扩充已有组块或构建新的组块的记忆策略。该策略分为单词间的组块记忆策略和单词内的组块记忆策略。

词根词缀策略：该策略是根据词根词缀的意义并加以想象来理解词汇意义的一种单词记忆方法。它从分解单词基本结构入手，了解单词造字规则，用理解和联想的方法代替传统死记硬背的方法。

猜词策略：猜词策略是指当学习者在阅读过程中遇到生词时，借助上下文语境、逻辑、语言结构或背景知识来推测词义的方法。

（二）调控策略

调控策略又称元认知策略，是对认知的认知，是在元认知指导下采用的策略。从词汇学习策略的角度看，是指对整个词汇学习进行计划、实施、反思、评价和调整的学习。将调控策略具体化为确定词汇学习目标，寻求适合自己的词汇学习策略以及反思总结学习效果的方法。

（三）交际策略

学习者在使用语言进行交际时，为了保证交际的畅通、保证信息的传递以及交际遇到困难时设法维持交际而采用的策略。该界定主要注重语言的沟通和表达作用。旨在通过小组合作创造语言交际的机会，促使学习者灵活运用新词进行自我表达和理解他人表达。

（四）资源策略

新课标指出，资源策略是学生合理并有效利用多媒体进行学习和运用英语的方式和方法。从词汇学习策略的角度出发是指，学生合理利用多种媒体来增加词汇输入量的资源策略。该定义注重通过多媒体扩大词汇输入，相对忽视了词汇的运用。资源策略是学习者充分利用新一代信息技术手段以及网络资源进行词汇学习、运用和词汇拓展的手段。

第二节　智慧课堂在初中英语词汇教学中的应用

一、实验前的准备

通过对学情、教材和环境的分析，设计了智慧课堂词汇教学模式。

（一）学情分析

通过前期的课堂观察以及和一线教师的交流，对初二学生的英语学习情况做了一定的了解。初中学生处于青春期，思维活跃，求知欲强，但同时也存在自制力差以及由于过于在意同伴的评价而羞于用英语表达的现象，课堂参与度较低。该学校的学生从三年级开始学习英语，经过五年的英语学习，对日常生活中常用的词汇及表达有一定的掌握。相比较于乡镇初中的学生，整体英语基础较扎实，但仍存在参差不齐的情况。面对本市高中录取人数的变化，初二学生同样也面临着巨大的升学压力，在有限的学习时间内，学生更加关注语法、语篇知识的学习，词汇学习作为外语学习的基础，却没有得到足够的重视，从而成为影响学生英语水平的绊脚石。部分学生的词汇学习停留在机械记忆层面，对于词汇学习策略的了解较少，语用能力较弱，没能掌握词汇学习的方法，词汇学习缺少系统性。因此，词汇学习会感到枯燥无味，久而久之，就缺少学习的积极性和主动性。通过实验前的词汇测试可以发现，两个班学生都处于中等词汇学习水平，可以在夯实基础的情况下，进行词汇学习策略的教授，以及进行词汇的拓展。对于初二学生的学情分析有助于研究者进行合理的教学设计，为下一步实验打下基础。

（二）教材分析

本校学生所使用的是人教版八年级上册英语教材。本册包含十个单元，每单元分为 Section A 和 Section B 两部分。A 部分主要是重点词汇、句型、语法的渗透，B 部分重点是语篇的学习，重点在于提高学生的综合语言运用能力。每个单元都围绕一个主题展开，主题内容与学生日常生活及学习生活息息相关，词汇、语法和语篇的学习融入其中，在培养学生语言综合运用能力的同时，还注重学习策略和文化知识的传授。本册词汇涉及名词、副词、形容词、介词等400多个重点词汇。每单元的重点词汇与单元主题密切相关，且相同词性分布较为集中，例如，Unit2 重点学习频率副词，Unit3 和 Unit4 分别学习形容词/副词的比较级和最高级。单元重点词汇在开篇呈现。例如，Unit2 How often do you exercise? 重点学习频率副词的用法，因此，SectionA 部分首先呈现了 always, usually, often, sometimes, hardly ever 等频率副词，然后在对话以及语篇的不同情境中多次呈现，遵循学生认知发展规律，从易到难，逐步渗透。不同情境呈现单词，有助于学生对于词汇的理解和运用。

（三）环境分析

学习环境是构成教学的基本要素，良好的学习环境有助于教学的有效开展。基于大数据、物联网等信息技术的智慧课堂为词汇教学提供了智能化学习平台。目前的智慧平台主要包括智能云服务、教室智能平台以及智能终端工具。智能云服务基于教育云为教学提供微课管理、资源管理、实录资源应用、在线学习等服务。教室智能平台可以实现在没有网络连接的情况下进行师生点对点互动和多屏互动。智慧课堂的主要硬件设施就是移动终端，本研究以 Pad 作为智能终端，分为教师端和学生端，教师端的主要功能如下：

微课制作：微课因其简短精炼的特点，成为了信息化环境下常用的教学辅助手段。Pad 教师端提供的微课制作工具可以实现各种教学资源的网络下载，本地照片、视频等的上传、教学过程的实时录制、一键上传以及微课的自定义发送等。

作业发布：作业专区提供答题卡、题库、朗读三种出题模式，教师自主选择多种题型，比如，选择、填空、判断、听力、语音等测试题，客观题可自动生成答题卡，主观题拍照上传，口语测试语音上传。题目分数可以系统自动设置，也可教师手动修改。

即时测评：教师可以根据教学需要通过终端进行课堂任务的发布，学生提交答案后，教师端可呈现学生提交进度，并且可以获取准确的数据报告，反应全班学生的作答情况，以便教师准确把握学生的知识掌握程度，突破重难点，调整教学进度。

答题互动与分组互动：教师端随机抽取某位学生回答问题，学生姓名会呈现在电子白板上，给害羞腼腆的学生提供更多回答问题的机会，提高课堂参与的公平性。分组互动功能更为小组竞争学习提供便利。

实时转换：教师可根据教学需要将教师端的权限授权到学生端，电子白板和学生端连接，学生的答题过程会全部呈现在电子白板上，学生做题过程的呈现也是学生思维过程的展现，为其他学生的学习提供参考，便于教师发现问题。

学生端和教师端相对应，课前可接收教师发布的微课，进行课前预习。课中接收随堂测试，在 Pad 学生端作答，客观题和主观题分别在线提交和拍照上传。在课堂互动方面，具有答题互动、分组互动等功能，调动学生学习积极性，有助于提高课堂参与度。下面具体介绍语音评分和作业动态分析功能。

听说评分：听说自动评分技术可自动对学生口语水平打分，判断单词发音的准确性，形成个性化听说分析报告，有助于精准教学，提升教学效率，提高学生听说水平。

作业动态分析：学生将作业提交后，系统可自动形成作业成绩报告和班级排行榜。学生可自己查询作业成果、班级排名、教师批注等。排行榜包括每天、每周和每月的班级排名。Pad学生端还具备错题集功能，按学科进行错题归档，系统可自动收录错题，也可学生手动导入，学生可进行错因分析。错题集支持PDF一键打印，方便学生复习巩固所学知识。

（四）智慧课堂词汇教学模式设计

本实验在智慧课堂教学体系整体框架的引领下，参考刘邦奇教授的智慧课堂"三段十步"模式，结合初中学生词汇学习现状，进行了基于Pad的智慧课堂词汇教学模式设计。具体的词汇教学流程如下：

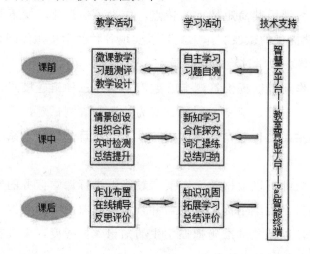

图5-1　智慧课堂词汇教学模式

该模式基于建构主义理论和多元智能理论，遵循个性化原则，自主性原则和系统性原则进行设计。在智慧云平台的支持下，构建教与学相互渗透融合的词汇教学模式。课前以微课学习为重点。教师遵循智慧课堂"以学定教，先学后教"的理念，在课前以微课的形式进行重点词汇的教学和词汇学习策略的渗透，然后进行习题测试，教师根据即时测评结果和学生行为动态分析结果进行学情设计，以确定学习难点，据此进行教学设计，提高教学设计的准确性和科学性；课中以师生互动为中心，以听说评分和即时测评为特点。首先，教师借助智慧云平台提供富媒体资源，创设多样化的学习情境，在具体情境中进行词汇感知与体验，随后借助Pad学生端的语音系统进行听说训练，提升词汇发音水平，通过合作交流促进词汇的灵活运用。在词汇学习与操练后，利用即时测评功能诊断学生的词汇掌握情况，根据诊断分析结果获知学生词汇学习的薄弱环节，灵活调整教学步调，总结重点，突破难点。课后以拓展提升为核心。利用在线课程进行词汇拓展提升。

学习评价贯穿课前、课中和课后，学情动态分析，促进评价的科学化和精准化，有助于教学过程的优化和教学效果的提升。

二、基于Pad的智慧课堂在词汇教学中的具体应用

在实验班开展为期13周的词汇教学实验，依据智慧课堂词汇教学模式进行授课，词汇课的教学流程大致如下：

（一）课前阶段

课前预习阶段以微课学习为重点，在微课中进行重点词汇的讲解，教授词汇学习策略，随后发布词汇测试题，教师根据系统呈现的数据分析进行教学设计，充分体现"先学后教，以学定教"智慧课堂模式的特点。课前预习阶段共分为四步：

第一步：微课教学

由于微课具有简短精炼、直击重点的特点，因此本研究将重点词汇讲解的视频控制在10分钟左右，符合初中生认知规律。视频录制遵循发音准确，画面清晰的原则，在微课的准备阶段，教师认真研读教材，对每单元词汇根据词性或构词特点进行分类，根据词汇特点进行音、形、意的讲解并进行词汇学习策略的渗透，帮助学生掌握词汇学习的方法。本研究中涉及的词汇呈现方式如下：

联想法：词汇联想策略学习单词就是引导学生根据词汇的音、形、义的特点，与已有知识建立联系，与熟悉的实物表象和故事相关联，从而有效记忆单词。学生有时能够读出和拼写出某一单词，却记不住该词的意思，运用想象联想法进行呈现有助于学生对单词进行形象记忆。例如，八年级上册Unit2学习的新单词"junk"，教师在语境中呈现新单词并示范发音后，为使学生记住单词意思可以将其发音联想成"胀壳"，有膨胀包装的食品一般为垃圾食品，由此记住了单词意思。学生在头脑中对词汇进行深层加工，更有助于词汇的记忆，还提高了学生词汇学习的兴趣；语音联想可以将两个发音相同或相似的词结合起来记忆，比如lesson和lessen两个发音相同的单词，先听读两个单词的发音，然后获取"lesson"的汉语意思是"课程"，"lessen"的意思是"减轻"，教师将两个单词意思合并教授，联想为"减轻课程压力"，既可以拓展词汇量又可以增强记忆效果；语义联想包括同义联想和反义联想，在呈现新单词"talent"时，随后也将与其意思相近的单词"ability, genius"总结出来，三者都有能力，才能的意思，但有有微弱的区别。教师在拓展单词的同时也进行了词汇意义的区别。同样讲授"loudly, quietly"时，将这两个正反意词同时呈现，增强学生反义词联想记忆的意识，减轻记忆压力。

组块法：词汇组块是以整体的形式存储在大脑的一串词。将新的词汇整合到已有词块中，减少了存储空间，方便学习者提取和使用。学生想表达"吃药"时，会想到吃是"eat"，药是"medicine"，自然而然的将吃药说成"eat some medicine"，因此，孤立学习单词会造成很多搭配上的问题。教师在讲授时会先让学生思考英文的说法，随后呈现词组"take some medicine"，然后在语境中呈现和运用。以词组的形式记忆单词可以避免语法错误，提高学生表达的流畅性。对于一些半固定形式的组块，教师会进行一定的扩充和转换。例如习惯用语"I don't mind"，教师会在此基础上进行扩充，"I don't mind doing..."，"I don't mind that..."。同时，语块的应用大多具有语境依附性，需要在特定的情境中进行呈现，因此，教师会在类似情境中进行词汇的示范，学生在语境中体会词块的用法。

词根词缀法：据调查，现代英语的100多万词汇中有三分之二左右都是由构词法得来的。曾有学者说到"the shortest and best way of learning a language, is to know the roots of it; that is, those original primitive words of which other words are formed."。在教学中进行词根词缀的讲解是提高学生词汇记忆效果的重要手段。例如，在Unit6中关于身份、职业的名词讲解中，教师先后呈现词汇"pianist, violinist, scientist"及对应图片，播放单词发音，学生初步了解词汇发音和词意，然后整体罗列新词，给学生两分钟时间发现这几个词汇的共同点，归纳出"-ist"作后缀表示某一职业或身份，最后，引导学生说出以"-or, -ian, -er"作为后缀表示身份或职业的名词，并进行归纳总结，拓展新词。

在这一过程中引导学生了解单词的构成规则，学会利用构词法记忆和拓展单词。词缀的添加不仅可以改变词汇的意思，还可以改变词性。为使学生全面了解词根词缀构词法，教师以词根comfort（舒适）为例，在例句中分别呈现comfort（舒适），comfortable（舒适的），uncomfortable（不舒适的），uncomfortably（不适地），引导学生猜测词意，区别词性，在这一过程中培养学生使用词缀法的意识，提高词汇学习的积极性。

猜词法：语境猜词策略可以帮助学生根据上下文猜测词汇的意思，锻炼学生思维能力。猜词法的掌握对阅读理解和完形填空的作答有很大帮助。依据Clark&Nation的语境猜词五步骤进行策略训练。第一步是猜测目标词的词性；第二步是关注目标词的上下文并简化；第三步是关注上下文句法和语篇关系；第四步是猜测词意；第五步是检验猜测是否正确。例如：I broke my arm last year, but she made me laugh and feel better. 教师呈现句型后，引导学生猜测划线生词的词性，然后理解上下文的大意，之后引导学生关注转折词"but"，理解句子之间逻辑关系，关注并列连词前后的对应关系，学生猜测词汇laugh有happy的意思，然后将词意带回到原文中进行检验，验证语义，语法是否通顺、合理，最后教师给出目标词的释义。当语篇中大部分词汇都较为简单，学生能够理解的情况下，学生较容易根据上下文语境进行猜测，而当语篇中大部分都是生词时，要引导学生通过词形来进行语义猜测，也就是根据学生已知的构词法知识。例如，-less（少），un-（不），en-（使）等。

第二步：习题测评

本阶段教师主要进行课前习题的设计、发布和反馈。首先，教师根据本节课微课内容进行预习题的设计，听音选词和英汉单词翻译检测学生听课后词汇记忆效果，完形填空、选词填空考察学生猜词策略、词根策略等的掌握情况，句子翻译和情景交际题考察学生的词汇应用能力。教师提前一周进行视频的录制和习题的设计，设置定时发送，学生会在课前进行学习和测评，之后进行作业的提交，然后，教师查看学生提交情况和作答情况，以及学生在师生交流区中提出的疑问并进行有针对性的解答。最后，利用错题集功能收录学生错误率较高的题，进行错题分析和汇总。

第三步：教学设计

教师依据课程标准，结合教材、学情和教学环境进行教学设计。与传统教学设计不同的是，学情分析是基于学生的课堂行为数据和预习测评结果进行的分析，更具有科学性和准确性。学情分析主要包括学生历次考情、易错考题、易错知识点、课堂行为表现以及互动区中学生的学习诉求，教师准确掌握学生学习的薄弱环节后进行有针对性的教学设计，突破了传统教学中按照教师经验进行学情分析的局限，有助于教学的精准化和科学化。教师在此基础上进行教学目标的设定，教学内容和教学方法的选择等。其中，词汇教学目标的设计体现新课标的要求，符合学生认知发展规律；教学内容的选择与教材同步；教学环节的设计紧扣教学目标，合理选取教学资源和互动工具。最后，利用课件制作工具制作课件，资源库提供与教材相符的视频、语音、文档，教师根据需要进行选取。

（二）课中阶段

课中阶段的关键是重点词汇的情境应用和难点词汇的讲解，充分利用智慧云平台提供的数据分析与反馈功能，借助听说测评，检验学生词汇发音水平，及时纠错；借助词汇测评，检验学生的词汇运用情况，针对知识的薄弱环节进行讲解，及时调整教学进度，准确掌握教学重难点，推进词汇教学的精准化，逐步提高词汇教学质量。具体的操作流程如下：

第四步：情境创设

结合课前学生词汇预习的反馈情况，教师紧扣重难点词汇进行情境创设，遵循词不离句，句不离境的原则，在情境中引导学生感受、理解和应用新词，同时，借助 Pad 上的听说测评功能，纠正单词发音，提升口语水平，实现评价反馈的个性化和数据化。情境的创设会借助电子白板呈现相关视频和图片构建直观的生活场景，也会根据需要创设问题情境。例如，在学习有关形容词和副词最高级时，教师创设情境：

T：Boys and girls, I want to see the movie Me and my country, what's the best movie theater? Let's go into the cinemas in our city. （show the short video about the cinemas around us）..Can you help me choose the best one?

S1：Dongying Cinema.

T：Why?

S1：Because it has the biggest screen and the most comfortable seats.

教师以问题的形式引导学生参与交流，借助视频创设生活情境，对课前预习的有关最高级的词汇进行反馈应用。针对发音、搭配以及情境应用等方面出现的问题，教师适时纠正，然后针对难点词汇从音、形、义及应用方面进行讲解。

第五步：组织合作

新课标提倡自主、合作、探究的学习方式，并结合学生语用能力较弱的情况，该环节重点组织学生进行合作交流，在师生和生生交流过程中内化新单词。该阶段教师一般会采取两类学习活动。第一类是小组交流总结本节课所学单词的记忆策略，比如，比较级和最高级的构词规律，多音节词的记忆策略等，小组成员之间分享词汇学习的方法，互相学习，取长补短，然后小组代表进行展示交流。第二类就是情境交流，小组围绕某一问题展开讨论，或者进行访谈调查等，例如，调查小组成员最喜欢的餐厅，并记录喜欢的原因。在交流互动中操练最高级的用法，最后进行汇报展示。在此环节训练学生的词汇综合运用能力，提高学生合作意识和自主学习能力。

第六步：即时测评

在词汇巩固操练之后，教师端发布本节课测试题，当堂检测学生词汇掌握情况，测试题包括听音选词，选词填空、英汉翻译等题型。学生在规定时间内作答，提交测试题后，系统进行自动批改，及时发现拼写错误。教师端和电子白板同步，显示作业提交情况，教师可以查看学生的错误率。针对错误率高的题进行重点讲解，帮助学生进一步巩固重点，突破难点。此环节是在基于 Pad 的智慧课堂中进行词汇教学的特色。

第七步：总结提升

该环节由学生归纳和教师总结两部分构成。首先，教师总结归纳整节课中易错题和学习薄弱点，其次，学生总结本节课所学重点词汇及词汇学习策略知识，同学之间互相补充，取长补短，训练学生逻辑思维能力和归纳总结的能力，培养自我反思的习惯。

（三）课后阶段

课后阶段的重点是进行词汇的拓展提升。在基于 Pad 的智慧课堂中进行课后学习的特色在于：一，课后作业即时反馈；二，以空中课堂为特色，开展个性化网络教学；三，师生基于互动平台进行反思评价。具体操作流程如下：

第八步：作业布置

在传统的课后作业环节，教师一般发放纸质版习题，作业反馈往往需要在下一次课上进行，作业反馈的滞后影响学生错题的修改和知识的巩固。而在智慧课堂中进行词汇作业的布置则具有即时反馈的功能，一定程度上克服了传统作业反馈的局限。课后作业的内容紧扣课上所学知识，巩固重难点词汇，题型一般会设置选择题、完形填空、选词填空、情境题等。客观题自动得分，主观题教师批改后反馈。

第九步：在线辅导

教师根据学情，适当开展在线辅导。教师提前告知上课时间，一般设置在晚上 8 点，开展 30 分钟左右的直播课程。前二十分钟基于课上所学单词进行拓展。例如，教师在课堂上进行了形容词和副词的最高级的音、形、意、语用知识以及规则变化之后，课后讲解不规则最高级的变化。例如：原级：little；比较级：less；最高级：least。后十分钟教师推荐相关书籍，鼓励学生坚持阅读，在阅读过程中理解词汇，学以致用。最后，师生互动，学生提出问题，可以语音提问也可以打字提问。教师给予解答，互动环节拉近了师生之间的距离，同时，也实现了个性化教学。

第十步：反思评价

教师从教学设计、教学流程、知识点讲解，学情以及师生互动等方面进行反思，通过课堂观察，课后学生反馈等方式发现教学不足，及时改进教学，为下一次词汇教学做准备。

对照版按照传统的词汇教学方式开展词汇教学。课前，布置单词预习作业，查阅词典进行单词翻译。课中，教师讲解词汇及课文，学生记笔记，之后进行跟读，齐读等机械操练，最后进行习题讲练。课后布置词汇默写任务和词汇测试题。

第三节　智慧课堂在中学英语词汇教学中的建议

为全面了解在智慧课堂中开展词汇教学存在的不足以及存在问题的原因，为后续教学提出建议，本实验还对四位一线英语教师进行了访谈，受访教师包括两名有多年外语教学经验的教师和两名青年教师，他们都在参与了智慧课堂的一线教学中，词汇教学体验与感受具有代表性。访谈内容主要围绕四个方面，首先是智慧课堂对教师教学理念和方式的影响，其次是教师对于Pad软件的利用率，然后是基于Pad的智慧课堂应用中存在的不足，最后是教师对智慧课堂词汇教学提出的建议。访谈前和受访者做好了沟通，在对方允许的情况下进行了录音，保证不透露受访者信息，访谈内容真实有效。具体访谈内容如下：

（1）基于Pad的智慧课堂对教师教学理念和方法的影响

在基于Pad的智慧课堂对教师教学理念的影响方面，两位教师有类似的回答。他们表示：智慧课堂是信息技术在教育领域发展的产物，只是对教学的一种辅助手段，就像投影仪或者音响走进教室一样，甚至认为这只是一种商家盈利的手段。智慧课堂在词汇教学中的应用对其教学理念影响不大。他们只希望借助Pad提升学生词汇成绩，扩大词汇量。而另外两位老师则表示，他们起初也是将Pad应用看做是一种营销手段，但在使用了一段时间后，发现他不仅是一种有效的教学辅助工具，更是一种教学模式的转变，而且对自身教学理念产生了影响，教学中他们更加注重学生智慧的发展和生成，在智能信息技术理念的引领下，注重学生创造性、逻辑性、批判性等高效思维的发展，更适应学生核心素养发展的需求。教师观念上的转变才能真正促进教育信息化的发展。

在谈到对教师教学方法的影响上时，两位教师认为在以学定教的智慧课堂模式中进行教学更有利于教师利用启发法、合作探究法等教学方法进行教学，学生在课前对知识点进行了预习，教师根据学习难点和教学重点进行教学设计，课中有更多时间启发学生展开问题讨论，进行合作学习，符合新课标提出的自主。合作、探究的学习方式。而另外两位教师仍主要以讲授法为主，由于课堂时间有限，面对教学压力，启发法、合作探究法的使用会很占用课堂时间，因此使用较少，只有在公开课上才会进行适当设计。因此，在智慧课堂中进行词汇教学对部分教师的教学理念和教学方法使用上有积极影响，但仍然有部分教师没有从思想上接受智慧课堂，并未树立智慧教育理念，不能发挥信息技术在教学中的积极作用，进而成为阻碍智慧课堂与词汇教学融合发展的内在原因。

（2）Pad软件使用率

在和老师们谈到他们经常使用的软件功能时，年轻教师普遍反应作业发布、即时测评、课堂互动工具使用率较高，而错题分析、微课制作等功能使用的较少。教龄较长的老教师对Pad相关软件的使用率很低，最常用的就是作业发布，有时也会用即时测评功能，但Pad整体利用率不高。出现这种现象主要有两方面原因，首先是教师方面，Pad操作不熟练，信息素养不高，习惯于传统教学模式，对新事物的接受度低。其次是信息技术层面，Pad部分软件功能使用步骤相对复杂，同时，软件种类较为丰富，但真正发挥作用的功能不足，系统功能还须进一步开发，操作步骤还需简化。

（3）在基于Pad的智慧课堂中进行词汇教学存在的不足。

新事物在发展过程中一定有其不足之处，在和几位老师谈到Pad在应用过程中存在的不足时，他们也提出来一些自己上课时遇到的麻烦。年长的老师提到：由于自身Pad操作不熟练，有时很耽误课堂时间，影响教学效率。而且虽然Pad功能很全，但真正实用的功能没有那么多，导致课堂利用率并不是很高。Pad教学功能还需要继续开发；在课堂互动方面，有老师提到：以前课堂上老师只需要关注学生以及用翻页笔播放课件，课上老师和学生的眼神交流较多，而现在老师需要在关注学生的同时还要操作平板，监控学生终端的情况，和学生的眼神交流较少，难以观察到学生的情绪波动，而且在使用Pad的初期，学生好奇心很强，总是低着头看平板，我无法察觉他是否专心听课；在教学模式方面，还有老师反映到：利用智慧课堂教学模式进行教学，耗时较长，在长时间利用Pad批改作业，制作微课的情况下，非常容易视力疲劳，且微课制作和在线教学无形中增加了老师的工作量。

（4）有关智慧课堂高效辅助词汇教学的建议

在谈话的结尾，教师被问到对智慧课堂教学环境及教学模式的建议时，几位教师主要提到以下几个方面。首先，学校应该多开展教师智慧课堂培训课程，主要是Pad操作培训，以及智慧课堂和学科结合的教学研讨，教师操作能力提升了，Pad的使用率和效果就会提升。同时，多进行智慧课堂优质课的观摩学习，让没有经验的教师多学习，积累教学经验，更好的推进智慧课堂在英语教学中的应用。另外，教师们多进行交流研讨，探究出更适合初中生词汇教学的智慧课堂模式，使信息技术与教学的融合更加密切，切实促进学生智慧的生成。最后，教师们希望Pad教师端能够提供更丰富的教学资源，为教师提供备课和教学的参考，开发更多实用的功能。

根据教师访谈结果可以总结出基于Pad的智慧课堂中进行词汇教学存在的问题。首先，Pad上部分软件实际利用率低，系统功能有待开发，教学资源不够丰富。其次，分散教学精力，教师将部分精力放在了Pad操作上，从而减少了师生互动，学生大部分时间在低头操作平板，教师很难观察他们的学习状态。另外，在智慧课堂模式中进行词汇教学无形中延长了教师工作时间，增加了工作量。最后，长时间使用Pad教学会造成视力疲劳，且目前使用的Pad较重，不利于女教师长时间使用。有两方面因素影响着智慧课堂的有效实施，一方面是教师教学理念没有发生改变，教学环境虽然在改进，但教师依然实施灌输式教学，以应试为目的，且对新事物的接受度低，信息素养有待加强。另一方面是支撑技术不够成熟，操作步骤有待简化，软件功能还须进一步开发。学的应用研究相对多点，并且涉及到很多方面，有理论的研究，有具体课例的研究，有软件平台和英语学科结合的研究等，而在基础教育方面的研究涉及甚微，有关英语不同课型的教学模式研究的很少，大多数都是研究课堂设计过程。

第六章　智慧课堂在中学英语阅读教学中应用

第一节　国内外英语阅读教学模式概述

一、国外阅读教学模式研究

教学模式是教学理论或者教学思想在教学实践中的反映。根据乔伊斯和韦尔在《教学模式》一书中论述的教学模式通常包括五个因素，即理论依据、教学目标、操作过程、实现条件和教学评价构成，这五个因素有规律地联系着，教学模式的目的都是为了完成一定的教学目标而形成的一定的教学行为规范。教学模式是教学实践和教学过程的纽带，但不是固定不变的模型，依据教学模式的特点指向性、操作性、完整性、稳定性、灵活性，教学模式可以在实际的教学过程中进行调整和创新，达到教学目标的顺利实现。国外有关阅读教学模式常见的有以下几种：美国史密斯"四级"阅读模式：认识性阅读，理解性阅读，评价性阅读，创造性阅读。日本教育家石山修平"三读"：通读，精读，味读。从查阅的文献来看，对于阅读的教学模式的研究，主要集中在基于任务和基于项目的阅读这两方面，对于阅读的实际实施过程研究的比较少。

二、国内阅读模式研究

在国内阅读课的教学上有以下四种教学模式：自下而上、自上而下、两者混合和图式阅读模式。不同的阅读模式注重的角度不一样，自上而下注重文章的整体性理解。自下而上注重字句的解读，这也是最传统的阅读方式，并且在我国阅读课堂上持续了很久的阅读模式。图式理论建构的图式阅读模式是指把已存在的知识图式和阅读的新篇章结合起来，找到最佳的结合点，达到学生对新知识的理解和掌握。

　　智慧课堂的媒体媒介提供一定的图片、相近材料的推送可以满足学生课前的知识建构，通过课堂上教师对材料的再加工，学生就可以相对容易地获得新知识。阅读课堂模式就是智慧课堂模式结合以上几种阅读形式的综合应用，以试点学校的五环节教学模式为基础，利用信息技术的资源性、灵活性、及时反馈性等特点，强化课前阅读准备的质量，延伸课后阅读的巩固，使学生的阅读深度和广度都有所改变，提高阅读课堂过程中教师与学生的互动效率。

　　以上国内外的阅读模式文献得出，阅读教学模式有多种，也是具有创造性的，依据理论基础，遵循阅读课的原则，可以创造性地运用教学阅读的模式，更好地提高学生的阅读能力。在理论的指导下，教师根据课堂的实际情况，依据教学模式的五个影响因素，在智慧课堂英语阅读课前，要恰当地设计课堂的教学目标，教学过程以及教学评价，使用恰当的阅读模式才能达成教学目标的完成。

第二节　智慧课堂在初中英语阅读教学中的应用案例

　　课后课例分析：教学模式的实施和之前五环节教学法的不同点对照，以及总结其不同点的作用：实验前的五环节教学法在智慧课堂环境下的实施：注重学生的五环节读一读，试一试，练一练，讲一讲，记一记。这样的阅读方式注重的是学生的课堂过程，五官并用综合发挥作用，达到学生的最佳学习状态。分析目前试点学校使用的教材特点：内容体系庞杂，每个单元的话题即使统一但是内容编排不一定属于单元总的话题内容，内容的连贯性不够；阅读的要求高，大篇幅阅读，话题涉及广泛。

　　实验后的教学模式改进：课前增加了阅读相关资料的推送，为新知识的建构做了铺垫，结合本课的内容文章阐述的是关于中西方传统节日的风俗习惯，降低了文化理解的难度，学生就有兴趣在课堂上。

　　教学实验案例一：

Teaching plan of Lesson 14

Teaching aims

1.Knowledge aims

Students can master the new words and understand the new phrases，and they can know about the new sentences in this class.

2.Ability aims

Students can know about the meaning of the family celebration， and they can re-tell the story in English about the text.

Students can know the social niceties if you can not attend the family celebration.

3.Emotional aims

Students can know more about the culture of China and Western countries when they have an event or when it is a festival;

Students can know the family celebration's meaning for the Chinese and the western people.

Students can know how to do if we can't attend the family gathering.

Teaching key and difficult points:

Key points: Students can understand the meaning of the text.

Difficult points: According to the text, students can know more about the traditional family reunion in China and the Western countries .

Teaching steps:

1.Pre-reading:

根据智慧课堂人本主义理论中智慧课堂注重学生的差异化和学生主体性的培养，为了了解学生的课前学习情况，阅读课前学案单必须注重体现学生解决问题能力，现以上册 Lesson14 Happy Memories 为例，课例设计如下：

Lesson 14 Happy Memories

I.Find out the information and discuss these questions._____

1.When do we get together as for Chinese? _____

2. What are your happy memories? Can you describe your happy memory?

_____

3.How do we save our memories? _____

4.1f you can't attend a family celebration of your foreign friends, what do you do? _____

II.A passage about Western customs on family celebrating.

师生活动过程：本文是一篇关于礼节和生活习惯中西方差异的文化问题，讲述了人们的饮食方式的差异以及餐桌礼仪方面的问题。在上课之前学生可以了解查阅相关的中西方礼仪礼节差异的文化原因。为理解本篇文章中如果不能参加家庭聚会，应如何做事是最礼貌的方式，为学生理解文本内容背景做了很好的铺垫，这样也培养了学生自主学习的意识。另外通过导学案的引导，学生提前了解了本文内容是有关哪些方面的问题，有针对性的上课听老师讲解重点以及难点内容，小篇章的长期大量阅读有利于学生阅读思维以及阅读能力的提高。

课中任务单设计：

Lesson 14 Happy Memories

I.Think about these questions.

1.What was your last family gathering？ _____

2.Do you still remember that gathering well？ Why or why not？ _____

3.Find out some ways to save our memories in our life. _____

4.If you can't attend attend the family celebration， what do you do to make your family feel happy？ _____

II.Find out these phrases.

例如 such as 聚在一起 get together

保存你的记忆 save your memories 太…（以至于）不能 ...too...to...

制作幻灯片 make a slide show 担心；担忧 worry about

视角；观点 point of view 把……加入 add...to…

面对面地 face to face 与……保持联系 stay in touch with…

III.Practise by yourself.

1.such as/for example

Such as：列举同类人或事中的几个为例，后接名词性短语，前用逗号隔开；

For example：列举同类人或事的一个为例，前后都用逗号隔开，可在句首、句中、句末

2.too....to.... 意为"太 ....而不能 ...."，结构表示否定意义。

e.g.This bag is too heavy for me to carry.too+adj./adv.（+for sb./sth.）+to do sth.

3.enjoy oneself 玩的开心 enjoy doing sth. 喜欢做某事

e.g.He enjoys_____（listen）to music.He enjoyed_____（he）at the party.

4.对……是有用的 be useful for+名词/代词/动名词

钢笔对于练字是非常有用的。Pens are useful for practicing writing.

5.forget to do sth 忘记去做某事 forget doing sth.忘记做过某事

别忘了带伞。Don't forget to take your umbrella.

师生活动过程：在课堂上学生通过 ipad 组内之间的讨论完成第一大题的理解，对于开放性的第四小题，大家各抒己见，教师了解学生的理解程度，并在听完课文内容的基础上学生可以通过 ipad 平台推送自己思考得结果，这样有利于教师及时了解学生的理解过程并及时为学生的反馈结果做补充，接下来的课文重点语言点学生通过 ipad 上的分组进行组内讨论，老师巡视负责为学生解疑答惑，小组组长负责汇总小组内的讨论结果，互相监督互相促进，讨论完后老师可以让学生解释自己的理解过程，并为做的最好的小组给予鼓励。

课后任务单设计

I.China has many big cities， （such as/for example） Beijing， Shanghai Tianjin and so on.

2.Noise，_____（such as/for example），is a kind of pollution（污染）as well.

3.Tom bought a lot of fruit，_____pears and kiwis.

A. such B. for example C. for D. such as

4.Chinese food，_____，are popular all over the world.

A. such B. for example C. for D. such as

5.It is never too old_____.

A. to learn B. too learn C. learn D. learning

6.I'm_____happy_____say a word.

A. so，that B. too，that C.so，too D. too，to

7.There are many foods on the table，_____chicken，eggs，bread and hot dogs.

A. for example B. such as C. as example D. look like

8.I'm sorry I forgot_____your dictionary. Let's borrow one from Li Ming

A. to take B. taking C. to bring D. bringing

9.Do you enjoy_____a volunteer?

If you want_____this，you can join us.

A.being；knowing B. to be；knowing C. being；to know D. to be；to know

II.Fill in the blanks.

师生活动过程：通过课前学生自主预习和查阅，课堂的讨论以及重点内容的讲解，课后这张学案单主要以复习巩固知识点为主，另外让学生自己梳理课文内容，对文本的内容有整体的理解。教师也可以通过课前以及课上ipad记录的结果，对没有理解掌握重点内容的个别学生进行个性化推送内容或者布置适合的题目。通过课前课中课后学生的阅读讨论参与汇报，老师可以基本掌握学生的学习情况，通过不同环节的提问、ipad记录结果，教师可以掌握到个别学生的困难和问题。

从初中英语阅读这两节课的实施过程来看，都是遵循了智慧课堂理论下的三环节教学模式，课前资料的准备，学生的活动；课中师生的活动过程；课后教师对学生的反馈来设计和实施的。注重了文本学习前的铺垫性输入，比如第一个案例中的秋季，讲的是中国和加拿大的传统节日，在上课前教师安排学生开放性的搜集关于传统节日的来历、活动意义等方面的知识，再上传到平台递交作业，教师提前了解了学生的学情，就能根据学生掌握知识的程度合理地安排上课的活动。课中以实际的文本内容为依据，在学生课前预习的基础上处理课文内容的难点或者挖掘课文内在的深层次意义，激发学生在软件平台上积极探讨，发表自己的想法，或者通过小组互动讨论，教师随机问答等活动引起学生的学习兴趣。更为重要的是，互动交流提高了学生的思维能力，语言表达运用能力。课后的不同反馈形式的安排是遵循了智慧课堂实现学生个性化学习需要的要求。

此次实验的过程注重的是课前教学资料的推送和课堂中的关系，所以教师要注重学生的课前预习，设计适合的导学单为学生课堂活动以及难点内容的学习做好铺垫。课堂上使用的导学单必须和课前的导学单有所区别，因为两份资料的用途不同，对学生培养的目标也不同。同时教师也要更加注重课后的活动设计，根据学生的学情不同，尤其是从课堂上软件反馈的数据来看，教师要针对个别学生，尤其是学困生的不同学习状况，依据课堂内容的难点和设计目标，给学生提出不同的作业巩固形式，这样就实现了学生和教师交流频率的提高，教师能够有针对性地对学生的学习情况作出评估，对不同的学生层次推送不同难度的资料和复习计划。

进行了学生和教师问卷调查以及课例实验后，利用智慧星软件的数据和现实的数据图表，整理出问题反馈出的数据结果，比较实验前后的数据结果，结合教学、课堂实际分析问题。

第三节　智慧课堂在初中英语阅读教学中的建议

根据最新的课改要求，教师要以学生为主体，成为学生的合作者，引导者，引导学生并帮助学生构建知识并理解知识。英语新课标中也强调培养学生综合语言能力，尤其是对于语言交际应用、阅读综合能力的考察都有严格要求，因此，智慧课堂下的教学模式既要满足培养学生的个体语言交际能力的发展，又要注重学生综合理解力和语言思维的培养。根据在实验过程中发现的问题，结合试点学校的实际情况给出以下建议：

一、学校积极开展英语智慧课堂教研

教研活动对于教师的实际课堂起着促进引领的作用。没有学校的统一领导，教师凭借自己的经验摸索是需要耗费很长的时间，有时候效果也是微乎其微。为了促进本校智慧课堂的深度发展，应该形成智慧课堂专属的学校教研时间，特色化的教研活动，比如教师信息化能力的研讨，动手能力提高的研讨，学科和信息软件恰当结合的交流活动，观摩其它学校的实际教学过程，不断更新本校的教学模式。学校从技术，人员培训，课程特色化方面不断加强智慧课堂模式的精细化和效率化。

二、教师主动钻研学习智慧课堂理论

智慧课堂是信息化发展下的一种新型课堂模式。教师要积极改变自己传统的教学方式，更新自己的观念，树立与时代共发展的思想，在教学领域不断更新自己的新知，不断提高自己的信息化教学技能。首先，教师要顺应时代发展的潮流，更新自己的教学理念，重视学校、教育主管部门对教师开展的各级各类继续教育培训，比如网上信息化继续教育，国培，名师送教下乡活动，名师大篷车等等，勤于思考，勇于探索，学有所获，学有所用。其次，教师要主动博览群书，认真钻研，不断提升自己，对于每年学校要求的必读书目深刻领悟并写出自己的实际感想。同时教师也可以利用网上的优秀视频课例丰富自己的教学活动。最后，教师也要积极参加学校，县级，市级，国家级的各种大型培训活动，丰富自己的教学思想，拓宽自己的信息化眼界。

三、学校及时提供相关的信息化培训

考虑到目前智慧课堂的试点只是在个别学校进行，每年教师参加的教育培训基本上面向的是传统课堂，为了更好地促进信息化课堂的发展，学校可以考虑和其它实施智慧课堂的兄弟学校不断交流学习，让不同学校的教师相互学习研讨，提供互相竞争学习的合适平台，为教师创造良好的条件去学习信息化下有效课堂的构建。

四、创造良好条件实现优质资源共享

信息化的课堂需要丰富的资源更新学生、教师的学习思维，有了信息化产品的辅助，教师可以利用其优质的资源开发自己的课堂，同时向学生推送不同层次的阅读信息，既可以扩大学生的阅读视野，也可以为教师提供教学参考的资源。借助智慧课堂先行地区的优质化资源建立本校特色化的教学资源，学校就要考虑购买或者与其他智慧课堂先行学校紧密合作，向其他学校学习，开放各自的教学资源，形成更庞大的资源网供学生以及教师使用和参考。另外依据智慧课堂的灵活性，资源性等特点，学校对教师的评价体系也应该作出改变，充分利用 ipad 上的数据整理，对教师作出客观真实的评价，教师对学生的智慧课堂评价过程也会更加严格，规范，最后达到合理的教学评价促进教学过程的不断完善，智慧课堂的效果越来越有成效。

五、阅读课前资料准备需加强

依据智慧课堂的教学理论基础，从学生问卷调查的结果也可以看出，学生课前的知识构建是十分重要的一个环节。资料的选择要依据教学目标的设置来确定。课中的操作以及课堂教学策略的实施，都需要依据新课标中对学生英语阅读能力的要求，结合学生的学习特点和实际，选择考察不同类型的文章，设置相对应的资料形式，有针对性的做好准备，有计划的进行推送，加强学生新知学习前的建构，为课堂上的新阅读知识做好坚实的铺垫。

六、课后阅读延伸活动需补充

依据智慧课堂的理论和教学模式，通过对学生的调查可以看出，课后阅读活动的延伸是十分必要的。从学生角度讲，利用 ipad 的软件统计数据，学生针对自身的不足，在老师或者同学的帮助下可完善自身的不足，而课外阅读活动的延伸也可以增加学生阅读的数量，提高阅读能力。新课标中对学生外语课外阅读数量也是有具体要求的。从教师方面考虑，依据课后的平台教师可以弥补课堂的不足。针对学生课上的及时反馈结果，确定学生本节课的弱点，针对弱点学生或是部分层次的学生，推送不同层次的阅读资料，这样学生之间的强弱差距就不会越来越大。减小大班额制度带来的优生和学困生之间的差距，弥补原来传统课堂无法实现的差异化教学的缺陷。

第七章 智慧课堂在中学英语写作教学中应用

第一节 智慧课堂支持下初中英语写作学习的变革

智慧课堂是一种新式的教学模式，想要探究智慧课堂支持下初中生英语学习策略的使用情况，就要先了解智慧课堂的基本构成以及初中英语智慧课堂中写作学习有哪些特征。

一、初中英语写作智慧课堂的基本构成

（一）展示端

起初，教室中用于展示的工具为最简单的黑板。为了迎合教学需要，历经改革与发展，从黑板到白板到再幻灯投影，才进步为如今的交互式电子白板。交互式电子白板不仅仅是一块独立的电子白板，还需要投影仪和计算机等相关设施共同构建，教师通过调控关联设备即可发挥电子白板的交互作用。

有学者认为，交互式电子白板汲取了它的"前辈们"的优点，一个原因是因为交互式电子白板既具备最基础的展示功能：多媒体信息可以被呈现，教师的教学过程实况也可以被储存。另一个原因是，在课堂中它能够将教师主导作用和学生主体作用共同进行发挥。传统黑板所无法直接呈现的音视频写作材料或学生的写作即时生成文本等，运用该种白板即可展示，教师的教学更为简便。在初中英语智慧课堂中，通过对于写作话题资料的展示与映现，可以更好地加深学生对于写作话题的理解。另外，毋庸置疑的是，交互式电子白板的使用增添了初中英语写作课堂的意趣。

（二）学生端

学生个人的电子书包一般可被视为是学生的学习终端。电子书包在教学中主要有内容的播放、学习的互动、在线的学习和测验的评价四种使用方式。在1对1的数字化环境下又有互动反馈、互动讨论、项目学习、情景学习、自我检测、小组写作、互动评价和探究学习等等七种学习活动。学生端可以由学生自主进行资源的搜索与接收、对于课堂中的各类互动性活动实时参与，所以配备学生端能有效地增加初中生英语智慧课堂的教学互动频率。另外，电子书包还能被运用于教学管理中，实现教师、学校、家长联动管理。学生端还能辅助记载下学生的所有学习行为、学习情况、学习成果等方面的数据，帮助教师、家长及个体适时地了解学生的校内外学习情况。同时在智慧课堂中电子书包对于收录学生各项具体的学习数值和学习行为，预测学生的学习方向，实现个体针对性指导与管理起到了举足轻重的作用。

（三）教师端

与学生端相对应的即为教师端，教师端与学生端双向交流才能更好地促进学生学习信息的平等与对称。教师端的使用在智慧课堂中可贯穿于整个教育教学阶段，在中小学课堂中，教师端也可记录下教师的教学数据，对于每节课每阶段的设课时间、授课计划、讲授行为序列予以对应记录，便于对每个班级的课堂信息进行掌管，对于课堂得失予以自我评议。学生作业的下发和批改在智慧课堂中都能够通过教师端实行。除了出题、发布与批阅作业，教师端也可将学生呈现的作业进行整理与合并，再进行有效的数据分析，对于客观作业例如选择题的每道题项的班级正确率进行全局统计。尤其是在中学智慧英语写作教学中，对于班级的写作情况，教师端也会具备整体的情况分析与展示功能。教师端既可上传可供学生提取的学习材料，也为教师的教学提供了相应的资源储备。

（四）云端资源与批改系统

智慧课堂中，网络承担着传递与连接的重要任务。首先网络将学生端、教师端与展示端、云端连结在了一起。其次，智慧课堂云端带来了浩繁的写作素材与资源，学生可以通过自行搜索来进行阅读和观看以获取更丰富的可理解性输入，做好写前积累。初中英语教师也可以更合理地运用智慧课堂平台，帮助学生筛查网络写作学习资源，依据初中生英语写作学习的偏好进行对应的材料分发。通过智慧课堂的传递媒介，学生易于获取到跨文化写作资料。智慧课堂中的学生端对于学生的英语作文具备自动的评估功能，由于英语作文的批改易具有主观性，而作为第三方的批改系统有助于消除这些干扰因素。同时，自动批阅系统对于分析学生的文章单词句式使用情况有较强的可操作性，且智慧课堂所拥有的该评估系统为学生在线提供与篇章文字相对应的语言反馈。依据其错误提示，学生即可自行修正文本。但是，既往研究表明，现今智慧课堂所具备的自动写作评估系统虽能对于学生完成的文本进行分级分维度分析，但是其评分的可信度仍然会受到各种因素的影响，系统本身也存在一定的局限性。

二、智慧课堂支持下初中生英语写作学习的转变

（一）资源覆盖面更广

首先，英语写作的学习过程离不开有效的输入过程。写作素材的积累阶段在写作学习中不可或缺。不同于传统课堂单调的纸质写作学习材料和一成不变的音视频素材，智慧课堂种类纷繁、更迭频繁的写作学习资源有助于帮助学生拓展写作视野，横向延伸初中生对于写作话题的思路，纵向加深他们对于写作话题的理解，增强初中生在英语写作学习中自主搜集话题资源的敏锐度。初中生通过简易检索即可获取自己想要的内容，通过使用智慧课堂学生终端，学生的写作内容也将会得到极大的丰富。学生可以在资源库中寻找到适合自己文章的单词句式，云端对于写作内容组成部分的各项分析也能帮助学生更好地组建写作内容，为学生写作学习创设合理的英语氛围。

（二）评价参与度更高

智慧课堂作为学生写作信息分享的中介，加深了学生主体与写作课堂的融合度，增进了学生之间相互交流和互动学习的机会。传统英语写作课堂中，写作更像是一场形单影只的思维舞蹈。而在智慧课堂中，每位学生的文章都有几率被选中在同屏工具或电子白板上进行分享或评讲。写作平台还能帮助学习者绘制写作思维图，帮助初中生厘清自己的写作思路，更好地建构自己的文本框架。同时，将写作过程进行图示化转变有利于初中生对于自身写作学习行为习惯和写作计划完成情况进行统筹。在以往固有的英语写作学习过程中，学生完成习作后，都是等待老师对自己的作文进行批改和评价。智慧课堂可以将学生的写作的阶段成果进行初步数据分析，通过比照学生所使用的语言来获得学生的写作学习的一般特征，也能完成在线即时反馈。同时，生与生之间可以通过互动实现彼此间的协作反馈，这也让学生在写作学习过程中领略了多重身份。

（三）结果直观性更强

传统课堂中，由于英语写作的特殊性，教师对于学生的写作会进行书面批复，教师无法实时监控学生的修正过程，部分学生对于文章的修改仅局限于单词和句子的改动，对于文章语篇的衔接、文章情感的表达在进行篇章修改时给予的关注较少。智慧课堂的终端可以对于学生的写作文本进行统计分析，并且平台对于学

生的写作行为、写作误差频率及写作错误类别、写作词汇使用偏好等都可以进行数据分析，教师可以录入自己的评价与意见，在今后评估学生写作能力和分析学生语言综合使用能力时作为可探寻的依据。写作者通过自己的终端可以看到这些数据，有助于在写后的自我修改和自我反思阶段找出自己写作学习的短板。

第二节　智慧课堂支持下初中英语写作学习效果

一、现今智慧课堂中初中生英语写作学习模式

通过对教师和学生的访谈结果的整理和分析，对于初中生英语写作学习的一般学习模式进行了分析，基于访谈结果以及相关理论的支撑，现阶段智慧课堂支持下的写作课堂可以包含写前、写中、写后三个阶段，每个阶段下还可以展开若干流程，根据学生的学习情况，该过程形成闭环，互相递进。

结合智慧课堂支持下英语写作课堂的实际情况，再根据教师访谈内容，梳理了智慧课堂中学生英语写作学习的具体环节以及教师具体的教学活动，如下表7-1：

表7-1　智慧课堂中初中生英语写作学习环节表

<table>
<tr><th colspan="2">环节设置</th><th>教师行动</th><th>学生行动</th><th>智慧课堂支撑</th></tr>
<tr>
<td colspan="2">写作课前</td>
<td>1.推送微课及与写作主题相关的素材视频。
2.发布并批改学生的预习作业，了解学生的预习情况。
3.撰写写作课教案，进行写作教学活动梳理。</td>
<td>1.通过观看视频进行写作话题的了解与预习。
2.提交并订正作业，反思学习。
3.对于写作话题相关素材进行搜集与积累。</td>
<td>1.教师利用智慧课堂体系工具制作并向学生推送微课。
2.教师通过教师端进行作业和资源的整理与推送。
3.学生通过学生端进行课前（写作前）作业的提交。</td>
</tr>
<tr>
<td rowspan="1">写作课中</td>
<td>写作话题引入（预写作环节）</td>
<td>1.激起学生的写作兴趣，将写作话题引入并进行课堂导入。
2.活跃写作课堂气氛，引领学生分组讨论。
3.引导学生开展写作头脑风暴。</td>
<td>1.细心审题，踊跃回答问题。
2.与同学和老师分享自己的写作观点。
3.查看实时互动情况与结果。
4.编写写作流程图。</td>
<td>2.通过智慧课堂互动工具进行课堂生生互动、生师互动。
3.学生利用学生端进行写作思路图的简要制作。</td>
</tr>
</table>

环节设置		教师行动	学生行动	智慧课堂支撑
	正式写作环节	实时监控学生的写作情况，提供即时的反馈并指导学生写作。	1.输入文本，进行写作。 2.通过课堂学生端了解写作进度与评价。 3.通过课堂白板了解当前提交文本的人数、平均分和排名等数据。	1.教师利用同屏工具展示排名。 2.教师共享学生的写作阶段性成果并进行反馈与指导。 3.学生通过学生端实时在线查看自己的语法错误等语言不足。
	写作后环节	1.教师展示例文，邀请学生进行打分。 2.引导学生指出范文的亮点与不足之处。 3.随机抽取学生的作文展开学生互评。 4.实时监控学生对于自己文本的修改情况。	1.全面分析、学习范文，并予以记录。 2.对于同学的作文进行积极评价。 3.多维度修改自己的作文。	1.学生通过学生端完成并提交作文。 2.教师利用同屏工具展示范文，引导学生对于优文优句进行学习。
写作课后	总结与反思	1.指导学生再次修改作文。 2.酌情分析学生写作学习策略使用情况以及班级共性与个性写作学习问题。 3.推送、表扬优秀范文，鼓励学生展开讨论。 4.有针对性地帮助学生改进学习方法，制定写作学习计划。	1.在线生成个人写作报告，分析个人写作情况以及英语写作学习策略使用情况。 2.与同学开展优秀作文讨论。 3.对自己的作文进行再次修改。	1.利用终端进行学生作品的在线批改、同伴互评、教师反馈。 2.教师再次将优秀作文通过教师端进行推送。 3.教师与学生通过智慧课堂群组中对于该阶段的英语写作学习展开交流讨论。
	推送学生优秀作文			

二、智慧课堂支持下初中生英语写作学习的反馈方式

智慧课堂支持下初中生英语作文的文本意见可以来自于在线的反馈、教师的评阅、同伴间互评。智慧课堂中首当其冲的是在线反馈，因为学生提交作文后软件附带系统就可以自动评改而且在线进行对应的数据分析，系统可以在分析文体

的篇章语素构成、词汇使用频率和语言错误分布的基础上进行打分，不仅节约了教师的时间，学生也可以根据线上的意见对于文本做初步的修正。另外，智慧课堂还为学生互评作文提供了媒介，虽然学生对此看法不一，访谈中两位同学对于同伴或同学间互相评阅作文的看法也不太一致。总而言之，通过访谈可以发现，智慧课堂支持下对于初中生英语作文的反馈方式较为丰富。

三、智慧课堂应用于初中生英语写作学习还有很多不足之处

（一）智慧课堂支持下初中生英语写作策略使用意识依然不强

一些学生在智慧课堂中的英语写作学习策略使用意识仍然不强，甚至对于策略一词本身都缺乏理解，所以学生写作学习的认识层次仍然较浅。这与写作相关教学形式存在一定的关系，即使在智慧课堂中，多数教师仍然未有意识地向学生输送相关策略使用的理念，更未对学生有计划地进行写作学习策略的培养。英语写作是一项涉及书面表达、遣词造句的主观活动，但是为师生普遍使用的智慧课堂软件对于英语写作的反馈多会停留于文体本身，教师在英语写作智慧课堂中的主导作用和对于学生的作文评价反馈仍然具有无可取代的地位。

（二）智慧课堂英语写作教学模式给初中英语教师带来了挑战

虽然我国目前对于智慧课堂支持下教学模式的理论研究颇为丰富，但是不难发现，智慧的英语写作课堂的开展的受制因素也较多，初中生也不可能完全按照理想的状态来进行英语写作学习，教师在智慧课堂中也要做到审时度势，依据学生动态进行智慧教学。智慧课堂资源体量巨大、种类纷繁复杂，教师首先要做好"守门员"的职责，让学生所接触到的资源都为有益材料。智慧课堂各项终端与软件的使用都需要教师在课前及课后进行自我学习，并且能够熟练使用，只有如此才能让写作课堂更富效率、更具规范。一线教师对于智慧课堂与英语教学相结合基本都持乐观态度，但不可否认的是，教学模式的改变也给他们带来了新的挑战。

第八章 智慧课堂在中学英语听说课教学中应用

第一节 初中英语听说课现状调查与分析

一、初中英语听说课现状调查

本次调研通过问卷调查，了解传统初中英语听说课存在的问题，以便找到合适的切入点，结合智慧课堂的特点和功能解决或改善问题，促进学生语言综合运用能力，从而指导一线教师实际教学应用。调查问卷从初中英语课堂教学情况、现代技术在教学中的应用情况和学生的学习情况几个方面设计。调研对象选取了某市三所中学以及在实验学校非平板班的学生，主要以七、八年级的学生为主，通过问卷星共发放120份学生问卷，得到110份问卷反馈，其中有效问卷100份。下面是学生问卷的调查结果和分析：

（一）学生对初中英语听说课的喜欢程度

如图8-1所示，有35%和15%的人分别选了一般和不喜欢，有33%和17%的学生分别选择了喜欢和非常喜欢。大部分的学生对英语听说课不感兴趣。

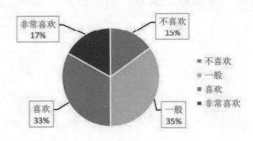

图8-1 学生对初中英语听说课的喜欢程度调查

（二）初中英语课教学情况

如图8-2所示，英语教师上听说课常用的教学方式由高至低分别为38%练习-讲解、32%提问学生、14%小组讨论后汇报、16%情景表演。

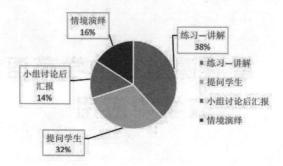

图 8-2　初中英语课听说课老师常用的教学方式调查

如图8-3，学生喜欢的英语听说教学方式由高到低依次是30%游戏活动、27%情景对话、15%角色扮演和15%英文歌曲或电影、13%小组讨论。

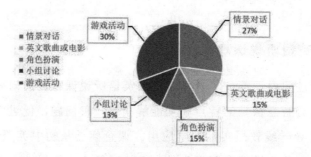

图 8-3　学生喜欢的英语听说教学方式调查统计

由以上图表可知，学生大多喜欢老师使用"情景对话""游戏活动"的教学方式，说明学生更倾向于轻松、愉悦的教学活动。可英语听说课中，主要还是以教师讲解为主的比较单一的教学活动，但也有部分教师开始探索如问题引导、讨论汇报和情景演绎等能增加课堂互动和活跃课堂氛围的新的教学方式。

（三）学生学习情况

如图8-4所示，在"你上英语课会主动举手回答问题吗？"一题中，39%的学生选择了从不，29%的学生选择了偶尔，21%的学生选择了经常，仅有11%的学生选择了几乎每节课。

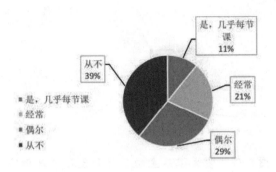

图 8-4　初中英语课听说课中学生主动回答问题的调查

而当老师对学生进行提问的时候，如图 8-5，42% 的学生表示无所谓，但又 35% 的学生表示很害怕，仅有 15% 和 8% 的学生分别表示希望被抽中和迫切希望被抽中。

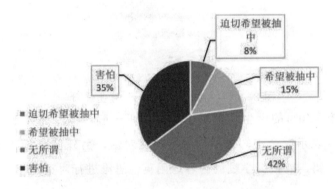

图 8-5　初中英语课听说课中学生被提问时的心情调查

在"你课后会经常想和同学或老师就上课内容进行讨论吗？"一题中，如图 8-6，31% 的学生表示偶尔会进行讨论，30% 的学生表示从来不会，24% 的学生表示经常会进行讨论，15% 的学生选择了总是会想和同学或老师就上课内容进行讨论。

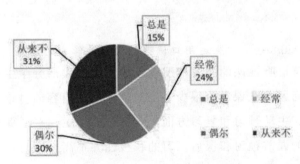

图 8-6　学生课后和同学老师的讨论情况的调查

课后学生主动预习和复习的情况调查中，如图 8-7，有 40% 的学生表示偶尔会在课后进行预习和复习，但有 28% 的学生表示经常，18% 的学生表示总是会进行复习和预习，14% 的表示从来不会主动预习和复习。

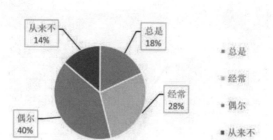

图 8-7　学生课后主动预习和复习情况调查

如图 8-8 所示，56% 的学生觉得自己的听力水平一般，有 31% 的学生觉得自己的听力水平很好，另外有 13% 的学生觉得自己的听力水平很差。

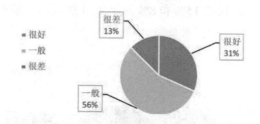

图 8-8　学生听力水平的调查统计

如图 8-9 所示 50% 的学生觉得自己听力水平一般，但能完成不流利的简单对话，31% 的学生表示完全不知道如何进行英文对话，另外仅有 19% 的学生认为自己的英语水平不错，能根据学过的内容运用英语思维进行对话。

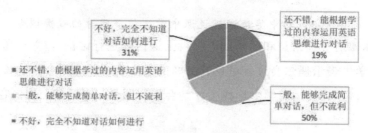

图 8-9　学生运用口语进行交际的能力的调查

在对学生在英语听说课的学习情况调查中发现，大部分学生在英语听说课中不愿意举手回答问题，在课后也很少进行对相关上课内容的讨论，对英语学习的主动性不足。回家主动预习和复习方面，大部分的学生选择了偶尔会主动回家预习和复习，学生的课前预习和课后复习的积极性并不高。同时，学生大多对自己的听力水平不满意，并对自己使用英语进行交际的能力表示担忧，非常缺乏英语听说的综合应用能力。

（四）交互式电子白板、平板等现代技术使用情况

在对初中英语可视教学设备的使用调查中，如图 8-10，初中英语课上老师常用的教学设备由高至低依次是62%多媒体+黑板、20%交互式电子白板、12%黑板、6%交互式电子白板+平板。

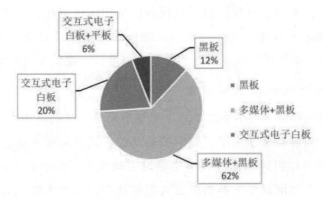

图8-10　初中英语课老师常用的设备调查

如图8-11所示，52%的学校偶尔使用现代教育技术设备，41%的学校经常使用，7%的学校基本不用，现代教育技术设备基本没有的学校为0。

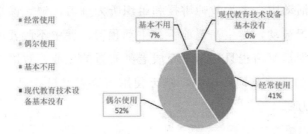

图8-11　"在学校现代教育技术设备的使用情况的调查

由此可知，随着信息技术的飞速发展，几乎所有学校都配备了现代教育技术设备，但学校的现代教育技术设备只是偶尔使用，教师在英语听说课堂上大多数还是使用多媒体+黑板的教学形式。

问卷的最后一题为简答题，题目为"你在当前的英语听说能力训练方面还存在哪些问题？希望学校、家长、老师和同学给予你什么样的帮助？"，共收到了75条描述，大部分同学表示在进行英语听力，常常会遇到听不懂的单词和句子而影响对听力材料的理解，听说能力薄弱，教学方式单一，缺少交流环境、课后作业枯燥而繁重等问题，希望能增加学习英语的互动性和趣味性，能多联系实际，让学生感受英语的实用性。

二、初中英语听说现状分析

（一）教学模式固定且手段单一

虽然新课标提倡素质教育，但在中考的压力下，在课堂教学有限的时间里，很多教师更注重组织学生开展听力练习和讲解语法，很少关注学生的学习能力发展和综合运用语言的能力，课上留给学生讨论和展示的时间也非常的少。再加上传统课堂的限制，英语听说课堂中教师的教学方法也比较单一固定，虽然目前很多学校配备了交互式电子白板，但对该设备的运用多停留在课件展示和播放听力材料上，仅发挥了其普通多媒体的功能。陈旧的教学模式以及单一的教学手段，使英语听说课堂变得枯燥乏味，学生的课堂参与度低，课堂互动效果不好。

（二）学习兴趣低及主动性差

由于教学模式陈旧、教学手段单一，学生对枯燥乏味的英语听说课缺乏兴趣。课上教师单方面的灌输使学生学习处于被动地位，无法从学习英语中获得快乐与成就感，缺乏学习动机，从而导致学生学习主动性差。随着课程内容难度加大、知识点增多，学生逐渐对学习英语失去兴趣和信心，课堂中跟不上、听不懂的学生越来越多。

（三）学习方式单一及综合运用语言能力弱

在课堂教学活动中，多为教师讲授和组织听力练习，缺乏课堂互动，学生学习自主性低且学习被动，学生在课前不会主动预习，课中不敢表达，不能发现问题并提出问题，课后复习也只是为了完成老师布置的作业，对语言的输出也只是背诵朗读课文中的重点单词和句型，缺乏使用英语思维进行思考和交流的能力，综合运用语言能力弱。

第二节　智慧课堂在英语听说课教学中的应用

选取外语教学与研究出版社七年级英语课程中的三节英语听说课"What can I do for you?"，"Could you tell me how to get to the National Stadium?"，"What did you do?"，基于智慧课堂，以某实验A中学为研究对象，开展三次行动研究。

一、智慧课堂教学环境

主要以某实验A中学为例，探讨智慧课堂支持下初中英语教学互动策略。实验A中学是市政府以高起点、高标准、高质量的"三高"要求重点打造的一所全新的实验中学。通过与智能科技公司合作，建成了集智慧课堂、智学评测、智慧管理、智慧学习、作业平台、家校互联等六大模块的智慧校园体系，是一所以"行知育人、智慧兴校"为办学理念的新兴初中。学校以信息技术应用为特色，全面建设智慧化校园，依托互联教学平台、智慧课堂互动平台，将丰富的教学资源和多样的教学应用引入课堂，为每个班级都配备了一个多媒体交互式电子白板，在全校41个班中，设有17个平板实验班，实现了智能、互动、高效的课堂。

（一）硬件环境

智慧课堂的硬件环境由教师平板和学生平板、交互式电子白板、投影仪和教育云盒组成。

学生、教师平板均为小格雷华为C5平板，触控良好，蓝光过滤和双控调节色温保护眼睛；家长可以24小时监控，随时锁屏、远程截屏；系统能自动过滤不良网站和设置软件使用权限，防止被干扰分心和沉迷游戏，这样，学生在潜移默化的影响中，逐渐会由他律转向自律。

交互式电子白板是一块在PC端支持下工作的能感应触摸的大屏幕。它兼具多媒体和黑板的功能，通过无线网络与电脑、平板互联，教师能使用平板将学生平板或电脑上的内容在交互式电子白板上流畅的交互显示。

教育云盒是智慧课堂中的主控制器，为智慧课堂提供无线网络，在设备互联中起到桥梁作用。教师在课上可以随时下载资料，储存学生的相关信息，同时还能监管和控制学生端，查看学生端学习情况，发送图片文档等资料至学生端等。

（二）软件环境

案例学校的高效互动的智慧课堂的软件环境主要由电脑端的希沃白板和师生平板端的畅言智慧课堂APP组成。两个系统在课堂教学中都能提供基于互联网的生动丰富的虚拟学习环境和教学资源。

1.希沃白板

希沃白板主要承担教学内容的演示呈现。它不仅具备黑板书写擦除功能，还有软笔、硬笔、荧光笔等多种书写工具。使用者可根据需要调整笔的粗细和颜色进行批注书写等操作，同时还提供了橡皮擦功能，可以擦除不需要的内容。此外，一些特殊的功能如拖拽、聚光灯、遮屏、刮涂、放大镜、游戏制作等功能能有效丰富教材和课件的呈现形式。同时也具备多媒体播放器的功能，可以播放音频、视频资源，使信息从视觉、听觉等全方位刺激学生，创造具有强烈吸引力的课堂活动。

2.畅言智慧课堂APP

畅言智慧课堂主要承担教学互动和作业分析测评的功能，是以建构主义为依据，利用大数据、云计算、移动互联网等新一代技术打造的实现课前课中课后全过程应用的教学系统。课堂教学中老师可以使用平板和交互白板保持同步联系，并且随时跟学生保持互动。

下面对畅言智慧课堂教师端的桌面的主要功能进行简略介绍。

（1）资源平台

畅言智慧课堂能为教师提供丰富的即点即读的电子课本授课资源，还可以通过资源库获取到本地资源或直接对接到云平台中更为丰富的资源（校本资源、市级、省级教学资源），通过拖拽的方式就能带入到课堂中。教师可以对教学资源进行划重点或写注解，作为生成性资源保存至云端，供学生课后复习参考。

（2）课堂互动

授课过程中教师可以一键发送随堂测试，学生完成后提交。教师通过颜色的变化可以快速了解全班同学的答题情况。对于客观题，可以根据选项的柱状图分布情况来进行选择性的讲解，针对正确率低的题目针对性讲解。对于主观题，通过批注答题来进行相应的提交，学生在查看完题目后可以云笔记的输入并及时提交，然后依据图片的形式来展示，老师可以选择性的对一名学生或多名学生的作业进行点评讲解，帮助教师及时掌握学生学情并及时反馈。同时在教师教学过程中还能使用以下工具促进师生互动。

拍照讲解：可以拍下学生作品并投屏，能实现一个或多个作品的同步展示，帮助教师有针对性的进行对比讲解和批注。

抢答：教师发起抢答，学生通过平板参与抢答，提高学生课堂参与度。

随机点名：通过随机点名，唤起学生的参与紧张感，促进师生互动。

奖励：老师能对一个或多个学生通过推送大拇指进行表扬。

PK板：方便教师进行小组记分。

（3）作业平台

老师可以制作微课然后通过作业平台发布。通过查看微课的观看量了解实际的观看情况。还可以实现便捷布置多样化的作业，包括选择判断填空和口语类评测作业。口语类测评作业能智能纠正学生的具体发音，提供学生完成口语作业的兴趣，帮助教师解决大班教学口语类作业检测难的问题。平台同时还提供了作业的统计分析，通过正确率和分析表精准的掌握学情，帮助教师进行针对性的讲解或辅导。

对于教师而言，智慧课堂可以帮助教师实现课前备课、课中授课和学生的立体化交互、课后布置作业和批改作业同时对学生进行个性化辅导。对于学生而言，智慧课堂可以帮助他们进行课前预习、课中和老师交互、课后完成作业，利用碎片化的时间，学习老师提供的相关微课和相关资料，并和老师进行无障碍交流。

二、数据收集方法

在教学方案实施过程中，主要采用问卷调查法、视频分析法和访谈法进行观察和分析，通过分析收集到的数据和访谈结果，发现本轮实验中存在的不足并在下一轮改进。

（一）问卷调查法

本研究参考BOSS（Behavioral Observation of Studentsin Schools）、SOS（Student Observation System）课堂行为观测量表以及Cooperative Group Rating Scale小组合作评估量表，编写了调查问卷，从课堂参与、小组合作、学习效果和学习态度四个方面，在每次教学实验结束后面向实验班级的40名学生开展问卷调查，经检验本问卷的整体信度系数Cronbach's Alpha为0.802，各维度的信度系数也均大于0.75，问卷整体信度良好，且问卷各维度的信度尚佳，证明本问卷具有良好的内部一致性，其结果具有较高的可靠性。本问卷在每次行动结束后发放，通过对问卷数据的处理和分析，评估智慧课堂的课堂互动效果，判断是否解决了存在的问题、是否产生了新的问题，从而不断调整教学方案。

（二）访谈法

在每次教学实验完成后对班上随机15名学生开展访谈调查，基于学生访谈结果的分析评估智慧课堂互动效果，判断是否解决了存在的问题、是否产生了新的问题，从而不断调整教学方案。

（三）视频分析法

为了更详细地分析智慧课堂的教学情况以及在教学中存在的互动问题，参考张屹教授设计的智慧课堂教学互动分析编码系统，结合英语听说课堂的特点，对原有编码系统做了部分修改。修改后的编码体系如下表8-1所示。

表8-1　智慧课堂教学互动分析编码

分类	表述			编码	课堂行为具体表现
言语	教师言语	师生互动	讲授	1	讲解教学内容或介绍听力背景
			提问开放型问题	2	以教师的意见或想法为基础，询问学生问题，并期待学生的回答
			提问封闭型问题	3	
			言语评价	4	对学生的应答、课堂表现行为做出评价，如教师对学生的练习或展示进行评价，提出改进性的意见。
			组织管理	5	组织管理学生开展学习活动，如课堂开始时提醒学生上课，课中开展小组活动前，安排学生分组，为各个小组分配任务，管理学生的学习行为，发出指令等
			辅导答疑	6	教师在学生的学习过程或者任务完成过程中给予辅导、答疑。如学生做练习过程中，教师给予辅导，帮助学生解决遇到的难题

续表

分类	表述		编码	课堂行为具体表现
学生言语	师生互动	朗读	7	学生朗读课本，包括跟读、复述
		被动应答	8	学生被要求回答教师在课堂中提出的问题
		积极应答	9	学生积极回答教师提出的问题
		主动提问	10	学生主动提出自己的问题
	生生互动	交流讨论	11	同伴或小组交流讨论，表达、分享观点，如小组学习中，成员相互间的讨论交流，合作完成学习任务。
		评价	12	对同伴的回答或观点进行评价描述，如学生呈现小组完成的作品其它组员给出评价和意见
技术	教师与技术的互动	操作演示内容	13	展示学习内容、资源或学习任务。如英语课上教师操纵相关软件呈现语法规则等行为。
		展示学生成果	14	如展示学生的作品或作业或学生对他人的评价结果
		教师评价	15	教师利用技术对学生进行评价，如在电子白板上批改学生作业、打分或点赞，分析学情等
		课堂管理	16	教师使用如发起抢答，组织投票等功能
	学生与技术的互动	自主学习	17	个人操作，观看视频。如学生观看教学视频、听教学录音等行为。
		合作探究	18	利用平板支持小组开展合作探究或对话练习的学习活动，如通过平板记录讨论结果，操纵平板进行对话等
		分享展示	19	利用交互式电子白板或平板展示小组学习成果，如学生操纵教学媒体展示小组作业、作品。
		学生评价	20	如利用电子白板或学生端平板给他人成果进行投票或打分、点赞等
沉寂	有助于教学的沉寂		21	教师由于书写板书或操作技术而暂停讲授，以及学生思考问题
	无助于教学的沉寂		22	因技术使用不当或技术故障导致的课堂停顿及课堂混乱

三、第一轮行动研究

（一）计划和行动

本次研究将智慧课堂支持下初中英语听说课互动策略应用在实际英语课堂中，在具体的教学实践里探索验证策略的有效性。

1.教学内容和目标

研究将选取外研社版教材七年级下册听说课"What can I do for you?"，本单元的对话以购物为题材，对话中呈现了很多购物的交际语言，贴近生活实际，围绕主题，本研究以"为母亲买礼物"为教学内容，设计教学活动。教学目标和重难点如下表。

表8-2　"What can I do for you?"教学目标与重难点

教学目标	知识与技能	掌握与购物有关的单词和短语，能听懂有关购物的对话，会用特殊疑问句进行购物的对话。
	过程与方法	在完成听力任务时，有意识地运用听力策略，如预测听力答案等。
	情感态度价值观	通过对话的学习和训练，培养学生孝敬父母的品德，激发学生学习英语的兴趣。
教学重难点		学会用"How many""How much""What color""What size"等购物用语进行真实的交流。

2.教学计划

为了本研究的教学实施顺利进行，根据刘邦奇等人针对智慧课堂设计的"三段十步"的教学结构，结合实验学校智慧课堂教学环境条件和初中英语听说课特点，设计了本次实验的教学流程，如图8-12所示。

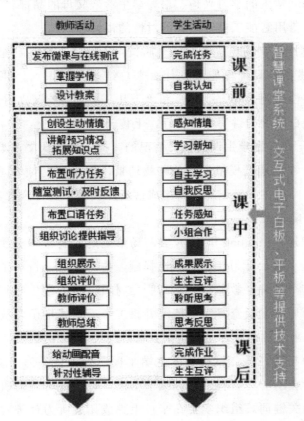

图8-12　"What can I do for you?"课程教学流程

3.教学实施

（1）课前——以学定教

课前发送微课视频和课前预习作业至学生端，组织学生学习微课并完成在线测试题。通过学情报告分析，发现大部分学生第4、6、9题考察"-ty"和"-teen"的区别和用法的得分率最低，说明学生对这个知识点的掌握不熟悉，在教学设计中注重对这个知识点的讲解。

（设计意图：通过课前预习，培养学生自主学习自我反思的能力，并帮助教师掌握班级学情，有针对性的设计教学活动。）

（2）课中

①课堂导入——创设生动的教学情境

创设情境，问题导入。教师向教师端发送一张母亲节的感恩贺卡，告诉学生母亲节就要到了，吸引学生注意，再以"给母亲送礼物"为话题开展教学活动，创设贴近生活的情境激发学生的学习兴趣。再通过去商场为母亲挑选礼物，用交互式电子白板多屏展示商场场景导入新课。

（设计说明：整节课围绕"为母亲买礼物"开展教学活动，通过电子白板模拟购物的场景，调动学生的学习兴趣，培养学生孝敬父母的品德。）

②听前——借用智能工具开展有针对性的讲解和总结

通过询问模拟的商场场景中的各个店铺用英文怎么说，并组织学生用"I can buy..."句式表述在各商铺里能买到什么来总结课文知识点。并通过展示衣服价钱，针对班级共性错题"几十：-ty"和"十几：-teen"的区别用法进行详细讲解。并将交互式电子白板上的讲解标注保存，上传云端。

（设计说明：在掌握学生课前预习情况的前提下总结课文重难点，有针对性的讲解提高课堂效率，通过模拟生动的购物场景，加深学生对单词和句型的具象化理解。同时，教师的讲解笔记将作为生成性资源供学生复习查看。）

③听中——随堂测试，及时反馈

介绍听力背景，Lingling和Betty去商场给妈妈买衣服和买食物。将听力任务一发送至学生端平板，听力任务一为选择题，作为一听，旨在帮助学生对听力材料的大概内容有个了解。教师播放动画听力材料，组织学生在平板上完成基础听力任务一，教师通过平板查看完成情况并投屏至交互式电子白板，系统通过柱形图显示学生的选项，教师针对错题讲解评价。

教师将听力拓展任务二发送至学生端平板，听力任务为问答题，作为二听，旨在帮助学生学会从听力材料中掌握细节信息，教师在听之前引导学生在电子白板中画出问题的关键词。组织学生在平板上完成拓展听力任务二，教师通过平板查看完成情况并投屏至交互式电子白板，给予学生及时的反馈。

教师将听力拓展任务三发送至学生端平板，听力任务三作是表格填空，要求学生通过对听力材料的了解分析做出总结和判断，教师通过平板将完成情况投屏至交互式电子白板并挑选五名同学作业进行批改与讲评。

（设计说明：通过难度层层递进的听力任务，帮助学生逐渐掌握听力技巧，逐步攻破听力难题。智慧课堂对学生完成随堂测验的及时反馈分析，帮助教师及时调整教学策略，有针对性的开展教学，同时帮助学生及时进行自我反思，提高课堂参与度。）

④听后——小组合作，成果汇报

教师组织学生跟录音朗读一遍听力材料，通过朗读巩固购物交际用语。接着教师通过交互式电子白板，呈现出商场的服装店和食品店，以"去商场为母亲挑选礼物"为主题，组织各小组成员分别扮演卖家和买家并展开对话。

（设计说明：通过交互式电子白板创设生动的学习情境和开放式的口语练习任务，激发学生使用口语交流的兴趣动机，培养学生主动思考探究和与人交流沟通的能力。）

邀请两个小组上台展示，通过拖动交互式电子白板上的衣服和食物进购物车模拟购物场景来开展交际对话，展示完毕后鼓励其他小组同学进行评价，教师认真倾听并给予总结评价。

引导学生总结课堂重难点并将结果呈现与交互式电子白板中，让学生朗读巩固。

（设计说明：学生在现代技术的支持下开展成果汇报，锻炼学生大胆使用英语对话和表现的能力，并通过学生之间的评价，促进学生学习反思和课堂互动。）

（3）课后巩固练习

课后发送课本听力材料的动画视频至作业平台，组织学生给动画视频配音并分享至班级空间，学生互相评价。

（二）观察

1.课前学生预习情况分析

在课堂教学结束后，查看作业平台时发现部分学生未在课前观看学习微课。

全班40人中，有33名同学按时观看了微课，有7名同学未按时观看微课，询问后了解到，有1名同学是将平板锁在学校的柜子里忘带回家，另外6名同学是因为学习态度问题，心存侥幸心理，认为不看老师也不会发现，想偷懒不看。

2.问卷调查分析

为了解本次智慧课堂支持下开展的教学活动的课堂互动效果，在课堂结束后面向该班40名学生发放了"智慧课堂互动效果"调查问卷。组织学生填写问卷后，通过对调查问卷的结果进行整理，了解学生的课堂参与、小组合作、学习效果和学习态度情况，从而分析总结本次教学实验中存在的问题。调查问卷使用里克特五级量表的形式，让学生在与自己情况符合的数字选项上打勾（1-非常不同意，2-不同意，3-不确定，4-同意，5-非常同意）。

表8-3　第一次行动研究课堂互动效果调查结果

第一维度	第二维度	均值	标准差
课堂参与	课上我专心听讲，记笔记，注意力集中	3.76	0.802
	课上我主动回答老师提出的问题	2.81	0.871
	课上我积极提出自己的观点或不理解的问题	2.69	0.852
	课上我踊跃上台展示小组讨论的结果	2.70	1.166
	课上我认真倾听其他同学的汇报	2.85	0.711
	课上我会主动对同学的汇报情况进行评价	2.51	0.568
小组合作	我认真参与小组讨论，并履行自己的职责	3.62	0.876
	我能够提出新观点，帮助小组解决问题	3.01	0.862
	我愿意和他人分享好的观点，也乐于接受他人正确观点	3.89	0.572
	我能耐心倾听他人的观点并给予积极的反馈	3.71	0.701
	我们能互相帮助解决讨论过程中遇到的问题	3.40	0.919
	本小组具有明确的讨论计划和责任分工	3.41	0.633
	在本次讨论活动中，我出色的完成了任务	3.17	0.778
学习效果	课堂上讲解了我课前预习遇到的困惑	3.41	0.960
	我能理解课堂上所学的知识	3.88	0.602
	课上的听力练习我做的又快又对	3.31	0.710
	课堂结束后我能清楚的知道本节课学习了哪些内容	3.41	0.715
学习态度	我对本次课程的学习内容很感兴趣	3.68	0.659
	我喜欢本次课程的学习活动组织形式	3.44	0.767
	我对小组讨论合作完成任务的方式很满意	3.41	1.087
	智慧课堂技术环境（多屏显示、智能交互、互动反馈）促进我与同学、老师的互动交流	3.41	1.006
	我认为基于智慧课堂的教学能提升我的学习效果	3.62	1.055

由调查结果表的数据分析可知，学生课堂参与部分除了"课上我专心听讲，记笔记，注意力集中"其他均值较低。由此可看出，学生基本上能认真的参与进课堂教学活动中，课上专心听讲，记笔记，注意力集中，但对回答老师提出的问题、提出自己不理解的问题、展示讨论结果、倾听他人汇报以及对他人进行评价，学生的积极性不高，还不能做到积极发言、主动展示汇报和评价，尚未养成主动

思考和提问的习惯。而根据"课上我踊跃上台展示本组的讨论结果"标准差为1.166大于1.000，整个班波动情况较大，说明班内不同的学生对小组学习成果展示的主动性存在明显差异。

分析小组合作情况发现，各项均值都在3以上，由此可知本次教学实验中，小组合作情况良好，大部分学生基本能够做到认真参与小组讨论活动，共同完成小组合作学习任务。

学习效果部分的各项均值都在3.00以上，其中"我能理解课堂上所学的知识"一题的均值最高为3.88。由此可看出，本次教学实验取得了一定的效果，学生基本能理解课上所学的知识，但学生的学习效果还有很大的提升空间。

学生态度部分的各项均值也都大于3.00，可以看出学生对本次实验的教学内容较感兴趣，对教学活动以及学习效果较满意。观察各项的标准差，其中"我对小组讨论合作完成任务的方式很满意"的标准差为1.087，"智慧课堂技术环境促进了我与同学、老师的互动交流"的标准差为1.006，"我认为基于智慧课堂的教学能提升我的学习效果"的标准差为1.055，三题的标准差均大于1.000，波动情况较大。由此可看出，不同学生对智慧课堂支持下的课堂互动学习感受和看法存在差异，教师还需进一步优化教学设计方案，提高课堂互动，提升教学效果。

3.访谈分析

为了解学生在智慧课堂中学习的感受以及对该轮课堂教学的评价，以期找出本次教学的优点与不足，在第一次行动研究后对班上任意15名学生进行了访谈。整理后的访谈内容如下：

（1）学生对本次教学的体验和感受：大部分学生对智慧课堂中教师的教学方式感到新奇有趣，他们很乐于参与课堂的学习活动，对智慧课堂中各种信息技术功能也有很强的好奇心，希望教师能够充分利用各项功能开展教学活动。高频率的课堂互动，给他们提供了很大的交流空间，平板和交互式电子白板的使用很好的帮助他们开展交流讨论和成果展示。还有部分同学表示课前的微课学习帮助他们更好的掌握课堂上知识点的学习，线上作业的及时反馈能很好的帮助他们了解自己的学习掌握情况，且预习过程中遇到的问题在课堂学习中都能得到很好的解决，帮助他们加深对知识点的理解。总体来说，学生对智慧课堂学习环境的感受较为理想，课堂参与度较高，且在智慧课堂中学习促进了师生、生生、教师与技术、学生与技术间的互动，师生与生生间沟通交流增多，关系也更加民主和谐。

（2）学生对本次教学的建议：有部分学生表示不是很习惯这种教师讲授少，讨论展示环节较多的学习方式，这些同学由于性格和英语基础的原因，不喜欢回答问题和进行展示。在访谈中也发现了课堂教学活动中学生倾听和评价的情况不是很乐观，有同学反映成果展示环节比较无聊。通过详细的深谈，发现在有趣新颖的小组展示过程中，大部分学生会认真倾听，但对于展示内容比较枯燥和表达不流畅的小组，大部分同学在倾听的时候都不大认真，导致成果展示完学生评价的学习活动参与情况也较差。有学生反映他们不喜欢主动去评价其他小组的展示成果。

3. 视频分析

按照表8-1的编码系统，每三秒将一次课堂行为编码记录。但由于在实际课堂教学中，教学行为具有复杂性和重叠性，为了准确地判断某种行为属于何种类别，约定以下编码原则：①在单位时间内同时有多种不同的互动行为发生，以其活动内容整体部分所属行为为标准进行记录；②教师利用交互式电子白板展示学习内容或资源时，归为"13"，若在使用交互式电子白板中，教师行为主要是对教学内容进行讲解，则归为"1"；③学生在进行合作探究时，如果利用技术支持，归为"18"，否则归于"11"；④在课堂讨论环节和自主学习探究中，教师若出现答疑指导行为归为"6"，学生若出现提问行为则归为"10"。将编码数据录入Excel形成一个编码序列，如表8-4所示。

表8-4 "What can I do for you?" 课堂教学数据编码选段

	1	2	3	4	5	6	7	8	9	10	11	12	13	14	15	16	17	18	19	20
1	1	1	21	21	13	13	1	1	1	2	2	2	21	9	4	9	1	21	9	9
2	2	9	4	8	8	4	8	8	8	4	4	1	1	1	13	13	13	2	13	1
3	1	2	2	13	1	3	8	4	7	13	1	3	8	4	3	13	3	3	8	4
4	4	1	13	3	8	1	7	7	13	3	21	9	4	13	3	3	13	2	9	9
5	7	7	13	3	9	4	4	1	7	7	13	3	8	8	4	4	13	13	2	9
6	4	9	4	8	8	4	21	4	9	9	4	9	4	9	4	9	4	9	9	9
7	4	13	1	1	3	8	4	3	4	8	4	7	1	5	5	7	7	7	7	7
8	7	14	14	1	1	10	4	1	1	1	1	1	3	8	4	1	1	4	1	1
9	3	4	4	3	1	3	1	1	1	1	5	7	7	7	7	13	1	1	1	3
10	8	4	3	8	4	3	9	4	3	9	4	3	9	4	4	3	9	4	3	9
32	19	19	19	19	19	19	19	19	19	19	19	19	19	19	19	19	19	19	19	19
33	19	19	19	19	19	19	19	19	19	19	19	19	19	19	19	19	19	19	12	12
34	12	12	12	12	12	12	4	4	4	4	5	21	19	19	19	19	19	19	19	19
35	19	19	19	19	19	19	19	19	19	19	19	19	19	19	19	19	19	19	19	19
36	19	19	19	19	19	19	19	19	12	12	12	12	12	12	12	12	12	12	4	4
37	4	21	13	13	1	1	1	1	1	13	3	3	9	4	9	3	9	9	9	9
38	3	9	9	3	1	4	3	9	9	3	9	9	3	9	3	3	9	9	9	1
39	1	1	1	3	1	1	7	7	7	7	7	7	7	7	7	7	7	7	7	7
40	7	7	7	7	7	7	7	7	7	7	7	7	7	7	7	7	7	1	1	1

将前后相邻的数据组成序列，统计序列出现的次数，得到智慧课堂教学互动分析矩阵表，如表8-5所示。

表8-5　"What can I do for you?"课堂教学互动分析矩阵表

	1	2	3	4	5	6	7	8	9	10	11	12	13	14	15	16	17	18	19	20	21	22	sum
1	47	4	8		4		2	1		1			3		1						2		73
2		3						3	4				%								2		14
3	1		4	1	i			18	12				S								2		42
4	8	2	15	26	4		3	17	7	2		1	7								2		94
5				10		5						1					1	1	1		4		23
6						9												3					12
7	1		1	1			69						5	1	1						1		80
8	1	1	2	39				24	1														68
9	2	1	5	26					12				1										47
10				1																			1
11				1	3																		4
12				4		6						11	1										22
13	11	2	6		1			4	1				13					1					39
14	1		1		1								2										5
15			1		1										18								20
16																							0
17													2				82						84
18																		79					0
19												2							75				77
20																							0
21		1						1	6				3				2				2		15
22																							0
sum	72	14	42	99	23	18	79	68	43	3	0	15	38	5	20	0	85	84	76	0	15	0	##

（1）课堂教学结构分析

从课堂教学结构上看，在课堂行为比例中，教师行为占比41.4%，学生行为占比56.6%，师生行为比例约为1：1.37。说明该基于智慧课堂的初中英语听说课注重学生的课堂参与，体现了以学生为中心的教学理念，有助于发挥学生学习的主体性。

（2）课堂教学互动整体分析

从课堂教学互动整体上分析，智慧课堂支持下初中英语听说课的教学中，言语所占比例为59.5%，其中教师言语占比56.3%，学生言语占比43.7%。智慧课堂初中英语教学中技术的使用所占比例为38.5%，其中教师使用技术占比20.5%，学生使用技术占比79.5%。表明在智慧课堂初中英语教学中，现代技术辅助师生开展互动教学和学习活动，技术对课堂互动教学有一定的支持作用。

（3）教师言语分析

在教师言语中，讲授占比27%，而师生互动（包括评价、提出开放型问题、提出封闭型问题、辅导、组织管理）占比73%。由此可看出，在智慧课堂英语教学中更注重课堂中的互动，通过评价、引导提问等与学生进行互动交流。在教师的互动行为中，教师言语评价所占比例最大，为37%，表明教师经常对学生的学习行为进行鼓励和评价。可见，教师在智慧课堂中主要通过与学生互动的方式开展课堂教学，注重构建融洽的师生关系，提高学生学习的积极性。值得注意的是，教师提问开放型问题的频率较少，应多注意引导和鼓励，营造轻松愉悦的课堂氛围，通过开放式问题的引导激发学生发散性思考。

（4）学生言语分析

在学生语言中，朗读部分占比38%，学生被动应答比例为33%，积极应答比例为21%，且学生主动提问的比例仅为1%，由此可看出，大部分学生还未养成积极应答和主动提问的习惯。针对这一问题，教师在教学过程中应注意进一步引导、鼓励学生积极思考，激励学生主动表达自己的观点，多组织学生讨论交流，在讨论中思考，提高学生参与课堂学习的热情。学生组间互评的比例较小为7%，表明学生参与组间互评学习活动的频率较低。针对这一问题，教师应通过一定的教学手段，进一步促使更多学生主动参与到组间互评学习活动当中，提高学生的评价和反思能力。

（5）教师使用技术的行为分析

在教师与技术互动过程中，各技术因素在教活动中出现的频率。其中，使用交互式电子白板展示教学内容和资源频数最多，表明教师使用多屏显示系统的频率较高，几乎贯穿于整个教学活动之中。其次是使用技术对学生进行评价，表明教师在教学中利用技术及时诊断学生的学习情况，有针对性地调整课堂教学活动。

（6）学生使用技术的行为分析

学生使用的各种技术在学习活动中出现的频率，其中使用技术进行自主学习和开展合作探究占比最大，分别为34.7%和34.3%，表明智慧课堂支持下的英语听说课中，学生与技术互动最主要的行为就是自主学习和合作探究，表明智慧课堂中技术的应用为学生开展学习探究提供了强大的便利，丰富了课堂互动学习活动的类型，提高了课堂互动的频率。

（四）研究总结与反思

为了完善智慧课堂互动教学活动方案，取得更好的教学效果，通过对调查问卷和观察记录视频得到的数据以及学生访谈结果进行分析，总结本次研究的有效性和不足之处。

在智慧课堂现代技术的支持下，教师能更好的与学生进行积极的互动，同时也由单一的知识传授者转变为教学活动的组织者、引导者、参与者和促进者。智慧课堂坚持"以学生为中心"的理念，预留了更多的时间给学生在讨论交流、成果展示和总结评价中完成学习任务并主动建构知识，使学生不再是知识的被动接受者。智慧课堂的即时反馈系统还能把学生的阶段性的学习情况数据化呈现，从而帮助教师及时调整教学，提高教学效率。

本次实验取得了较好的教学效果，大多数学生可以吸收教师讲授的知识，在课上专心听讲，记笔记。在讨论合作完成任务中，积极参与交流，主动发表观点并认真倾听。学生对本次实验教学的内容以及学习活动形式感到满意。通过学生回访和数据分析，发现一些学生因为惰性心理和不良的学习习惯，没有按时观看微课，课前预习存在着监管不力的问题。其次，部分学生未深入参与课堂互动，在小组合作讨论和展示的过程中，由于学生在能力和性格方面存在差异，展示环节仍然是优等生表现的舞台，这些口语能力较强的学生在小组讨论中积极发言、主动表现，帮助小组完成任务，并主动上台展示。而有些学生性格内向、口语能力不强等，讨论练习环节比较被动，成果展示主动性低，参与度低。还有学生因习惯传统课堂教学模式，对教师依赖性较高，缺乏主动学习意识，例如，学生很少在课上主动回答问题、主动思考，并很少提出自己观点或不解。智慧课堂的互动效果还有很大的提升空间，教师应多注意通过提问的方式引导学生思考，同时减少组织学生机械式朗读复读的学习活动，采用多种互动形式，鼓励学生积极回答。在小组学习成果展示环节中，学生注意力不集中，对他人的学习成果汇报关心度不高，导致学生在组间互评环节中主动性较差，组间互动频率较低，学生不熟悉其他小组的口语对话内容，倾听、评价和反馈的情况较差。教师应多利用智慧课堂的现代技术丰富学生评价方式，激励学生参与评价。

四、第二轮教学实践

（一）计划和行动

本次研究的主要目的是针对第一次研究过程中发现的问题，提出解决问题的教学策略，进一步改进完善教学活动设计方案，不断提高智慧课堂支持下英语听说课的互动效果。

1.教学策略改进

在第一次研究的基础上，针对反思与总结的问题，提出了相应改进措施，如表8-6所示。

表8-6　第一次教学的改进措施

第一次研究——总结与反思	第二次研究——改进措施
课前预习缺乏监管。	教师及时统计学生预习情况，通过QQ群或者电话反馈学生和家长。
部分学生参与课堂学习活动的积极性和主动性不高	注重教师与学生之间在情感上的互动交流，通过问题引导学生发言，适时给与学生表扬和指导。关注学生的差异性，鼓励性格内向、英语基础较差的学生回答问题，克服不敢说的心理，提高学习的自信心。 建立竞赛规则，通过竞赛加强师生情感互动，促进学生积极回答，主动参与。
学生倾听、评价与反馈情况较差。	在小组学习成果汇报展示环节要求每个学生对展示小组的优点和不足以及展示的内容进行简单的记录，并对自己的课堂学习表现进行自我评价，课程结束后将记录上传至班级空间。

2.教学内容与目标

本节课的题目为"Could you tell me how to get to the National Stadium?"，主要教学内容是"问路与指路"的各种表达方式，并能通过阅读地图标出路线及具体位置。"问路与指路"是贴近人们生活的一个永恒的话题，容易唤起学生学习的兴趣和使用目标语言表达的意愿，教师应充分利用这个话题展开各种教学活动。课程教学目标与重难点如下表。

表8-7　"Could you tell me how to get to the National Stadium?"
教学目标与重难点

教学目标	知识与技能	掌握与问路有关的单词和短语。能听懂有关问路、指路的简短对话，并能用英语问路与指路。
	过程与方法	能将语言学习与实际应用结合起来，学会看地图、使用地图，在问路和指路时学会注意礼貌、礼节。
	情感态度价值观	了解北京首都的一些著名景点及世界上其他国家的一些风景名胜，乐于参加运用英语的实践活动，乐于帮助他人。
教学重难点		能听懂有关问路、指路的简短对话，并能用英语问路与指路。

3.教学计划

因为指路问路比较实用且贴近生活，学生微课学习后完成在线作业的情况良好。针对这个情况，将教师总结拓展课文重难点环节调整为学生小组讨论总结微课和练习题里的重难点并汇报展示。把课堂舞台更多的交给学生，激励学生主动思考，学会学习。结合对第一轮实验的改进措施，修改后的实验教学流程如图8-13所示。

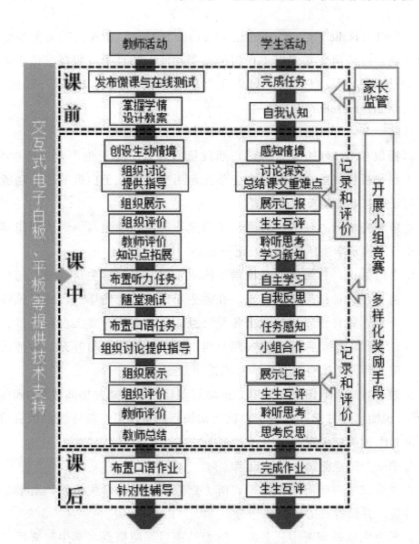

图 8-13 第二次行动研究教学流程

4.教学实施

（1）课前——以学定教

课前发布微课视频和在线作业，布置第二天根据预习内容总结课文重难点的任务，并截图学生的预习情况至QQ群里提醒家长督促孩子完成微课的学习和在线作业。通过微课视频的学习，学生对问路以及方位描述有了一个大概的认识。

课前准备：在班级群里说明第二天上课的组间竞赛规则，鼓励学生主动回答与展示，积极参与进课堂。并提醒学生在平板上安装一个高德地图APP。

（设计说明：向家长及时反馈学生预习情况，家校联动监管学生课前预习）

（2）课中——开展小组竞赛，注重师生情感交流

①课堂导入——创设生动的教学情境

教师创建卡通人物贝贝要去北京旅行的学习情境，在她旅行的时候会遇到哪

些问题，"What is the biggest problem when she travel?"导入课文关于旅游中指路问路的主题。教师用交互式电子白板的遮罩功能，通过贝贝想搭车该去哪、贝贝想取钱该去哪等一系列问题，导入课文重点词汇 station、bank、market、book-shop、stadium、museum 等。

②听前——借用智能工具开展有针对性的讲解和总结

教师播放 Activity1 的听力材料，通过抢答邀请一位学生上台完成听力任务，台下学生用平板完成听力任务；台上学生运用交互式电子白板的拖动功能根据听力材料将正确答案拖动至相应位置。

学生顺利完成听力任务，教师给予鼓励，并给该学生端推送大拇指奖励，通过教师平板给展示学生所在的小组记一分。

组织小组讨论，总结课前微课学习的重难点，引导学生从短语、句型等方面总结，并将小组讨论结果记录下来。在学生小组，讨论完毕后，通过抢答的方式选出一个小组，将讨论结果拍照上传至交互式电子白板，并上台做汇报。其他小组做记录，并在汇报结束后，对展示小组的成果进行评价与补充。教师给上台做汇报的小组加两分，给参与评价和补充的小组加一分。

教师通过对简易地图进行遮罩并拖动脚印行走，总结并拓展课堂知识点。

（设计说明：通过交互式电子白板让知识点的呈现更有趣味性，吸引学生注意力，帮助学生理解知识点。）

③听中——随堂测试，及时反馈

组织学生完成基础听力任务一。听力结束后，组织学生抢答，对学生的回答情况做评价，并给答对的小组加一分。

组织学生完成基础听力任务二。听力结束后，随机点名学生起来回答，对学生的回答情况做评价，并给答对的小组加一分。

④听后——讨论汇报，生生互评

播放听力原文，组织学生跟读，纠正发音。

以外国学生团来我校参观学习为例，组织学生讨论。通过高德地图在纸上绘制一幅校园简易地图，并基于地图展开问路和指路的对话。在学生完成练习后，教师请两个小组上台展示，展示小组将地图拍照投屏至交互式电子白板并进行角色扮演展开指路和问路的对话。

作品展示后其他学生对展示小组做出评价，教师给与上台做汇报的小组记2分，给参与评价和补充的小组记1分。

最后总结课文内容，统计每个小组的得分，表扬得分最多的小组。

（设计说明：要求学生对他人的成果展示进行记录和评价，并通过小组竞赛激发学生参与展示汇报和组间评价的热情。）

（3）课后

将课堂上对其他小组展示的评价记录上传至作业平台，并完成口语测评作业：编写前往家乡名胜古迹的短文对话并朗读。

（二）观察

1.课前预习情况分析

通过家长的督促，学生的预习任务完成情况得到了很大的改善，有38人完成了微课预习和在线练习。

2.问卷分析

为了解本次研究中智慧课堂的互动情况，教师在实验教学结束后，面向该班40名学生发放了"智慧课堂互动效果"调查问卷。组织学生填写问卷后，对问卷调查结果进行整理分析并对比第一次实验教学数据，总结出本次教学中存在的问题。

表8-8　第一次和第二次行动研究课堂互动效果调查结果

第一维度	第二维度	均值		标准差	
		第1次	第2次	第1次	第2次
课堂参与	课上我专心听讲，记笔记，注意力集中	3.76	4.05	0.802	0.672
	课上我主动回答老师提出的问题	2.81	3.39	0.871	0.858
	课上我积极提出自己的观点或不理解的问题	2.69	2.77	0.852	0.698
	课上我踊跃上台展示小组讨论的结果	2.70	3.38	1.166	0.921
	课上我认真倾听其他同学的汇报	2.85	3.68	0.711	0.764
	课上我会主动对同学的汇报情况进行评价	2.51	3.43	0.568	0.686
小组合作	我认真参与小组讨论，并履行自己的职责	3.62	3.98	0.876	0.770
	我能够提出新观点，帮助小组解决问题	3.01	3.32	0.862	1.021
	我愿意和他人分享好的观点，乐于接受他人正确观点	3.89	4.22	0.572	0.566
	我能耐心倾听他人的观点并给予积极的反馈	3.71	3.96	0.701	0.737
	我们能互相帮助解决讨论过程中遇到的问题	3.40	3.83	0.919	0.803
	本小组具有明确的讨论计划和责任分工	3.41	2.65	0.633	0.700
	在本次讨论活动中，我出色的完成了任务	3.17	3.21	0.778	1.081
学习效果	课堂上讲解了我课前预习遇到的困惑	3.41	3.78	0.960	0.602
	我能理解课堂上所学的知识	3.88	4.10	0.602	0.639
	课上的听力练习我做的又快又对	3.31	3.72	0.710	0.705
	课堂结束后我能清楚的知道本节课学习了哪些内容	3.41	3.82	0.715	0.597

第一维度	第二维度	均值		标准差	
		第1次	第2次	第1次	第2次
学习态度	我对本次课程的学习内容很感兴趣	3.68	3.87	0.659	0.612
	我喜欢本次课程的学习活动组织形式	3.44	4.10	0.767	0.642
	我对小组讨论合作完成任务的方式很满意	3.41	4.04	1.087	0.717
	智慧课堂技术环境（智能交互、互动反馈）促进我与同学、老师的互动交流	3.41	4.19	1.006	0.788
	我认为基于智慧课堂的教学能提升我的学习效果	3.62	4.17	1.055	0.769

第一次研究中，课堂参与部分除了"课上我专心听讲，记笔记，注意力集中"分值较高外，其他题目得分均值较低，都在3.00以下。但该题在本次研究中课堂参与情况有了改善。由于奖励规则的建立，学生主动发言、展示情况有了明显的变化，师生、生生间互动频率增加，学生学习的积极性也有了一定的提高，但"课上我主动回答老师提出的问题"和"课上我踊跃上台展示本组的学习成果"的波动还是比较大。另外，由于在本次教学实践里记录和评价措施的实施，学生在汇报人发言过程中基本能做到认真倾听和做简要的记录和评价，大部分学生的倾听和评价情况有了明显的改善，组间互动也更加的频繁。但"课上我积极提出自己的观点或不理解的问题"一题的均值虽和第一次相比有了一定的提高，但仍然较低，说明大部分学生还未能做到主动质疑。

课堂中小组合作情况第一次研究中均值相对较高，基本上都是在3以上。在第二轮实验研究中，竞赛的运用，使得本次教学活动中小组合作学习的部分数值有了很大的提升，其中"我认真参与小组讨论，并履行自己的职责"、"我能耐心倾听他人的观点并给予积极的反馈"、"我们能互相帮助解决讨论过程中遇到的问题"分值都较高，表明通过智慧课堂中现代技术的应用，更多学生积极地参与到了课堂小组合作学习活动当中，积极主动的与同伴讨论交流完成学习任务。但值得注意的是，"本小组具有明确的讨论计划和责任分工"的均值相较第一轮实验结果出现较大幅度降低，而"我能够提出新观点，帮助小组解决问题"和"在本次讨论活动中，我出色的完成了任务"的标准差均分别提升到1.021和1.081，结合课后的访谈，发现在教学活动中新增的小组讨论总结微课内容并展示的环节中，小组内部没有建立具体而清晰的讨论计划，组内责任分工不明确，参与小组互动的机会不均。

在上一轮教学实践中的学习效果的各项均值，基本都是在3以上。在第二轮的教学实践中，课堂互动的提高促进了学生积极参与进教学活动中，加深了他们对教学内容的记忆、理解和掌握，从而使学习效果得到了更进一步的提高。对比第一轮教学实践结果，大部分学生在课上完成听力练习的效率得到了提高，同时理解和掌握课程教学内容的情况也得到了一定的改善。由此可以看出，高水平的课堂互动能够加深学生对于知识的理解和记忆，并在一定程度上培养学生的知识迁移和应用能力。

在本次研究中，通过对智慧课堂支持下英语听说课的教学活动再设计，使得学生对本次课程的学习内容、学习活动的组织形式、小组合作的学习方式及智慧课堂的技术环境等态度有了一定的改变。特别是"我对小组讨论合作完成任务的方式很满意"、"智慧课堂技术环境促进我与同学、老师的互动交流"、"我认为基于智慧课堂的教学能提升我的学习效果"的标准差均有所减少，表明不同学生在智慧课堂中学习体验的差异性有所降低，丰富多彩的课堂互动使得大部分学生非常愿意在智慧课堂中开展课堂互动教学活动。

3.访谈分析

本次访谈在课程结束后开展，旨在了解就上轮教学实践出现的问题而提出的改进措施是否改善课堂互动效果。梳理总结访谈内容，主要概括为以下几点：

（1）实施竞赛规则措施后，学生课堂表现的变化：大多数学生表示，组间竞赛极大的鼓励他们主动参与课堂教学活动，积极回答老师的问题，但还有部分学生由于性格和英语基础不好等因素，依然不敢主动回答老师的问题。由此可看出，竞赛规则的建立使师生间的互动频率得到了显著的提高，但还有部分学生因为自身的原因无法积极主动的与教师互动，需要教师进一步的鼓励和引导，帮助他们树立自信心，激发学习动机。

（2）实施记录和评价后，学生小组学习成果展示及评价环节表现的变化：很多学生表示，记录和评价措施使他们认真倾听其他小组的汇报并思考，同时也积极参与进组间互评的学习活动中。还有学生表示，通过评价其他小组的展示成果和倾听他人对自己的评价，收获更多，也真正体会到学习成果展示和组间评价与交流的价值与意义。由访谈可知，大部分都做到了认真倾听和记录，在评价中反思，在记录中学会倾听。记录和评价措施对生生互动的效果起到了积极的作用。

（3）本次教学活动的问题和不足：在讨论过程中，尤其是在讨论总结微课环节中，有些同学发言较少，参与度较低，小组的讨论成果多由性格比较外向、英语成绩较好的学生完成。在讨论中，由于缺乏计划和明确的目标，导致讨论时间不够用，出现讨论效率不高的现象。同时，还有一部分同学因为性格或能力的原因，还是不敢积极主动的发言。

4.视频分析

按照上轮实验的编码系统，采取第一次研究同样的分析方法，对第二轮教学实验的课堂互动行为进行记录和分析，数据记录结果如表8-9所示。第二轮教学实验的课堂互动分析矩阵表，如表8-10所示。

表8-9　第二轮实验课堂教学数据编码选段

	1	2	3	4	5	6	7	8	9	10	11	12	13	14	15	16	17	18	19	20
1	21	21	21	1	1	1	13	7	7	1	2	8	13	13	13	1	1	1	1	1
2	2	2	21	8	4	8	8	4	21	3	8	4	2	8	4	4	13	13	1	1
3	5	13	8	4	13	8	4	4	4	13	21	8	4	4	13	8	4	13	13	8
4	8	4	4	13	8	4	1	1	4	13	3	8	4	3	8	8	3	8	2	9
5	5	5	5	17	17	17	17	17	17	17	17	17	17	17	17	17	17	17	17	17
6	17	17	17	4	17	17	17	17	17	21	15	15	15	15	15	15	15	5	5	5
7	11	11	11	11	11	11	6	6	6	6	11	11	11	11	11	11	11	11	11	11
8	11	11	11	10	10	10	6	6	6	4	11	11	11	11	11	11	11	11	11	11
9	11	11	11	11	11	11	10	6	6	6	11	11	11	11	11	11	11	11	11	11
10	5	19	19	19	19	19	19	19	19	19	19	19	19	19	19	19	19	19	19	19
32	19	19	19	19	19	19	19	19	19	19	19	19	19	19	19	19	19	19	19	19
33	19	19	19	19	19	4	4	4	4	4	4	16	16	19	19	19	19	19	19	19
34	19	19	19	19	19	19	19	19	19	19	19	19	19	19	19	19	19	19	19	19
35	19	19	19	19	19	19	19	19	19	19	19	19	19	19	19	19	19	19	4	4
36	4	4	16	16	20	20	20	20	5	5	12	12	12	12	12	12	12	12	4	4
37	4	12	12	12	12	12	4	4	4	15	15	15		4	4	4	13	13	13	1
38	1	1	1	2	9		2	9	9	4	9	9	9	2	9	4	2	9	4	4
39	13	1	1	1	1	3	9	9	4	4	2	9	9	4	9	9	2	9	9	
40	4	2	9	9	4	2	9	4	4	7	7	7	7	7	7	7	7	7	7	7

表8-10　第二轮实验课堂教学互动分析矩阵表

	1	2	3	4	5	6	7	8	9	10	11	12	13	14	15	16	17	18	19	20	21	22	sum
1	22	4			2								3										31
2		1						4	17												1		23
3								5	6														11
4	1	9	4	39	1		1	1	2		1	1	13		4	3				4			84
5					8		1				1	2	2			1	2	1	1				19
6			1		15						2						4						22
7	1			1			39																41
8		1	1	14				5					1										22
9		4	2	18	2			23	1														50
10			1			4			4														9
11	3				1	1			2	41													48
12				3								21											24
13	7	4	2		2		1	5					13				1				1		36
14	0																						0
15	1			2	1								18								1		23
16								2								4			2	1			9

续表

																							总
17			1													1	90			1			93
18				2		2												121					125
19			3	1														105					109
20				1															3				4
21	1		1			2	1			4		1									6		16
22																							0
sum	36	23	10	83	19	22	42	22	51	9	45	24	36	0	23	9	93	126	108	4	14	0	799

（1）课堂教学互动整体情况分析

如表8-11所示，本次研究中，教师行为占比由41.4%下降至32.6%，而学生行为占比由56.6%上升至65.5%。表明在此次智慧课堂教学中，教师更注重发挥学生学习的主体性，学生课堂参与有所提高。同时，使用技术的占比由38.5%提高至49.9%，表明本次教学活动中，师生利用技术展开互动教学和学习活动的频次大幅度增加，说明在本次实验中，技术对课堂互动教学起到了明显的支持作用。

表8-11　课堂教学互动整体情况

类别	第一次观察	第二次观察
教师行为占比	41.4%	32.6%
学生行为占比	56.6%	65.5%
言语占比	59.5%	48.2%
使用技术占比	38.5%	49.9%

（2）教师行为分析

观察教师言语行为（如图8-14所示），教师言语中，言语评价依然占比最高，讲授由26.9%下降至18.7%，提问开放型问题由5.2%上升至11.9%，提问封闭型问题由15.7%下降至5.18%，表明该节智慧课堂中，教师在知识传授过程中，重视评价鼓励，通过问题引导，启发学生思考。

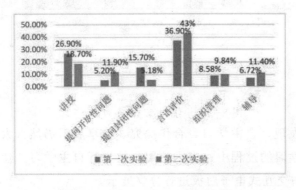

图8-14　教师言语各部分占比

从教师使用技术行为观察，如图8-15，使用技术进行内容展示和使用技术进行评价仍然占比最高，表明教师在智慧课堂教学中，现代技术多多用于展示和评价。在本轮实验中，增添了教师使用技术进行组织管理的特色，教师使用抢答激励学生主动回答积极参与，对课堂互动起到了很大的帮助。

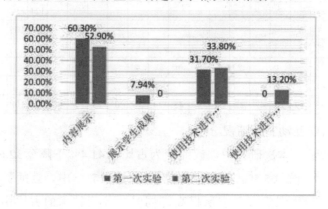

图 8-15　教师使用技术各部分占比

（3）学生行为分析

如图 8-16 所示，相较上一轮教学实验数据，学生被动应答比例由 33.2% 下降为 11.4%，学生积极应答比例由 21% 上升为 26.4%，学生主动提问比例也由 1.5% 上升至 4.66%，学生对其他小组或小组成员进行评价的比例由 7.32% 变为 12.4%。对比第一轮行动研究和第二轮行动研究中学生言语的各项占比的变化可以看出，学生更主动地回答教师提出的问题并发表自己的观点和看法，更积极地参与到了分享交流、组间互评的课堂互动学习活动当中，且部分同学已经能够做到主动思考、质疑，提出自己不理解的问题。

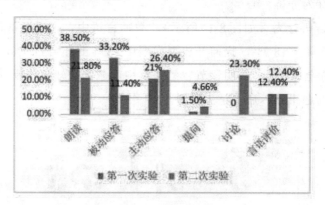

图 8-16　学生言语各部分占比

由图 8-17 可发现，自主学习、合作探究、分享展示仍然占大部分，学生在操作现代技术进行学习的过程中，多为使用平板进行自主学习，使用平板开展合作探究和使用平板与交互式电子白板进行分享展示。

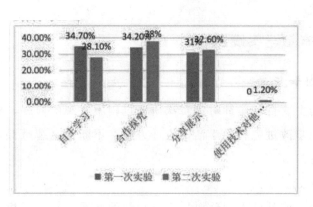

图 8-17 学生使用技术各部分占比

（三）研究总结与反思

通过对调查问卷、视频编码及学生访谈数据的分析，对本次研究进行总结。与第一次研究相比，主要取得了如下成效：

1. 师生与生生的互动频率得到了很大提高。竞赛规则的建立以及记录和评价措施的实施，使大部分学生能更主动的回答老师的问题，更积极的参与进讨论交流与成果展示的教学环节中。

2. 组间互动频率有了明显的提升。在小组展示汇报的过程中，大多数学生能做到认真倾听和记录，汇报结束后能积极的对展示小组进行评价。

3. 学生学习效果有所提升，学习态度也有了明显的改变。课前预习情况的改善提高了教学效率，良好的课堂氛围和高频率的课堂互动加深了学生对知识的理解和掌握。很多学生喜欢智慧课堂中的教学方式，逐渐培养起自主学习的能力。

但根据实验教学的数据分析，发现本次研究中还存在以下问题：

（1）小组内部缺少责任分工和明确的讨论计划。由于讨论任务难度的加深，小组讨论环节的缺陷逐渐暴露出来，很多小组因为没有明确的责任分工和讨论计划，导致组内互动不均衡，讨论探究的效率不高。学习成绩好的学生在小组讨论过程中积极发言、分享观点，主导着讨论探究的进程，而组内的其他同学则仅是倾听甚至偷懒开小差，参与度较低，这样不利于形成高效、积极的合作学习氛围，讨论交流的环节有待进一步改善。

（2）学生未深度参与到课堂活动中。即使建立了小组竞争的奖励规则和采取了抢答的方式激励学生回答，但激励机制的有效性不强，有一定性格内向、口语能力不强的学生不敢主动回答问题和主动展示，课堂参与度较低，小组回答问题和口语展示的任务还是主要由组里成绩较好的学生承担。

五、第三轮教学实践

（一）计划和行动

本次研究的主要目的是针对第二次研究过程中发现的问题，提出解决问题的改进措施，进一步改进完善教学活动设计方案，不断提高智慧课堂支持下英语听说课的互动效果。

1.教学策略改进

在第一次研究的基础上，针对反思与总结的问题，提出了相应改进措施，如表8-12所示。

表8-12　第二次教学的改进措施

第二次研究——总结与反思	第三次研究——改进措施
小组内部缺少责任分工和明确的讨论计划。	将学生分为十个小组，每个小组由4人组成，分别担任组长、记录员、记分人、汇报人。组长主要负责制定讨论计划目标、组织小组讨论；记录员负责记录、总结组内讨论的学习成果，记分员负责记录小组成员的发言次数，汇报人为口语展示环节中的主要负责人，并规定在每次讨论交流中，组内成员的角色要有变动。通过细化组内成员角色，明确各成员的责任分工，从而增加个体责任感。
课堂互动效果不够好，还有一定的学生没有参与进来	充分挖掘智慧课堂系统的激励评价功能，丰富互动方式，在使用抢答功能的基础上，配合使用随机抽取功能，提高学生的参与紧张感，促进课堂参与，并对回答正确和顺利完成任务的学生，教师通过平板推送大拇指予以表扬和鼓励。

2.教学内容与目标

本节课题目为"what did you do?"，课程教学内容围绕"旅游这一话题"，以托尼到洛杉矶旅行为题材，既展示了谈论旅行时常用的语言，也介绍了这个代表西方文化的重要城市，试图让学生领略不同的文化与历史、人文与生活。课程目标和重难点如下表8-13。

表8-13　"what did you do?"教学目标与重难点

教学目标	知识与技能	掌握与问路有关的单词和短语。能听懂谈论旅行经历的对话，能用一般过去时谈论自己和他人的旅行。
	过程与方法	学会在交流中获取有关假期旅行的信息。
	情感态度价值观	分享旅行的快乐，培养热爱生活、积极乐观的生活态度。
教学重难点		一般过去时的疑问句。

3.教学计划

结合对第二轮实验的改进措施，在第二轮实验教学流程的基础上进行了修改，修改后的本轮实验教学流程如下图8-18所示。

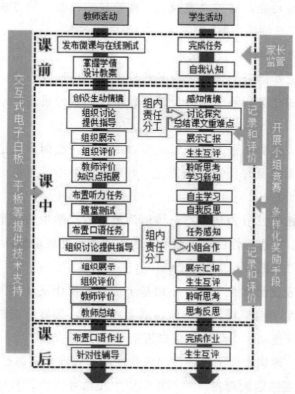

图8-18　第三次行动研究教学流程

4.教学实施

（1）课前——以学定教

给班级分组，前后桌四人为一个固定的学习小组，并选出组长、记录员、记分员和汇报人。课前在作业平台上发布微课和练习，通过作业报告发现很多学生对不规则动词过去式的变形用法不理解，在设计教案的过程中，注意使用电子白板丰富对该知识点的重点讲解，提高学生对枯燥的语法学习的兴趣。

（2）课中——丰富奖励手段强化师生情感交流

①课堂导入——创设生动的教学情境

通过"Do you want to have a journey to the USA?"问题导入，询问学生是否想去美国旅游引入旅行的话题。然后扮演导游带领学生去美国旅行，通过交互式电子白板的遮罩功能展示美国的人文风景图片，导入课文重点单词，并引导学生造句，给主动回答的学生推送大拇指。

②听前——借用智能工具开展有针对性的讲解和总结

组织小组讨论总结微课重难点并汇报展示。学生认真倾听并记录评价。

教师对学生活动做总结性评价，给上台汇报的学生和对汇报小组进行了评价的学生推送大拇指，并给汇报小组和进行了评价的小组分别加2分和1分。然后使用电子白板的刮擦功能，通过"提问——擦除显示答案"的方式，针对不规则动词的变形规则进行详细的讲解。

③听中——随堂测试，及时反馈

组织学生完成基础听力任务一，并通过平板随机抽取一位学生上台完成。该题为客观题，完成任务后系统及时反馈答题情况，教师讲评并给学生推送大拇指奖励。

组织学生完成拓展性听力任务二，听力结束后，组织学生抢答，该题为客观题，学生答题后系统及时反馈答题情况，教师讲评并给学生推送大拇指奖励，同时给答对的小组加1分。

组织学生完拓展性听力任务三。该题为填空题，学生通过平板填空，完成后提交，教师接收后，选择性的对多名学生的作业进行批注讲解。

④听后——讨论汇报，生生互评

教师将访谈表发至学生平板，小组基于访谈表设计采访明星王某某的访谈对话，教师鼓励学生使用平板的翻译软件或上网查询，拓展访谈的对话内容。在讨论过程中教师巡回走动，为学生提供口语指导。

讨论结束后，邀请小组上台通过角色扮演的方式展开采访对话，展示完毕后，给上台展示的学生推送大拇指，然后组织学生投票并评价，教师倾听并给予总结评价，并给展示和进行了评价的小组分别加2分和1分，给展示过程中拓展了对话的小组再多加1分。总结本节课重难点，对得分最多的小组予以表扬奖励。

（3）课后

布置朗读关于假期旅行小短文的口语测评作业，并将小组评分情况上传至作业平台。

（二）观察

1.问卷分析

为了解本次教学实验中的课堂互动效果，教师在课堂结束后面向该班40名学生发放了"智慧课堂互动效果"调查问卷。在组织学生填写问卷后，对调查结果进行整理分析并与第二轮教学实验的数据进行比较。

表8-14　第二次、第三次行动研究课堂互动效果调查结果

第一维度	第二维度	均值		标准差	
		第2次	第3次	第2次	第3次
课堂参与	课上我专心听讲，记笔记，注意力集中	4.05	4.11	0.672	0.588
	课上我主动回答老师提出的问题	3.39	3.58	0.858	0.720
	课上我积极提出自己的观点或不理解的问题	2.77	3.03	0.698	0.705
	课上我踊跃上台展示小组讨论的结果	3.38	3.49	0.921	0.781
	课上我认真倾听其他同学的汇报	3.68	3.81	0.764	0.681
	课上我会主动对同学的汇报情况进行评价	3.43	3.61	0.686	0.700
小组合作	我认真参与小组讨论，并履行自己的职责	3.98	4.22	0.770	0.732
	我能够提出新观点，帮助小组解决问题	3.32	3.67	1.021	0.838
	我愿意和他人分享好的观点，乐于接受他人正确观点	4.22	4.29	0.566	0.663
	我能耐心倾听他人的观点并给予积极的反馈	3.96	4.02	0.737	0.741
	我们能互相帮助解决讨论过程中遇到的问题	3.83	3.96	0.803	0.620
	本小组具有明确的讨论计划和责任分工	2.65	4.05	0.700	0.714
	在本次讨论活动中，我出色的完成了任务	3.21	3.68	1.081	0.726
学习效果	课堂上讲解了我课前预习遇到的困惑	3.78	3.86	0.602	0.586
	我能理解课堂上所学的知识	4.10	4.00	0.639	0.577
	课上的听力练习我做的又快又对	3.72	3.381	0.705	0.722
	课堂结束后我能清楚的知道本节课学习了哪些内容	3.82	4.01	0.597	0.741
学习态度	我对本次课程的学习内容很感兴趣	3.87	4.13	0.612	0.568
	我喜欢本次课程的学习活动组织形式	4.10	4.11	0.642	0.610
	我对小组讨论合作完成任务的方式很满意	4.04	4.21	0.717	0.731
	智慧课堂技术环境（智能交互、互动反馈）促进我与同学、老师的互动交流	4.19	4.18	0.788	0.637
	我认为基于智慧课堂的教学能提升我的学习效果	4.17	4.31	0.769	0.619

　　在第二次研究基础上，学生的课堂参与情况大部分数值又有了一定的提高，尤其是"课上我主动回答老师提出的问题"和"课上我踊跃上台展示小组的讨论结果"的方差均有所下降，由于教师的鼓励和引导以及多样化的师生互动方式，更多的学生参与进课堂的问答与展示环节，学生的学习主动性和自信心有所增强。学生主动质疑与提问的情况在原来的基础上也有所改善，说明学生开始逐渐养成通过课前预习掌握知识点并思考质疑的习惯。

　　在小组合作方面，由于明确了组内成员的角色分工，"本小组具有明确的讨论

计划和责任分工"的均值相较第二轮实验结果得到了很大的改善，"我能够提出新观点，帮助小组解决问题"、"在本次讨论活动中，我出色的完成了任务"的标准差均有所降低，更多的学生积极参与进课堂互动讨论中，在合作学习时积极发表观点并积极的交流解决问题。从整体上看，本次研究在小组合作学习环节中，学生的参与度不均的问题得到了改善。

学习效果和学习态度方面的各项均值都得到了略微提高，各项方差和第二次研究相比都有略微的下降，变化趋于稳定。表明学生已逐渐适应智慧课堂的教学模式并进入了良性循环。在智慧课堂支持下，课堂的互动情况得到了有效的提高，深度的课堂互动也提高了学生对英语学习的兴趣，从而改善了课堂的教学效果。

2.访谈分析

梳理课后对学生的访谈，可以概括为以下几点：

（1）实施组内成员角色分工策略后，学生在小组交流讨论环节的表现：大多数学生表示在实施组内成员角色分工策略后，帮助他们明确了自己的责任分工，更好的参与进交流讨论中，各司其职，促进交流讨论高效的进行。总的来说，组内成员角色分工策略能提供更为公平的课堂参与氛围，提高生生、师生的互动，改善学生合作学习的效果。

（2）老师提问和小组展示环节时，学生的心情和表现：很多学生，尤其是一些害羞、英语口语底子较差的学生均表示，抢答和随机点名以及大拇指奖励推送的方式不仅能激励他们对老师点名充满期待和紧张，在回答问题后得到满足感和成就感，还帮助他们在课堂学习中集中注意力，更加认真的听讲。总的来说，多样化的互动方式和奖励机制极大的提高了学生的积极性主动性，使学生从被动的接受知识，到主动的发现、回答问题，促进师生互动，提高课堂效率。

3.视频分析

根据上述表8-1的编码系统，采取同第一次和第二次研究的分析方法，对第三轮研究的课堂情况进行分析，数据记录结果如表8-15所示。第三次研究中智慧课堂教学互动分析矩阵表如表8-16所示。

表8-15 第三轮实验课堂教学数据编码选段

	1	2	3	4	5	6	7	8	9	10	11	12	13	14	15	16	17	18	19	20
1	5	5	13	2	21	8	8	4	2	8	4	2	9	9	4	4	1	1	1	1
2	13	13	13	13	13	13	13	13	2	9	4	9	4	1	1	21	21	1	1
3	13	3	9	9	4	13	3	21	8	8	4	13	3	8	4	2	21	i	9
4	4	13	3	13	9	4	4	21	9	2	21	21	9	4	9	9	4
5	4	13	2	9	9	4	9	9	4	13	5	7	7	7	7
6	7	7	7	7	7	7	1	1	5	11	11	11	11	11	11	11	11	11	11
7	11	11	10	10	10	6	6	6	11	11	11	11	10	10	6	6	6	11
8	11	11	11	11	10	11	11	11	11	10	6	6	11	11	11	11

续表

9	10	6	11	11	11	11	11	11	11	11	16	16	19	19	19	19	19	19	19	19
10	19	19	19	19	19	19	19	19	19	19	19	19	19	19	19	19	19	19	19	5
32	19	19	19	19	19	19	19	19	19	19	19	19	19	19	19	19	19	19	19	16
33	5	12	12	12	12	12	16	12	12	16	12	12	12	12	12	16	4	4		
34	16	16	21	19	19	19	19	19	19	19	19	19	19	19	19	19	19	19	19	19
35	19	19	19	19	19	19	19	19	19	19	19	19	19	19	19	19	19	19	19	19
36	19	19	19	16	16	12	12	12	16	21	12	12	12	12	12	16	4	4	4	4
37	4	21	13	13	1	1	3	8	8	3	8	8	8	3	8	8	4	4	2	
38	9	2	21	9	9	9	2	9	9	2	9	9	4	1	1	13	1	1	2	21
39	8	8	2	9	9	4	7	7	2	9	9	9	3	9	7	13	1	1	1	1
40	5	7	7	7	7	7	7	7	7	7	7	7	7	7	7	7	7	7	7	7

表 8-16　第三轮实验互动分析矩阵

	1	2	3	4	5	6	7	8	9	10	11	12	13	14	15	16	17	18	19	20	21	22	sum
1	24	2	3		6								4			1					1		41
2		1						2	17												9		29
3								10	4												1		15
4	4	11	3	20			1	2	6			1	8			2					3		61
5		1		2			3				1	2	1				2	1					13
6							7				5												12
7	1	1					45						2										49
8		4	2	12	1			8															27
9		6	2	21			1		39						4	1					1		75
10						5					11												16
11											5	34				1							40
12				1									30		1	5							37
13	9	3	4			1							11										28
14															1								1
15			5										1		20	1							27
16			2		1				4			3				1			2		4		17
17															1	2	74						77
18																1		99					100
19				1												2			107				110
20																							0
21	3	1						5	5			1	1	1				1		1		5	24
22																							0
sum	41	29	15	61	12	12	50	27	75	16	40	37	28	1	27	17	77	100	110	0	24	0	799

（1）课堂教学互动整体情况分析

如表 8-17，教师行为由 32.6% 下降到 30.3%，学生行为占比由 65.5% 略微上升到 66.5%，学生行为占比仍然占课堂教学互动的一大部分，说明智慧课堂中的互动教学充分体现了"以学生为中心"的教学理念。因为环节设计的不同，课堂教学的言语和使用技术的占比有略微调整，但相差不大，使用技术占比仍然占了课堂的一部分，相较于第一次观察有了很大的提高。说明智慧课堂已逐渐融入智慧课堂教学中，成为增强课堂互动的重要支撑。

表8-17　课堂教学互动整体情况

类别	第一次观察	第二次观察	第三次观察
教师行为占比	41.4%	32.6%	30.3%
学生行为占比	56.6%	65.5%	66.5%
言语占比	59.5%%	48.2%	51.9%
使用技术占比	38.5%	49.9%	45%

（2）教师行为分析

如表8-18，在第三次实验教学活动中，和前两次实验相同，教师行为占比最多的是评价（包括言语评价和使用技术评价），接下来依次是16.8%讲授、11.94%提出开放型问题、11.50%操作演示内容。讲授部分相较于第二次实验，略有提高。由于教学内容的难度稍有增加，教师也相应的增加了讲授的频率，但是纵观整个课堂情况，教师行为主要还是以鼓励评价和点拨引导为主，课堂上的时间多交还给学生，让学生通过与老师、同学以及技术的互动，主动学习和思考。

表8-18　教师行为各部分占比分析

教师行为	第一次实验	第二次实验	第三次实验
讲授	21.80%	13.4%	16.88%
提出开放型问题	4.22%	8.58%	11.94%
提出封闭型问题	12.70%	3.73%	6.17%
言语评价	29.90%	30.98%	25.10%
组织管理	6.95%	7.09%	4.94%
辅导答疑	5.44%	8.21%	4.94%
操作演示内容	11.40%	13.40%	11.50%
展示学生成果	1.51%	0	0.41%
使用技术评价	6.04%	8.58%	11.10%
使用技术进行课堂管理	0	3.36%	7.00%

（3）学生行为分析

如表8-19，学生的言语占比最高的主要是朗读和积极应答，通过和第一次实验、第二次实验对比，由于激励机制和多样的互动方式的应用，学生积极应答的占比升至30.6%，主动提问占比也升至6.53%。由此可见，在本次实验中，学生积极的参与进课堂互动，主动回答问题，课堂气氛活跃。

表8-19　学生言语各部分占比分析

学生言语行为	第一次实验	第二次实验	第三次实验
朗读	38.50%	21.80%	20.40%
被动应答	33.20%	11.4%	11.02%
积极应答	21.00%	26.40%	30.60%
主动提问	1.50%	4.66%	6.53%
交流讨论	0	23.30%	16.30%
评价	7.32%	12.40%	15.10%

如表8-20，同前两次实验相比，自主学习、合作讨论、分享展示仍然占比最高，智慧课堂的现代技术在学生的自主学习、合作讨论、分享展示中起到了很大的支持作用。

表8-20　学生使用技术各部分占比

学生使用技术行为	第一次实验	第二次实验	第三次实验
自主学习	34.70%	28.10%	26.80%
合作讨论	34.30%	38.00%	34.80%
分享展示	31.00%	32.60%	38.30%
评价	0	1.20%	0

（三）研究总结与反思

通过对调查问卷、视频编码及学生访谈数据的分析，对本轮教学实验进行总结。与第二次研究相比，取得了如下成效：

1.更多的学生主动参与到了课堂的互动教学活动中，大多数学生能积极主动的回答问题、参与讨论并展示，深度的课堂互动使学生学习的自信心和语言表达能力得到了增强。

2.学生的学习效果和学习态度不断改善，越来越多的学生开始适应在智慧课堂中学习。

3.学生小组讨论交流、合作探究的效果有了很大的提升。由于组内成员有明确的责任分工，在讨论过程中成员们都各司其职积极参与，学生合作学习的参与度明显提高，生生互动交流的效果有所提高。

但同时也发现了研究过程中存在的问题和不足，主要表现为学生主动提出自己的观点或不理解的问题的行为出现频率依然较少，长期处于被动学习的学生还没有养成主动质疑的习惯，要完全形成主动学习的习惯需要一个长期的过程。

第三节 智慧课堂在英语听说课教学的教学策略

基于调查问卷的分析结果，通过查阅文献梳理的智慧课堂的理论基础，提出智慧课堂支持下初中英语听说课互动策略。

随着新课程改革力度深入，对于教师的要求也在不断提升，不仅要求教师用心培养学生，还要求教师用自身智慧来启迪学生。智慧课堂重视教学的创造性和智慧性，其教学旨在培养智慧人才，关注学生学习的个性化、多元化和生态化。在智慧课堂的现代技术支撑下，通过调查问卷的分析结果，基于智慧课堂的理论基础，结合初中英语听说课特点，提出智慧课堂支持下初中英语听说课的具体互动策略。

一、巧借智能工具创新教学方法

传统英语听说课开展过程中，无论是教学方法还是教学手段都非常单一，主要依靠传统多媒体教学平台，通过讲授、组织听力练习、组织对话朗读开展教学活动。单一陈旧的教学手段无法照顾到学生的个体差异，也容易让学生失去对英语听说课的兴趣，造成学生的课堂参与度低，教学效果不理想的情况。通过智能教学工具的运用不仅可以创新教学方式，激发学生学习兴趣促进课堂参与，还能实施差异化教学，真正的实现因材施教。

（一）化静为动使学生更好掌握重难点

多感官的刺激能促进学生的学习和记忆。据相关研究，英语教学活动展开过程中，相较于单一"讲授——练习"的教学方式，多感官参与更利于学生学习效率提升。而传统课堂中教师在讲授词汇、句型、语法等语言知识点的时候，因为教学手段的限制，使这些知识点极其抽象和枯燥，难以被学生理解和掌握，使学生对英语失去兴趣。但在智慧课堂中，通过信息技术与英语教学活动的结合，教学内容呈现方式更为多样化，为学生提供多感官刺激的同时也能有效激发学生对英语的兴趣，使学生在英语学习过程中体验和思考，帮助学生深入参与进课堂教学中。

例如，在"Could you tell me how to get to the National Stadium?"课中，在讲授根据地图描述某个地点的方位和到达路线时，学生难以理解复杂的方位路线描述。教师可以利用交互式电子白板模拟出城镇地图，然后通过在地图上拖拽主人公行走引导学生描述出行走的路线和目的地的方位，形象化的教学方式不仅能提高学生学习兴趣，还能帮助学生理解本节课的重难点并加深记忆。

（二）课堂互动工具促进师生交流

通过计算机交互功能和电视机视听功能的结合，智慧课堂的人机交互功能使人机交互方式愈加多样、丰富，不仅提升了学生的参与度，传统教师讲解方式也得到了根本性的改变。智慧课堂除了为教师提供丰富的英语教学辅助工具：比如资源调动、移动讲台以及画笔等，还有多种个性化功能，如计时器、抢答、分组PK、投票、拍照分享、幕布、聚光灯等，还支持将课堂实录、课件及板书一键发送给学生，方便学生课后复习。多种智能工具能帮助教师设计适合教学内容、适合学生特点、适合自己的教学方式。同时教师还可以通过智慧课堂的备课平台设计个性有趣的教学课件。以希沃电子白板为例，不仅包含课件导入和导出功能，还可以设计例如思维导图和选词填空、判断对错、分组竞争等游戏练习的教学环节，在课堂上投映在交互式电子白板上后，学生上讲台直接用手触屏进行点击和拖动，方便快捷。寓学习于游戏中，活跃课堂氛围，既激发学生兴趣，加深对知识的巩固与理解，又能培养学生的观察能力和反应能力。

（三）创设生动情境生成高效互动

情境认知与学习理论认为，要想有效开展学习活动，必须引导学生在特定情境中完成对知识的意义建构，学习情境会对学生学习效果产生非常重要的影响。通过趣味生动的学习情境创设，不仅可以充分调动起学生的学习兴趣、引起学生的共鸣，还可以引发学生深入思考的愿望，进而使学生迅速融入到课堂教学活动中，对于整体教学效果优化有着非常重要的意义。《初中英语新课程标准》规定，初中英语教学的根本目标是培养学生语言综合运用能力。英语学习是语言学习，不仅需要经历交流和交际，还要结合具体的文化背景，这样才能有效培养学生英语思维能力。学生语言综合运用能力的基础是听说能力，所以通过真实情境的营造来展开具体的教学活动对于学生整体语言运用能力的提升有着非常重要的作用，这也是传统教学中难以做到的。随着信息技术发展水平提升，在智慧课堂中电子书包、网络学习空间、大数据、人工智能等技术与平台的支持下，尽可能模拟出新颖有趣、与真实生活情境相似的情境，引导学生运用所学知识解决身边的问题，了解其在现实生活中的应用，培养学生的应用意识。

二、尊重学生主体促进智慧生成

从生成论视角来看，生成是基于原有知识基础、学习能力空间以及动因并在问题情境刺激驱动下，通过已有知识和技能的重组来形成新的问题解决方案。将该理论运用到实际教学过程中则指的是通过问题情境和任务的驱动来调动学生原有知识基础和思维能力实现问题解决能力提升，并培养学生的创造性思维能力。

要想促使学生的智慧生成，需要教师在智慧课堂现代技术的支持下，以生为本，注重课堂的整体参与，灵活设计教学活动，以学定教，同时也要转变教学方式，预留课堂空间，给学生进行小组讨论与合作并开展成果汇报，让学生亲自参与体验知识获得的过程，这样学生才能获得更为深刻和持久的知识和技能记忆，有助于知识的迁移和运用，并在师生、生生交流中探究，产生心灵共鸣和思维共鸣，开发潜能。

（一）以生为本及以学定教

以学定教充分体现了"教师主导，学生主体"的教学理念，实现以"学"定"教"，精准教学，能使教学互动更深化、教学效果更优化。智慧课堂能辅助教师更好的掌握学生学情，实现以学定教。上课前教师推送预习任务，学生通过观看微课和完成测试题对课文内容进行初步的学习，教师通过智能学情分析功能记录和分析学生的思维过程、学习进度与学习效果。课堂上，教师可以用一部分时间解决学生预习碰上的难题，用更多的时间延伸知识和开展对话活动，让学生有更高层次的收获。同时，课前的在线预习促使学生通过现代技术开展自主学习活动，养成积极主动学习，智慧学习的好习惯。

（二）讨论合作及成果汇报

智慧课堂上教师可借助交互式电子白板创设情境并用平板发送小组学习任务，教师设计活动或者告知学习主题，主要包括小组合作探究、游戏教学、情景演练、角色扮演等。然后将学生分小组讨论，通过讨论探究不断拓展对话内容。在讨论探究中，学生逐渐发现语言规律并掌握语言知识点，探寻有效的学习方式，发展自主学习能力，最终实现英语听说能力的训练，促使学生英语交际能力提升的同时培养学生运用英语思维思考和解决问题的能力。

讨论结束后的成果汇报过程对于学生知识理解和掌握程度的加深有着非常重要的作用，也可促使学生知识应用和迁移能力不断增强。在智慧课堂中，学生可利用智能交互系统将智能终端上记录的小组讨论内容投屏展示或多屏同步展示各小组合作学习成果，方便教师小组合作学习成果汇报展示活动开展。在智慧课堂中开展合作讨论与成果汇报，让学生主动灵活地运用适当的技术促进对知识的建构、合作共赢和创新实践，促使学生参与积极性和主动性提升的同时师生以及生生互动的质量和频率也得到了有效增强。

三、优化评价注重培育智慧人才

智慧课堂的主要目的是培养智慧人才，所以智慧课堂的教学结果应是富有创造性且多元化的，这样培养出的学生才能具有更完善的人格，也可以更好的适应社会需求。因此要注重对评价的优化，在教学过程中，仅依靠学生的互动次数、作业的提交情况以及正确率统计是不能作为评价学生行为表现的全部标准。教师对学生的情感投入应不断增强，这样才能及时发现学生学习过程中无法量化客观统计的隐形发展和进步。

（一）以激励为主

激励性评价的主要目的是激发学生学习积极性和主动性，培养积极的情感和价值观。学生层次不同，教师的评价要求也应具有一定的差别，如果学生学习能力较强、思维比较活跃，教师应制定较为严格的标准，为其智慧发展留足空间。如果学生的学习能力较差、思维能力也较弱，教师应通过情感投入力度的增强来捕捉学生身上的闪光点，并以此为基础进行鼓励和表扬。另外，场所不同教师鼓励方式也应有差异，在表扬优秀学生的同时也要保护未被表扬学生的积极性和自尊心，使学生可以在一个积极的环境中成长，进而塑造出完善的人格。

（二）注重过程性评价

实际课堂教学活动开展过程中，教师不应过多关注少数人，也不应仅关注学生某一方面的知识和能力，更不能主宰课堂和学生。新课标要求教师面向全体学生，关注学生个性化发展，为学生的终身发展奠定基础。过程性评价反映了学生知识学习与能力发展的过程，贯穿学生学科学习的始末。

通过智慧课堂中的及时反馈技术，可以实现学生学习过程的动态评价，在教学过程中，教师在线发送测试题并设置答题时间，学生加入到课堂中即可获得测试题并被要求在规定的时间内交卷，有利于学生时间观念的培养。通过智能学习系统的利用，不仅可以实现学习过程的透明化以及学习结果的可视化，教师还可纠正和测试学生的学习质量。学生作答完成后，教师可以基于作答分析结果来了解学生学习效果并及时向学生反馈，激发学生学习动机，在教师的帮助下还可以有效弥补自身不足，教师也可以基于学生学习能力调整教学方案。

（三）强调多元主体的评价参与

学生是学习的主体，在评价过程中也应该引导学生积极参与进评价中。将学生引入评价体系也就是让学生自我评价，反思自己在学习中的成功与不足，发现有效的学习方法，提高学习能力，这在完善学生人格方面也起到了很重要的作用。同时让学生之间互相评价，在互评中相互监督、共同进步，并养成虚心听取他人意见的良好习惯、诚恳对待他人以及良好的团队合作精神。因此要建立开放、宽松的评价氛围，注重教师评价的同时也鼓励学生参与，实现评价主体的多元化，帮助学生在自我评价、教师评价和互相评价中进行反思，进而促进自我学习与发展的实现。

在智慧课堂中能够以大数据技术为辅助，在教育云平台的帮助下，构建学生成长数据库，进而确保评价的动态性和持续性。无论哪种评价方式，其目的都是为了学生的智慧发展。

参考文献

［1］庞敬文，张宇航，唐烨伟.深度学习视角下智慧课堂评价指标的设计研究［J］.代教育技术，2017，27（2）：12-18

［2］M.戴维·梅里尔，盛群力，陈伦菊.教学内容尊为王，教学设计贵为后［J］.电化教育研究，2017，38（3）：5-11

［3］邱艺，谢幼如，李世杰，黎佳.走向智慧时代的课堂变革［J］.电化教育研究，2018，39（7）：70-76

［4］李亚红.基于智慧课堂的英语师范生教学创新能力培养［J］.教育观察，2021，10（5）：80-82

［5］韩雪.人工智能（AI）技术在高中英语双师智慧课堂的应用初探——以某中学为例［J］.华夏教师，2022，（1）：77-78

［6］刘彦.基于智慧课堂的初中英语教学实施理念与路径探究［J］.英语教师，2021，21（16）：99-102+110

［7］葛亮亮.高中英语智慧课堂教学模式及应用策略探究［J］.文学少年，2021，（36）：1-1

［8］郭丽萍."线上线下"混合式教学模式在高中英语教学中的应用［J］.教育理论与实践，2018，38（35）：55-57

［9］刘金凤.基于学科核心素养的高中英语阅读教学分析［J］.教育教学论坛，2018，（34）：263-264

［10］李蕾蕾.探究基于核心素养的高中英语阅读教学［J］.英语广场，2017，（7）：160-161

［11］胡钦太，刘丽清，郑凯.工业革命4.0背景下的智慧教育新格局［J］.中国电化教育，2019，（3）：1-8

［12］吴晓如，刘邦奇，袁婷婷.新一代智慧课堂：概念、平台及体系架构

[J] .中国电化教育，2019，（3）：81-88

[13] 管珏琪，孙一冰，祝智庭 .智慧教室环境下数据启发的教学决策研究 [J] .中国电化教育，2019，（2）：22-28+42

[14] 任友群，吴旻瑜 .作为形成更高水平人才培养体系必由之路的教育信息化——全国教育大会与教育信息化笔谈之一 [J] .中国电化教育，2019，（1）：1-5+47

[15] 王伟，钟绍春 .智慧课堂中的智慧生成策略研究 [J] .电化教育研究，2017，（1）：91-91

[16] 徐显龙，王雪花，顾小清 .智慧教室小组合作学习设计及成效 [J] .开放教育研究，2017，23（4）：112-120

[17] 赵慧 .富媒体平台支持下未来教学发展研究 [J] .中国管理信息化，2017，（13）：19-22

[18] 祝智庭，彭红超 .智慧学习生态：培育智慧人才的系统方法论 [J] .电化教育研究，2017，（4）：303-305

[19] 莫世荣，赵川 .区域教育资源公共服务体系的框架设计与实施策略研究 [J] .中国教育信息化，2017，（11）：36-39

[20] 高妮 .教育资源云平台的设计及应用探讨 [J] .科技展望，2017，（11）：1-5

[21] 周修考 .云计算在区域教育资源共享中的应用 [J] .哈尔滨师范大学自然科学学报，2017，（2）：87-88

[22] 衷克定，岳超群 .混合学习模式下学习者主体意识发展研究 [J]，现代远程教育研究，2017，（6）：149-152

[23] 张国培 .论"互联网+"背景下的雨课堂与高校教学改革 [J] .中国成人教育，2017，（19）：202-203

[24] 姚洁，王伟力 .微信雨课堂混合学习模式应用于高校教学的实证研究 [J] .高教探索，2017，（9）：97-102

[25] 丁翠红 .多维互动的 SPOC 混合式教学模式研究 [J] .现代教育技术，2017，（7）：31-33

[26] 张务农 .混合式学习认知工具研究 [J]，中国远程教育，2017，（6）：9-11

[27] 王帅国 .雨课堂：移动互联网与大数据背景下的智慧教学工具 [J] .现代教育技术，2017，（5）：354-358

[28] 张彩霞 .微课在中学英语智慧课堂中的应用分析 [J] .中华活页文选：高中版，2022，（7）：139-141

[29] 杨芳，张欢瑞，张文霞.基于MOOC.与雨课堂的混合式教学初探——以"生活英语听说"MOOC与雨课堂的教学实践为例 [J].现代教育技术，2017，（5）：76-79

[30] 张成龙，李丽娇，李建凤.基于MOOCs的混合式学习适应性影响因素研究——以Y高校的实践为例 [J].中国电化教育，2017，（4）：180-182

[31] 范太峰.数字化背景下的核心素养培育——基于极富空间的混合式学习模型构建 [J].人民教育，2017，（Z1）：146-148

[32] 张丽君.智慧课堂环境下的初中英语教学设计和效果评估 [J].女人坊（新时代教育），2021，（3）：1-1

[33] 杜娟."智慧课堂"教学模式下初中英语听说教学探析 [J].英语教师，2022，（22）：128-131

[34] 李立灵.高中英语智慧课堂教学模式及应用策略探究 [J].中文科技期刊数据库（全文版）教育科学，2021（1）：201-202

[35] 王蓝艺，刘静，梁沙.深度学习视域下智慧课堂与学生素养的关系探究 [J].教育科学论坛，2021（5）：30-34

[36] 招敏怡.多模态智慧课堂在高中英语读后续写教学中的应用策略 [J].英语教师，2021，21（19）：129-131

[37] 刘秉心.基于适合教育——利用平板构建小学英语个性化智慧课堂 [J].教育研究，2021，4（1）：186-188

[38] 杨鲁新.基于行动教育理论的中学英语教师在职发展模式研究 [J].教师专业发展，2022，（1）：87-93

[39] 桂兰岚.论中小学艺术智慧课堂的应用与实践——以音乐欣赏课为例 [J].大众文艺：科学教育研究，2021，（3）：181-182

[40] 陈东琴."智慧课堂"下高中英语应用文写作教学探究 [J].科学大众：智慧教育，2023（2）：15-16

[41] 胡晓娟.智慧课堂在高中英语写作反馈上的应用 [J].安徽教育科研，2021，（27）：84-85

[42] 肖联培.智慧课堂在初中英语教学中的应用探究 [J].英语教师，2021，21（20）：121-122

[43] 高满满.高中英语智慧课堂教学模式及应用策略探究 [J].中文科技期刊数据库（引文版）教育科学，2021，（1）：106-108